STARK

# TRAINING SPANISCH

Herbert Höpfner

# Spanisch im 1. Lernjahr

## Aufgaben mit Lösungen

STARK

Umschlagbild: © Matt Trommer/Dreamstime.com

ISBN 978-3-86668-180-4


www.stark-verlag.de
1. Auflage 2009

# Inhalt

Autor: Dr. Herbert Höpfner
Illustrationen: Wolf Schröder

# Vorwort

**Liebe Schülerin, lieber Schüler,**

vor Kurzem hast du begonnen, Spanisch zu lernen. Diese Sprache ist die Muttersprache von ca. 350 Millionen Menschen auf der ganzen Welt – du kannst dich damit nicht nur in Spanien verständigen, sondern auch in großen Teilen Amerikas, in einigen afrikanischen Ländern und auf den Philippinen.

Das vorliegende Buch hilft dir beim Verstehen und Einüben der **Grundlagen der spanischen Sprache**. Da die einzelnen Kapitel nicht direkt aufeinander aufbauen, kannst du dir selbst aussuchen, welchen Stoff du wiederholen möchtest und dich so z. B. auf eine Klassenarbeit vorbereiten.

- In diesem Buch sind die **zentralen Inhalte** des **ersten Lernjahres** Spanisch nach den neuen **G8-Lehrplänen** kompakt und übersichtlich zusammengefasst und anhand zahlreicher **spanischer Beispielsätze** erläutert.
- In vielen **abwechslungsreichen Aufgaben** kannst du die Grammatik anschließend **selbstständig trainieren** (schwierige Übungen sind durch ein Sternchen * gekennzeichnet). In den Übungen und Informationsblöcken erfährst du nebenbei interessante Geschichten und Tatsachen rund um *el mundo hispánico*, also die spanische Weltgemeinschaft.
- Zur Selbstkontrolle findest du im hinteren Teil des Buches **ausformulierte Lösungen** zu den Aufgaben. Sieh erst in den Lösungen nach, wenn du eine Aufgabe ganz gelöst hast. Falls dir ein Fehler unterlaufen ist, dann überlege, worin der Grund dafür lag, damit du diesen Fehler beim nächsten Mal nicht mehr machst.

Gutes Gelingen wünscht

Dr. Herbert Höpfner

# … rund ums Nomen

## 1 Substantive

Spanische Substantive *(los sustantivos)* werden unterschieden nach **Genus** (maskulin oder feminin) und **Numerus** (Singular oder Plural).

### 1.1 Genus

**Woran erkennt man im Spanischen das Genus eines Substantivs?**

- Bei Personenbezeichnungen gilt das **natürliche Geschlecht**.
- Alle anderen Substantive haben ein **festgelegtes grammatisches Geschlecht**, das sich meist anhand der **Endung** des Substantivs oder seiner Zugehörigkeit zu einer bestimmten **Bedeutungsgruppe** herleiten lässt.

**Welche spanischen Substantive sind in der Regel männlich?**

- Substantive auf ***-o, -n, -r, -aje*** und ***-ma***

  *Beispiele:* chico, alemán, programa, color, viaje

  **Beachte:** Wichtige Ausnahmen, die du dir merken solltest, sind die Substantive ***mano, radio, moto*** und ***foto***, die alle **weiblich** sind.
- viele Substantive auf ***-e***

  *Beispiele:* coche, jefe
- Substantive, die zu den Bedeutungsgruppen **Himmelsrichtungen, Gewässer, Gebirge, Automarken, Wochentage** und **Monate** gehören

  *Beispiele:* sur, Atlántico, Ebro, Seat, lunes, abril

**ufgabe 1** Erkläre, warum die folgenden Substantive männlich sind, indem du die Bilder dementsprechend zuordnest.

1)

2)

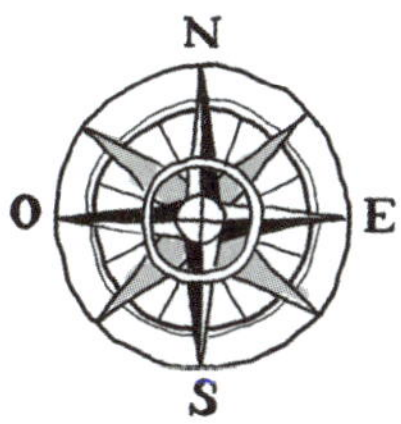


3)

4)

5)

6)

Substantiv auf
*-o, -n, -r, -aje, -ma*

| | | | |
|---|---|---|---|
| **Pacífico** | Gewässer (3) | **problema** | ______ |
| **viernes** | ______ | **norte** | ______ |
| **Fiat** | ______ | **Alpes** | ______ |

**Welche spanischen Substantive sind in der Regel weiblich?**

- Substantive auf ***-a, -d, -z, -s*** und ***-ión***

  *Beispiele:* lengua, ciudad, voz, crisis, excursión

  **Beachte:** Wichtige Ausnahmen, die du dir merken solltest, sind die Substantive ***día, mapa*** und ***tranvía***, die alle **männlich** sind.

- viele Substantive auf ***-e***

  *Beispiele:* leche, noche

- Substantive, die zu den Bedeutungsgruppen **Inseln, Städte** auf *-a*, **Länder** auf *-a* und **Buchstaben** gehören

  *Beispiele:* Baleares, Sevilla, España

Aufgabe 2 **Ejercicio mixto:** Sortiere die Substantive nach männlich (links) und weiblich (rechts der Grafik).

profesor ______

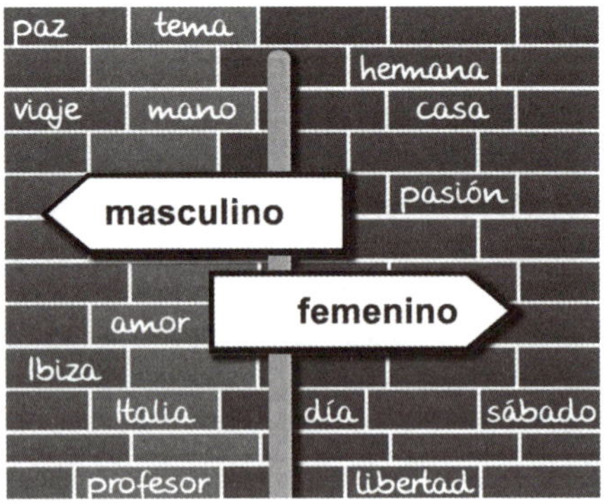



casa ______

**Aufgabe 3** **Ejercicio mixto:** In jeder Reihe hat eines der Substantive ein anderes Geschlecht als die übrigen. Streiche es durch.

a) alumno – libro – tío – ~~radio~~
b) Canarias – Amazonas – Italia – Habana
c) mapa – hermana – playa – isla
d) perro – abuelo – moto – chico
e) noviembre – oeste – miércoles – Tenerife

**Wie wird im Spanischen die männliche bzw. weibliche Person bezeichnet?**
Es gibt mehrere Möglichkeiten:

- Die **männliche** Person endet auf den Vokal *-o* bzw. *-e*, die **weibliche** auf *-a*.

  *Beispiele:* chico – chica
  jefe – jefa

- Die **männliche** Person endet auf **Konsonant**, die **weibliche** auf **Konsonant + *a***.

  *Beispiel:* español – española

  **Beachte:** Trägt die letzte Silbe der männlichen Person einen grafischen **Akzent**, so **entfällt** dieser bei der weiblichen Person.

  *Beispiel:* alemán – alemana

- Die männliche und die weibliche Person unterscheiden sich durch verschiedene **Suffixe**.

  *Beispiel:* actor – actriz

**Beachte:**

- Bei Substantiven auf *-ista, -ante* und *-ente* unterscheiden sich die männliche und die weibliche Person in der Regel nicht.

  *Beispiele:* periodista – periodista
  estudiante – estudiante

- In einigen Fällen haben die Bezeichnungen für die männliche und die weibliche Person **verschiedene Wortstämme**.

  *Beispiel:* hombre – mujer

**Aufgabe 4** Wie lautet die jeweils männliche oder weibliche Person des angegebenen Substantivs?

| | | | |
|---|---|---|---|
| ♀ perra | ♂ perro | ♂ turista | ♀ ________ |
| ♀ niña | ♂ ________ | ♂ catalán | ♀ ________ |
| ♀ jefa | ♂ ________ | ♂ pintor | ♀ ________ |

| | | | |
|---|---|---|---|
| ♀ inglesa | ♂ ______ | ♂ señor | ♀ ______ |
| ♀ cantante | ♂ ______ | ♂ ruso | ♀ ______ |
| ♀ alumna | ♂ ______ | ♂ estudiante | ♀ ______ |

**Aufgabe 5** Du siehst hier ein Foto der Familie Álvarez. Die einzelnen Familienmitglieder werden im Text darunter vorgestellt. Ergänze jeweils die männlichen oder weiblichen Bezeichnungen zu den farbig gedruckten Substantiven.

a) Rosario es la **madre** y Daniel es el _padre_.

b) El **hijo** se llama Benjamín y la ______ se llama Gabriela.

c) Benjamín es el **hermano** de Gabriela. Gabriela es la ______ de Benjamín.

d) Eduardo es el **abuelo** de Benjamín y Gabriela; Paula es la ______.

e) Gabriela es la **nieta** de Eduardo y Paula. Benjamín es el ______.

f) En la foto no están la **tía** y el ______ de Benjamín y Gabriela. Se llaman Pilar y Enrique.

g) Faltan también los hijos de Pilar y Enrique. Son Rico y Clara. Rico es el **primo**, Clara es la ______ de Benjamín y Gabriela.

fgabe 6* **Ejercicio mixto:** Setze die spanischen Substantive ein.

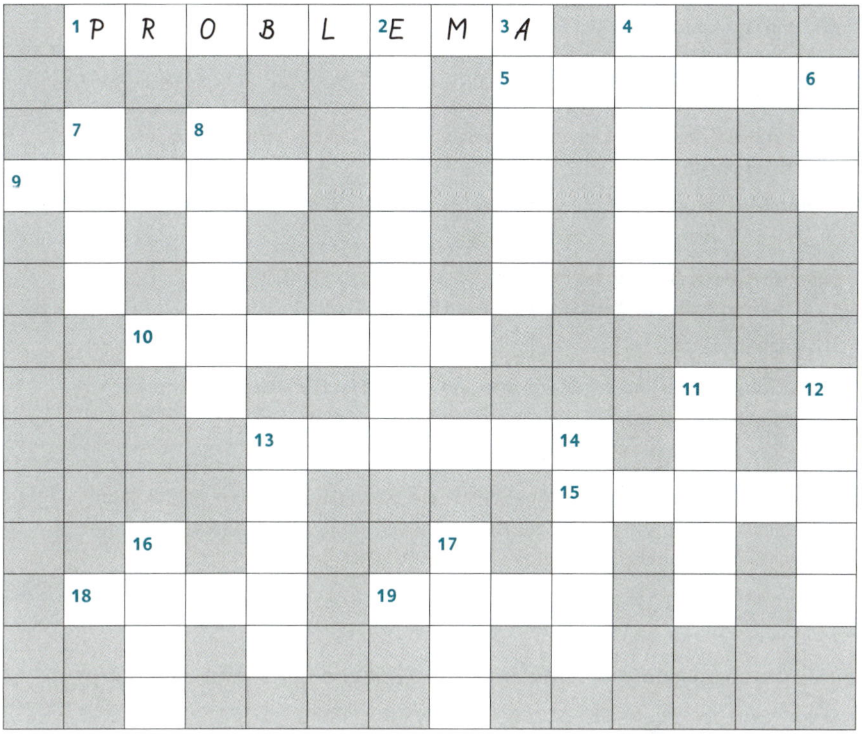


**Horizontal**
1 Problem
5 Stadt
9 Farbe
10 Krise
13 Sprache, Zunge
15 Auto, Wagen
18 Chef
19 Hand

**Vertikal**
2 Ausflug
3 Schauspielerin
4 Glück
6 Tag
7 Foto
8 Mann, Mensch
11 Nacht
12 Enkelin
13 Montag
14 Schauspieler
16 *spanische Automarke*
17 Landkarte

fgabe 7 **Ejercicio mixto:** Sortiere die spanischen Wörter aus Aufgabe 6 nach männlich oder weiblich.

| sustantivo masculino | sustantivo femenino |
| --- | --- |
| problema, | excursión, |
| | |

## 1.2 Numerus

**Wie wird im Spanischen der Plural des Substantivs gebildet?**

- An Substantive, die auf einen **Vokal** enden, wird **-s** angefügt.

  *Beispiel:* chico — chicos

- An Substantive, die auf einen **Konsonanten** oder auf ein betontes ***-ú*** oder ***-í*** enden, wird ***-es*** angefügt.

  *Beispiele:* ciudad — ciudades
  marroquí — marroquíes

**Beachte:** Bei der Bildung des Plurals gibt es einige Besonderheiten.

- Substantive, die auf **-z** enden, bilden den Plural auf ***-ces***.

  *Beispiel:* lápiz — lápices

- Bei Substantiven auf ***-án, és, -ón*** und ***-ión*** **entfällt** im Plural der grafische **Akzent**.

  *Beispiele:* excursión — excursiones
  alemán — alemanes

- Würde sich die **Betonung** eines Substantivs durch das Anhängen der Plural-Endung verändern, so wird ein grafischer **Akzent** auf die ursprünglich betonte Silbe gesetzt (siehe auch Kapitel 23, Betonung und grafischer Akzent).

  *Beispiel:* joven — jóvenes

**Aufgabe 8** Finde das spanische Wort und bilde anschließend den Plural dieses Wortes.

a) 
abuelo
abuelos

b) 
__________
__________

c) 
__________
__________

d) 
__________
__________

e) 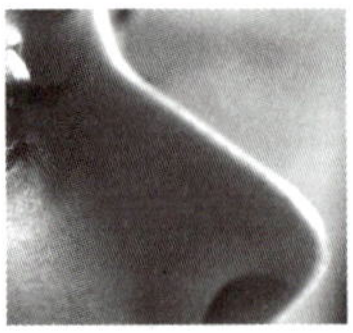
__________
__________

f) 
__________
__________

ufgabe 9* **Ejercicio mixto:** Setze die entsprechenden spanischen Substantive (alle im Plural) ein.

## Horizontal

1 Mauern
3 Museen
5 Radios
7 Uhren
8 Lieder
10 Stiere
11 Deutsche (Pl.)
12 Male
13 Flugzeuge
14 Fehler
15 Türen

## Vertikal

2 Universitäten
3 Frauen
4 Computer (Pl.)
6 Israelis
9 Sonnen
12 Reisen

# 2 Artikel und Mengenangaben

Wie auch im Deutschen, so gibt es im Spanischen den **unbestimmten Artikel** (*el artículo indefinido*) und den **bestimmten Artikel** (*el artículo definido*).

## 2.1 Der unbestimmte Artikel

**Wie lautet der unbestimmte Artikel im Spanischen?**

- Im **Singular** lautet er ***un*** (männlich) bzw. ***una*** (weiblich).
  *Beispiele:* un chico
  una chica
- Im **Plural** lautet er ***unos*** (männlich) bzw. ***unas*** (weiblich).
  *Beispiele:* unos chicos
  unas chicas

**Aufgabe 10** Setze den passenden unbestimmten Artikel in die Lücken ein.

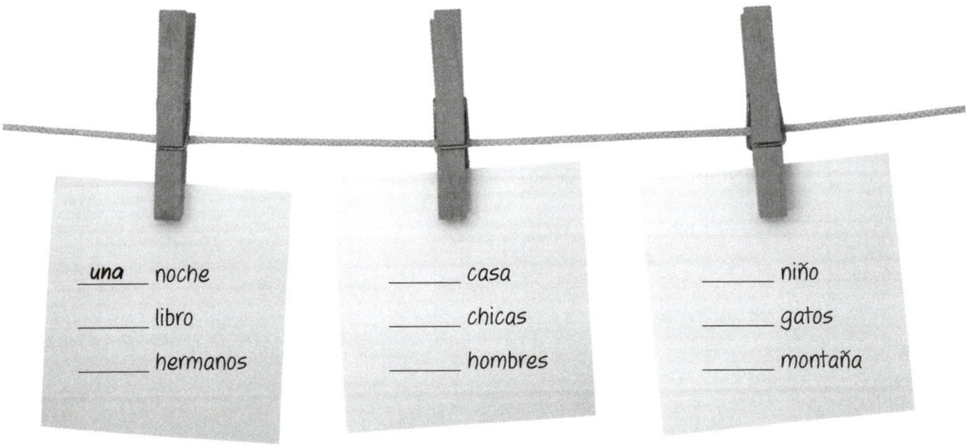


**Wann wird der unbestimmte Artikel im Spanischen verwendet?**
Der Gebrauch des **Singulars** des unbestimmten Artikels entspricht in etwa seinem Gebrauch im Deutschen. Im **Plural** jedoch bedeutet der unbestimmte Artikel im Spanischen soviel wie „einige“, „ein paar“ oder „ungefähr“.

| | | |
|---|---|---|
| *Beispiele:* | Allí siempre hay unos jóvenes. | (= einige/ein paar) |
| | ¿Quieres unas manzanas? | (= einige/ein paar) |
| | La plaza está a unos 100 metros de aquí. | (= ungefähr) |

**ufgabe 11** Benenne, was sich in den Zimmern dieser Wohnung befindet und verwende dabei den unbestimmten Artikel.

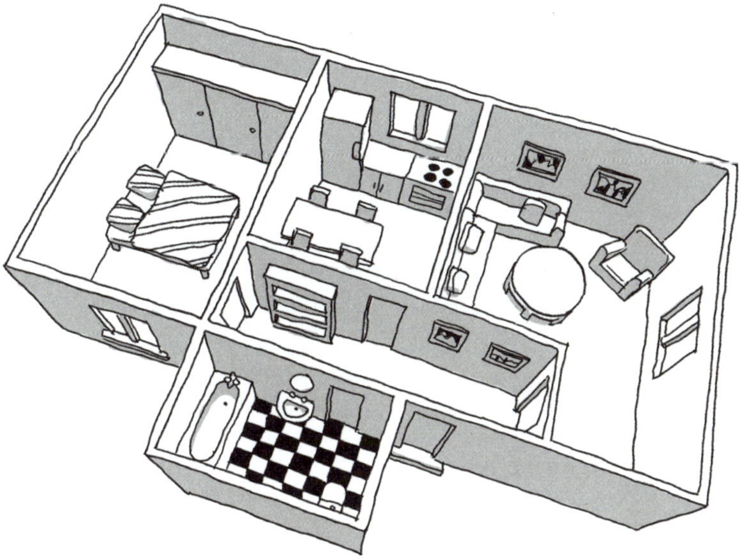

En la **cocina** hay *una mesa, unas sillas, un horno y una ventana.*

En la **sala de dormir** hay ______________________

En el **cuarto de baño** hay ______________________

En el **pasillo** hay ______________________

En el **salón** hay ______________________

## 2.2 Der bestimmte Artikel

**Wie lautet der bestimmte Artikel im Spanischen?**

- Im **Singular** lautet er *el* (männlich) bzw. *la* (weiblich).

  *Beispiele:* el chico la chica

- Im **Plural** lautet er *los* (männlich) bzw. *las* (weiblich).

  *Beispiele:* los chicos las chicas

**Beachte:** Bei **weiblichen** Substantiven, die mit **betontem *a-*** oder ***ha-*** beginnen, wird im Singular der **männliche** Artikel benutzt (dies gilt auch für den unbestimmten Artikel).

*Beispiele:* el agua
el hambre

**Aufgabe 12** Setze den bestimmten Artikel ein.

a) las playas
b) ______ fotografías
c) ______ explosión
d) ______ hambre
e) ______ problema
f) ______ días
g) ______ balcón
h) ______ abuela
i) ______ solución
j) ______ colores

**Aufgabe 13** Ist der Artikel richtig oder falsch? Kreuze das entsprechende Kästchen an und schreibe, wenn nötig, den Satz mit dem richtigen Artikel auf.

| | incorrecto | correcto |
|---|---|---|
| a) El profesor es simpático. ______ | ☐ | ☒ |
| b) La agua mineral no me gusta. ______ | ☐ | ☐ |
| c) Busco los libros. ______ | ☐ | ☐ |
| d) ¿Dónde están los chicas? ______ | ☐ | ☐ |
| e) La isla es bonita. ______ | ☐ | ☐ |

**Wann wird der bestimmte Artikel im Spanischen verwendet?**

Im Allgemeinen wird der bestimmte Artikel wie im Deutschen verwendet. Zudem wird er benutzt

- bei den **Wochentagen**,
  *Beispiele:* El lunes empieza la escuela. (= „am Montag")
  Los martes juego siempre al fútbol. (= „dienstags")
- bei der **Uhrzeit**,
  *Beispiel:* El tren llega a las ocho.
- bei **Titeln**,
  *Beispiel:* La profesora Martínez es muy simpática.
- nach ***todo, a*** („ganze").
  *Beispiel:* Toda la clase quiere ver la película de Almodóvar.

**ufgabe 14** Setze zunächst in der linken Spalte den bestimmten Artikel ein und schreibe dann die Erklärung für die Verwendung des bestimmten Artikels auf die Zettel neben den Sätzen.

a) María y Juan salen juntos __el__ martes. — Wochentag

b) Quedan en la Plaza Mayor a ______ ocho.

c) Este día casi todo ______ mundo va al cine porque es más barato.

d) Pero María y Juan van al restaurante «El gato negro». Abre a ______ siete y media.

e) En el restaurante encuentran a ______ profesora Sánchez y a su marido.

f) ¡Siempre salen ______ martes!

**ufgabe 15** **Ejercicio mixto:** Sara beschwert sich über ihren großen Bruder, der schlampig ist und nie aufräumt. Setze den unbestimmten oder bestimmten Artikel in die Lücken ein.

¡Es increíble! En __la__ habitación de mi hermano siempre hay caos. Por ejemplo, todos ______ libros están en ______ cama, ______ lápiz está en ______ armario, ______ camisetas están en ______ silla y ______ móvil está debajo del sofá. Así son ______ chicos, ¿verdad? Mamá dice que ahora mi hermano aprende también a limpiar su habitación, porque no puede escuchar ______ radio, no puede conducir ______ moto, no puede ver ______ tele y no puede leer en ______ salón, sino que[1] limpia toda ______ habitación.

1 sondern

Aufgabe 16* **Ejercicio mixto:** Luis sucht ein schönes Hotel an der Costa Dorada und geht deshalb ins Reisebüro. Übersetze ins Deutsche, was ihm dort angeboten wird.

Mira, el hotel está a unos 300 metros del centro. Además, tiene unas vistas fantásticas a la montaña. En la playa, siempre hay jóvenes. Comen unas tapas o toman un café en el bar. Puedes nadar en el mar o en la piscina del hotel. Por la noche, puedes comer en uno de los restaurantes del centro. Los domingos, hay un concierto en el jardín del hotel. ¡Seguro que es una experiencia positiva!

## 2.3 Die Präpositionen *a*, *de* + bestimmter Artikel

**Was ist zu beachten, wenn die Präposition *a/de* vor dem bestimmten Artikel *el* steht?**
Trifft der bestimmte Artikel *el* auf die Präposition *a* (zu, nach) oder auf die Präposition *de* (von, aus), so **verschmilzt** er mit diesen zu ***al*** bzw. ***del***.

*Beispiele:* María y Juan van al cine. (= *a* + *el*)
María y Juan vienen del cine. (= *de* + *el*)

**Beachte:** Ist der bestimmte Artikel *el* **Teil eines Namens**, so wird er **nicht** mit der Präposition zusammengezogen.

*Beispiele:* Hoy viajamos a El Escorial.
Estamos en la capital de El Salvador.

**fgabe 17** Elena und Susana vereinbaren, was sie am Wochenende unternehmen wollen. Setze Präpositionen und bestimmte Artikel in die Lücken ein und beachte ggf. die Zusammenziehung von Präposition und Artikel.

ELENA: ¡Finalmente, el fin de semana! ¿Quedamos en la calle Ávila, delante del monumento?

SUSANA: Vale, ¿y qué hacemos? ¿Vamos ______ cine?

ELENA: De acuerdo. Me interesa mucho la nueva película ______ agente secreto James Bond.

SUSANA: Oye, invito también a Carla, una amiga ______ Rodríguez. Es de ____ Salvador. Carla adora a James Bond...

ELENA: No hay problema. Y el domingo, ¿qué hacemos?

SUSANA: Me gustaría ir ______ playa. ¿Qué te parece?

ELENA: Bah, en la playa hay mucha gente. ¿Por qué no vamos ______ parque? Es un lugar tranquilo y podemos buscar un banco en la sombra ______ árboles y escuchar música. Tengo un nuevo CD ______ grupo Maná*, me gusta mucho.

SUSANA: Vale, pues, ¡hasta mañana!

*Maná ist eine vor allem im spanischsprachigen Raum sehr bekannte Rockband aus Mexiko. In Europa kennt man sie vor allem durch das Lied „Corazón Espinado“, das sie zusammen mit dem Gitarristen Carlos Santana aufgenommen haben. Die Gruppe existiert seit den 80er-Jahren und hat schon mehrere Grammys gewonnen.

## 2.4 Mengenangaben

**Wie wird im Spanischen das Substantiv an eine Mengenangabe angeschlossen?**
Im Spanischen werden die nachfolgenden Substantive mit ***de*** und **ohne Artikel** an die jeweilige Mengenangabe angeschlossen.

*Beispiele:* Ana compra dos kilos de patatas para hacer tortillas.
Una botella de agua mineral, por favor.
En el bar, Juan pide medio litro de zumo de naranja y un café.

Aufgabe 18 Pablo soll einkaufen gehen, doch er kann sich nicht mehr genau daran erinnern, was seine Mutter ihm aufgetragen hat. Welche Mengenangabe gehört zu welchem Einkauf? Ergänze die fehlenden Angaben auf der Einkaufsliste mithilfe der Bilder.

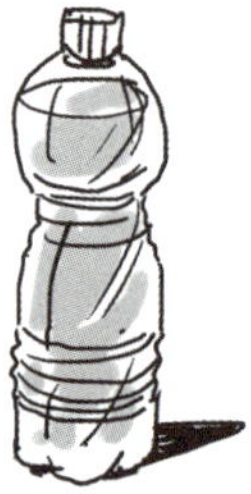
una botella

una lata

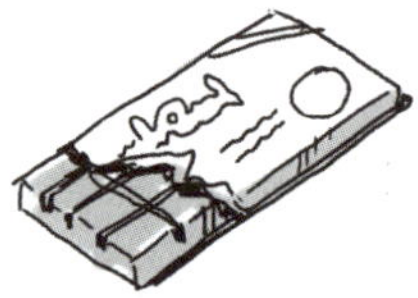
una tableta

un paquete

un litro

un frasco

un kilo (2x)

un tubo

## La madre de Pablo:

En el supermercado compras una botella de agua mineral y un ____________ leche. Además, necesito dos ____________ patatas, medio ____________ manzanas y tres ____________ atún. Después, vas al Corte Inglés. Allí, compras un ____________ champú, un ____________ detergente *(Waschmittel)* y un ____________ pasta dentífrica *(Zahnpasta)*. Para ti, puedes comprar una ____________ chocolate. ¿Vale? ¡Y vuelve en el bus, porque tienes un montón *(jede Menge)* de cosas!

# 3 Subjektpronomen

Pronomen sind Wörter, die **Nomen ersetzen**. Die Formen der Pronomen unterscheiden sich nach der Funktion, die sie im Satz erfüllen. Das **Subjektpronomen** vertritt im Satz das **Subjekt**.

**Wie lauten die Subjektpronomen im Spanischen?**

| Singular | | Plural | |
|---|---|---|---|
| *yo* | (ich) | *nosotros/nosotras* | (wir) |
| *tú* | (du) | *vosotros/vosotras* | (ihr) |
| *él/ella, usted* | (er/sie, Sie) | *ellos/ellas, ustedes* | (sie, Sie) |

*Beispiele:* Yo soy de Madrid.
¿Viven ustedes en Alemania?

**Beachte:** Beim Plural der Subjektpronomen werden im Spanischen männliche und weibliche Formen unterschieden. Die **weibliche** Form wird nur verwendet, wenn es sich **ausschließlich** um weibliche Lebewesen oder Dinge handelt.

*Beispiele:*
Ellos no pueden venir. (= Manuel y Silvia)
Ellas van al cine. (= María y Laura)
¿Vosotras vais al teatro? (= Angela y Carmen)

ufgabe 19 An deinem ersten Tag in der Sprachenschule in Madrid triffst du viele Menschen aus der ganzen Welt. Ergänze die fehlenden Subjektpronomen.

¿Cómo se llama *ella* ______ *(sie)*?

Se llama Lindsey. Vive en Estados Unidos, en Nueva York.

¿Quién eres ______ *(du)*?

______ *(ich)* soy Julio de Brasil.

¿De dónde son ___________ *(sie)*?

Yumiko, Sayuri y Reika son de Japón. Son chicas muy divertidas.

Y ___________ *(ihr)*, ¿dónde vivís?

_______________ *(wir)* vivimos en Londres.

**Aufgabe 20** Setze die Subjektpronomen in die Lücken ein.

a) ¿ Vosotros *(ihr)* sois de España?

b) _______________ *(wir)* somos de Ulm.

c) __________ *(ich)* soy de Madrid.

d) ¿ __________ *(du)* eres francés?

e) _______________ *(sie)* son María y Ana.

f) ¿ _______________ *(Sie)* es el Sr. Delgado?

g) __________ *(sie)* es Tina y ______ *(er)* es Pablo.

h) _______________ *(sie)* son Verónica y Manuel de Perú.

**Wie wird „es" in unpersönlichen Ausdrücken im Spanischen ausgedrückt?**
Für das deutsche Subjektpronomen „es" in unpersönlichen Ausdrücken gibt es im Spanischen keine direkte Entsprechung. Meist wird es durch die **Verbform** selbst ausgedrückt.

| | | |
|---|---|---|
| *Beispiele:* | Nieva. | (= Es schneit.) |
| | Hace calor. | (= Es ist heiß.) |
| | Me gusta. | (= Es gefällt mir.) |

**fgabe 21** Wie wird das Wetter in Spanien? Übersetze den Wetterbericht ins Deutsche.

| Localidad | T. Max. | T. Min | | |
|---|---|---|---|---|
| Vigo | 7° | 4° |  | Hace mal tiempo. Hace viento y hace frío. |
| Salamanca | 19° | 15° |  | Hace mal tiempo. Llueve. |
| Mérida | 26° | 19° |  | Hace buen tiempo. Hace sol. Hace calor. |

*Vigo: Es ist schlechtes Wetter.*

**fgabe 22** Schreibe nun auf Spanisch den Wetterbericht für Pamplona, Cádiz und Zaragoza. Orientiere dich an Temperaturangaben und Wettersymbolen.

| Localidad | T. Max. | T. Min | | |
|---|---|---|---|---|
| Pamplona | 5° | 1° |  | *Hace mal tiempo.* |
| Cádiz | 26° | 21° |  | |
| Zaragoza | 14° | 9° |  | |

**Wann werden die Subjektpronomen im Spanischen verwendet?**
Da im Spanischen die Person aus der Endung des Verbs hervorgeht, werden die Subjektpronomen (Ausnahme: *usted/ustedes*) normalerweise nur verwendet, wenn

- das **Verb fehlt**,

  *Beispiel:* ¿Quién quiere leer? – ¡Yo!

- etwas **hervorgehoben** werden soll, vor allem bei **Gegenüberstellungen** und **Berichtigungen** (im Deutschen wird dieser Effekt durch die Betonung erzielt).

  *Beispiele:* Ella es de Colombia y él es de España.
  Yo siempre hago los deberes, pero mi hermano no.

**Aufgabe 23** Setze die richtigen Subjektpronomen ein.

| | |
|---|---|
| a) ¿Quién quiere una limonada? – ¡ Yo ¡ | **ich** |
| b) ¿Y ________ ? – ________ quiere un vaso de agua. | **er** |
| c) ¿Y de dónde sois ________ ? – ________ , las chicas, somos de Madrid y ________ , los chicos, son turistas de México. | **ihr, wir** **sie** |
| d) ________ eres Don Quijote*, ________ es Dulcinea y ________ , señor profesor, es Sancho Panza. | **du, sie** **Sie** |
| e) ¿Sois de Alemania? – ________ soy de Alemania, pero ________ es de Austria. | **ich, er** |

* **Don Quijote** von Miguel de Cervantes ist das berühmteste Buch der spanischen Sprache und eines der wichtigsten Werke der Weltliteratur. Cervantes verfasste es zu Beginn des 17. Jahrhunderts.
Es erzählt von dem Junker Don Quijote, der mit seinem Diener Sancho Panza auszieht, um selbst die Abenteuer zu erleben, von denen er in Ritterromanen gelesen hat. Mit Heldentaten will er dem Bauernmädchen Dulcinea de Toboso imponieren, das er als Herzensdame auserwählt hat.
Berühmtestes „Abenteuer" des hageren Don Quijote auf seinem Ross Rocinante und des pummeligen Sancho Panza auf seinem Esel ist der Kampf gegen die Windmühlen, die Don Quijote für Riesen hält.

# 4 Objektpronomen

Pronomen sind Wörter, die **Nomen ersetzen**. Die Formen der Pronomen unterscheiden sich nach der Funktion, die sie im Satz erfüllen. Das Objektpronomen vertritt im Satz das **Objekt**. Im Spanischen wird zwischen **betonten** und **unbetonten** Objektpronomen unterschieden.

## 4.1 Die betonten Objektpronomen

**Wie lauten die betonten Objektpronomen im Spanischen?**
Die betonten Objektpronomen sind mit den Subjektpronomen fast identisch. Sie unterscheiden sich lediglich in der 1. und 2. Person Singular:

| Singular | | Plural | |
|---|---|---|---|
| ***mí*** | (mir, mich) | ***nosotros/as*** | (uns) |
| ***ti*** | (dir, dich) | ***vosotros/as*** | (euch) |
| ***él/ella, usted*** | (ihm/ihr, ihn/sie, Ihnen, Sie) | ***ellos/as, ustedes*** | (ihnen, sie, Ihnen, Sie) |

**Beachte:** Das betonte Objektpronomen *mí* trägt einen grafischen **Akzent**, *ti* nicht.

**Wann werden die betonten Objektpronomen im Spanischen verwendet?**
Die betonten Objektpronomen werden **nach Präpositionen** (*con, sin, para* etc.) verwendet.

*Beispiele:* El regalo es para mí.
Sin ti no voy al cine.

**Beachte:** Trifft die Präposition ***con*** auf die betonten Objektpronomen ***mí*** und ***ti***, so ergeben sich daraus die Sonderformen ***conmigo*** und ***contigo***.

*Beispiel:* Elena viaja contigo.

gabe 24 Ergänze das betonte Objektpronomen.

| | |
|---|---|
| a) Este libro es para ti. | **dich** |
| b) Me gusta charlar con ______ | **ihnen** |
| c) Compro unas bebidas para ______ | **euch** |
| d) Mi hermana siempre sale sin ______ | **mich** |
| e) Voy con ______ | **Ihnen** |
| f) ¿Quieres jugar con ______ | **mir** |
| g) La familia es muy importante para ______ | **ihn** |

## 4.2 Die unbetonten Objektpronomen

Innerhalb der **unbetonten** Objektpronomen werden im Spanischen **direkte** (= wen?) und **indirekte** (= wem?) **Pronomen** unterschieden.

**Wie lauten die direkten Objektpronomen im Spanischen?**
Die direkten Objektpronomen *(los complementos directos)* lauten:

| Singular | | Plural | |
|---|---|---|---|
| ***me*** | (mich) | ***nos*** | (uns) |
| ***te*** | (dich) | ***os*** | (euch) |
| ***lo/la*** | (ihn/es/sie, Sie) | ***los/las*** | (sie, Sie) |

*Beispiele:* Te espero a las siete.
Nos llama todos los días.
¿Dónde están los niños? – No los veo.

**Beachte:** In der 3. Person Plural wird die **weibliche Form** des Objektpronomens *(las)* nur verwendet, wenn die zu ersetzenden Lebewesen oder Dinge **alle** weiblich sind.

*Vergleiche:* ¿Ayudas a Isabel y Felipe? – Sí, los ayudo.
¿Ayudas a Beatriz y Miriam? – Sí, las ayudo.

Aufgabe 25 Ersetze in den Antworten die farbig markierten Objekte durch die entsprechenden direkten Objektpronomen.

Die **Casa Azul**, das Elternhaus Frida Kahlos (1907–1954), in dem sie jahrelang mit ihrem Mann Diego Rivera wohnte, beherbergt heute das Frida-Kahlo-Museum. Werke und Gegenstände aus dem Alltag der mexikanischen Künstlerin können darin besichtigt werden.

a) ¿Conoces **a Frida Kahlo**? – Sí, *la*___ conozco.

b) ¿Conoces **a Diego Rivera, el marido de Frida**? – Sí, ________ conozco.

c) ¿Conoces también **los cuadros de Frida**? – Sí, ________ conozco.

d) ¿Conoces **la Casa Azul**? – Sí, _______ conozco.

e) ¿Conoces **las dos películas sobre la vida de Frida**? – Sí, _________ conozco.

f) ¿Conoces **los artículos y las biografías sobre Frida**? – Sí, __________ conozco.

**Aufgabe 26** Charo und Vicente müssen ein Referat *(una exposición)* über die mexikanische Künstlerin Frida Kahlo vorbereiten. Setze die fehlenden Objektpronomen in die Lücken ein. Die zu ersetzenden Objekte sind farbig markiert. In einigen Fällen sind die Objektpronomen auf Deutsch angegeben.

a)

CHARO: ¿Dónde preparamos **la exposición**? ¿ La ______ preparamos en tu casa?

VICENTE: ¿Por qué no vamos a la biblioteca? **Charo**, ______ llevo en la moto, ¿vale?

Más tarde en la biblioteca.

b)

CHARO: A ver, aquí hay unos libros sobre la pintora. Creo que ______ *(uns)* pueden ayudar.

VICENTE: Entonces tú buscas **la información** en los libros y yo ______ busco en Internet.

c)

CHARO: Mira, **este cuadro** es muy interesante. ¿______ ves? Se llama «Las dos Fridas».

VICENTE: Sí, ______ *(es)* conozco, es extraordinario. Oye, ¿______ *(mich)* ayudas a preparar el material de información?

d)

CHARO: ¡Con esta exposición, somos expertas en Frida Kahlo!

VICENTE: Y podemos ver **la película «Frida»** con Salma Hayek esta noche. ______ tengo en DVD.

**Wie lauten die indirekten Objektpronomen im Spanischen?**

Die Formen der indirekten Objektpronomen *(los complementos indirectos)* unterscheiden sich nur in der 3. Person Singular und Plural von denen der direkten Objektpronomen. Sie lauten folgendermaßen:

| Singular | | Plural | |
|---|---|---|---|
| ***me*** | (mir) | ***nos*** | (uns) |
| ***te*** | (dir) | ***os*** | (euch) |
| ***le*** | (ihm/ihr, Ihnen) | ***les*** | (ihnen, Ihnen) |

*Beispiele:* <u>Te</u> doy mi libro.
<u>Le</u> escribimos una carta.
¿<u>Nos</u> prestáis este disco?

Aufgabe 27 Die kleine Paqui will ihre Spielsachen nicht mit den anderen Kindern teilen. Setze die passenden indirekten Objektpronomen in die Lücken ein.

ELENA: Paqui, ¿ __me__ das la muñeca *(Puppe)*?

PAQUI: No, no ________ doy la muñeca.

LA MADRE: Paqui, ¿le das los lápices de color a Rico?

PAQUI: No, no ________ doy los lápices de color.

LEO Y ANA: Paqui, ¿ ____________ das el libro?

PAQUI: No, no ______________ doy el libro.

LA MADRE: Paqui, ¿les das el osito de peluche *(Teddy)* a Pepita y Cecilia?

PAQUI: No, no ___________ doy el osito de peluche.

LA MADRE: Entonces, Paqui, tú juegas sola con esas cosas. Vamos, niños, ________ compro un helado.

gabe 28 **Ejercicio mixto:** Bestimme, ob es sich im Spanischen um ein direktes oder indirektes Objektpronomen handelt. Übersetze die Sätze danach ins Deutsche.

a) **Los** veo en el colegio.
*Ich sehe sie in der Schule.* — *direktes Objektpronomen*

b) **Le** (= *a María*) gusta mucho Madrid.
__________

c) **La** ayudo siempre.
__________

d) ¿**Te** importa la moda?
__________

e) **Os** buscamos por todas partes.
__________

f) El texto, **lo** escribo mañana.
__________

g) **Les** pregunto después de la clase.
__________

Auch die **Reflexivpronomen** (*los pronombres reflexivos*), die im Zusammenhang mit den **reflexiven Verben** verwendet werden, zählen zu den unbetonten Objektpronomen. Verben, die im Spanischen reflexiv sind, sind dies im Deutschen aber nicht immer (und umgekehrt). Im Spanischen erkennst du sie am Pronomen ***se***, das an den Infinitiv angehängt ist.

*Beispiele:* quedar<u>se</u> = bleiben
cambiar = <u>sich</u> ändern

**Wie lauten die Reflexivpronomen im Spanischen?**

| | | | |
|---|---|---|---|
| ***me*** | (mich/mir) | ***nos*** | (uns) |
| ***te*** | (dich/dir) | ***os*** | (euch) |
| ***se*** | (sich) | ***se*** | (sich) |

*Beispiele:* <u>Me</u> llamo Teresa.
<u>Nos</u> quedamos en Madrid hasta mañana.

Aufgabe 29 **La familia de Antonio (I).** Ergänze im folgenden Text die jeweils passenden Reflexivpronomen. Die Form des Verbs gibt dir den Hinweis darauf, welches Pronomen du einsetzen musst.

Nos llamamos Antonio, Vanesa y Pablito y vivimos en Almería. Por la mañana, Vanesa y yo ________ levantamos casi siempre a las seis y media. Yo ______ lavo y ______ afeito. Después, Vanesa ______ ducha. Pablito ______ queda en su cama hasta las siete. Nunca ______ despierta sin nosotros. Después, él ______ lava también y desayunamos juntos. A las siete y media yo ______ voy. ______ despido *(verabschieden)* de ellos. Vanesa y Pablito ______ quedan hasta las ocho, entonces ______ van: el niño va al instituto, Vanesa va al trabajo. Y, por fin, a las siete de la tarde, ¡ ________ vemos todos en casa!

Aufgabe 30 **La familia de Antonio (II).** Wenn Antonio ein Familientreffen hat, geht es rund: Seine Schwester Cristina ist mit ihrem Mann und den Kindern da, alle reden am Tisch durcheinander und der Großvater möchte nur noch seine Ruhe haben. Setze die zum Reflexivpronomen passende Verbform ein.

a) CRISTINA: Diego y Pablito, ¿**os** _laváis_ (lavar) las manos, por favor?

b) PABLITO: ¡Mirad, el gatito **se** ______________ (esconder) debajo de la mesa!

c) DIEGO: Penélope, dime, ¿por qué **te** ______________ (maquillar) *(schminken)*? ¡Pareces un payaso *(Clown)*!

d) PENÉLOPE: Y tú, Diego, ¿por qué siempre **te** ______________ (vestir) la misma camiseta estúpida?

e) VANESA: Niños, ¿**os** ______________ (comportar), por favor?

f) ABUELA: Pero ¿dónde están mis gafas? No **me** ______________ (acordar).

g) ABUELO: ¡Qué ruido! ¿Por qué no **se** ______________ (callar) todos un momento?

h) DIEGO Y PABLITO: Pero, abuelo, nosotros **nos** ______________ (divertir) mucho.

## 4.3 Die Stellung der unbetonten Objektpronomen

**Wo im Satz stehen die unbetonten Objektpronomen im Spanischen?**
In der Regel stehen die unbetonten Objektpronomen **vor** dem konjugierten **Verb**. In verneinten Sätzen steht das unbetonte Objektpronomen **nach dem ersten Verneinungselement**.

*Beispiele:* No le doy el libro a Eva.
Te he buscado por todas partes.

**Beachte:** Häufig wird das Objektpronomen **zusätzlich** zum Nomen verwendet. Wenn das Nomen am Satzanfang steht, so **muss** sogar vor dem Verb zusätzlich das entsprechende Objektpronomen stehen.

*Beispiel:* A Javi le hemos prestado la bicicleta.

Aufgabe 31 Ordne die Wörter zu einem Satz.

a) ¿Usted / la / con los deberes / ayuda? ¿Usted la ayuda con los deberes?

b) Os / los libros / compro / en Zaragoza.

c) ¿La bicicleta / prestas / me?

d) ¿Regalas / las flores / le / no / a tu novia?

Aufgabe 32 **Ejercicio mixto:** Übersetze folgende Sätze ins Spanische. Achte dabei auf die korrekte Form der Objektpronomen.

a) Juan erklärt seiner Freundin alles.

b) Was sagen wir unseren Eltern?

c) Viele Freunde helfen mir.

d) Diese Geschichte interessiert Sofia.

e) Ich schreibe euch eine E-Mail *(un e-mail)* aus Madrid!

gabe 33* **Ejercicio mixto:** Lukas ist mit seiner Schulklasse auf Austausch im spanischen Gijón*. Auf der Schul-Homepage berichten sie jeden Abend über ihren Aufenthalt. Lukas' Austauschschüler möchte nun gerne wissen, was sie schreiben. Übersetze (nur den Text) ins Spanische. Beachte dabei, dass einige Verben im Deutschen nicht reflexiv sind, im Spanischen aber schon.

**Städtisches Gymnasium München**

*Willkommen auf der Homepage des SGM!*

Schulleben

Neuigkeiten

Lehrer

Schüler

Termine

¡Hola desde Gijón!
Es geht uns sehr gut hier in Spanien! Wir sind nur ein bisschen müde, weil die Spanier spät ins Bett gehen. Heute machen wir mit der spanischen Lehrerin einen Ausflug zum Hafen. Sie heißt Laura Ferrer und ist sehr sympathisch. Wir treffen uns jeden Tag mit ihr und sie zeigt uns die Stadt. Morgen gehen wir in den Botanischen Garten und bleiben den ganzen Nachmittag dort.
Auf dem ersten *(primera)* Foto seht ihr den Strand. Das Meer ist noch sehr kalt und wir haben nicht gebadet. Auf dem zweiten *(segunda)* Foto seht ihr das Rathaus von Gijón. Wir haben es heute besichtigt. Morgen erzählen wir euch mehr!

*¡Hola desde Gijón! Estamos muy bien aquí en España.*

*__Gijón__ ist eine Hafenstadt in der nordspanischen Region Asturien. Zu den Sehenswürdigkeiten der Stadt zählen z. B. das Aquarium, der botanische Garten und ein langer Küstenwanderweg. In Deutschland verbindet man mit dem Namen „Gijón" das Fußballspiel Deutschland gegen Österreich während der Weltmeisterschaft 1982, das in dieser Stadt ausgetragen wurde. Nachdem Deutschland das Tor zum 1:0 geschossen hatte, bewegten sich die Spieler quasi nicht mehr, da mit diesem Spielstand beide Mannschaften in die nächste Runde vorrücken konnten („Nichtangriffspakt von Gijón").

**Wo im Satz stehen die unbetonten Objektpronomen beim bejahten Imperativ?**
Beim Imperativ werden die Objektpronomen an das Verb **angehängt**.

*Beispiele:* ¡Hazlo!
¡Dame la llave!

**Beachte:**

- Würde sich durch das Anhängen des Pronomens die **Betonung** verändern, so wird ein grafischer **Akzent** auf die ursprünglich betonte Silbe des Imperativs gesetzt (siehe auch Kapitel 23, Betonung und grafischer Akzent).

  *Beispiele:* ¡Escúchanos!
  ¡Mírame!

- Bei reflexiven Verben **entfällt** das auslautende ***-d*** des Imperativs der 2. Person Plural, wenn das Pronomen ***os*** angehängt wird.

  *Beispiel:* Levantaos, por favor.

**Aufgabe 34** Pablito will ständig etwas von seinem Babysitter *(el canguro)*, der schon etwas genervt ist. Bilde vollständige Sätze aus den Vorgaben und vergiss nicht eventuell nötige Akzente.

a) me/traer/un balón — *¡Tráeme un balón!*

b) me/ayudar/con mis zapatos — ______________________

c) me/leer/un cuento — ______________________

d) me/comprar/algo — ______________________

e) me/preparar/un bocadillo — ______________________

Finalmente, el canguro de Pablito le dice:

f) Me/dejar/en paz — ______________________

gabe 35* Vor dem Zubettgehen halten Pablito und seine Schwester gemeinsam die Eltern mit ihren Wünschen auf Trab. Übersetze ins Spanische.

### Los niños

a) Hört uns zu!
b) Bringt uns mehr Essen!
c) Bereitet uns eine Pizza zu!
d) Helft uns mit den Pyjamas *(los pijamas)*!
e) Lest uns das Buch (vor)!

### Los padres

f) Gebt uns das Buch!
g) Wascht euch die Hände und das Gesicht!
h) Legt euch hin!
i) Und jetzt seid still! Gute Nacht!

a) ¡Escuchadnos!

**Wo im Satz stehen die unbetonten Objektpronomen bei *estar + gerundio*?**
Bei ***estar + gerundio*** steht das Objektpronomen entweder **vor** dem konjugierten Hilfsverb ***estar*** oder wird an das unveränderliche **Gerundium angehängt**.

*Beispiele:* Lo está explicando. — Está explicándolo.
Nos estamos duchando. — Estamos duchándonos.

**Beachte:** Auf den ursprünglich betonten Vokal des Gerundiums wird ein grafischer **Akzent** gesetzt, um die **Betonung** zu erhalten, die sich durch das Anhängen des Pronomens sonst verschieben würde (siehe auch Kapitel 23, Betonung und grafischer Akzent).

*Vergleiche:* explicando → explicándolo

Aufgabe 36 **¡En la Plaza Real hay mucho que ver!** Auf der Plaza Real in Barcelona gibt es stets viel zu sehen. Setze die richtigen Formen von *estar* + Gerundium in die Lücken ein. Du kannst beide Möglichkeiten zur Stellung der Pronomen verwenden.

¡En la Plaza Real siempre hay mucha gente y mucho que ver! Unos señores __están tomando__ (tomar) su desayuno en el Café Central, otros ____________ (tomar/lo) en el Café Lisboa. Una camarera ____________ (servir) tostadas, otra ____________ (ayudar / la). Una paloma blanca ____________ (huir) de un perro, otra ____________ (comer) un poco de pan que ____________ (dar/le) una señora. Un gato ____________ (limpiar/se), su hermano ____________ (dormir) en el sol. En el centro de la plaza dos hombres ____________ (construir) una rampa para la fiesta de esta tarde y unos ancianos *(Senioren)* ____________ (observando/los). ¡Y toda la noche vemos a mucha gente que ____________ (divertir/se)!

Aufgabe 37* **Ejercicio mixto:** Miguels kleine Schwester möchte stets wissen, was er gerade macht. Übersetze die Fragen und Antworten ins Spanische und wechsle dabei die Möglichkeiten zur Stellung des Objektpronomens ab.

a) PATI: Miguel, duscht du dich gerade?
Miguel, ¿estás duchándote?

MIGUEL: Ja, Pati, ich dusche mich gerade.
Sí, Pati, me estoy duchando.

b)

PATI: Hörst du gerade die neue CD?

MIGUEL: Ja, ich höre sie gerade.

c)

PATI: Isst du gerade die Pizza?

MIGUEL: Ja, ich esse sie gerade.

d)

PATI: Machst du gerade die Hausaufgaben?

MIGUEL: Ja, ich mache sie gerade.

e)

PATI: Rufst du gerade Antonio an?

MIGUEL: Ja, Pati, ich rufe ihn gerade an. Und jetzt sei bitte still und lass mich telefonieren!

**Wo im Satz stehen die unbetonten Objektpronomen beim Infinitiv?**
Bei ***perífrasis verbales*** mit Infinitiv (z. B. *acabar de* + Infinitiv, *ir a* + Infinitiv) oder **Modalverben** + Infinitiv (z. B. *querer* + Infinitiv, *poder* + Infinitiv) stehen die unbetonten Objektpronomen **vor dem konjugierten Verb** oder werden an den **Infinitiv angehängt**.

| | | |
|---|---|---|
| *Beispiele:* | Lo acaba de hacer. | Acaba de hacerlo. |
| | ¿La puedes ver? | ¿Puedes verla? |

Aufgabe 38* **Seis meses en Irlanda (I).** Javi würde gerne sechs Monate in Irland verbringen. Er glaubt jedoch nicht, dass ihm seine Eltern den Auslandsaufenthalt erlauben und weiß auch nicht, wie er es seiner Freundin beibringen soll. Maca und Pepe geben ihm Ratschläge. Bringe die markierten Wörter in die richtige Reihenfolge und wechsle die Stellung des Objektpronomens ab.

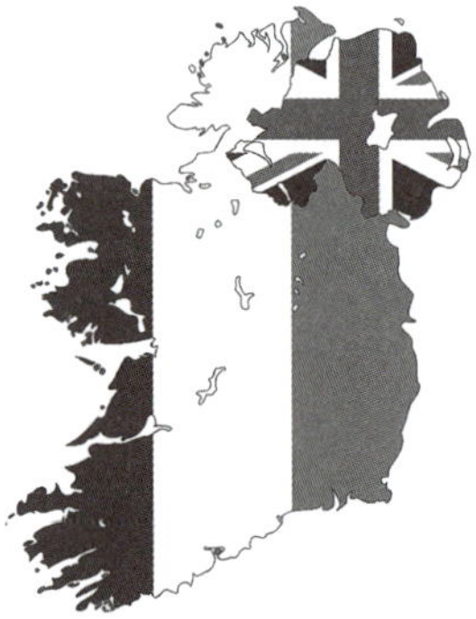

**MACA:** Javi, ¿qué tal tus planes de pasar seis meses en Irlanda?

**JAVI:** Quiero hacerlo ____________ (hacer/lo/quiero). Pero no sé si mis padres ______________________________ (lo/permitir/ van/a).

**PEPE:** Oye, ¿por qué no ______________________________ (les/preguntar)? Es una buena ocasión de aprender inglés y de hacer muchas nuevas experiencias.

**JAVI:** Vale, ______________________________ (preguntar/a/voy/les). Pero ¿qué ______________________________ (decir/ le/puedo/a / Nuria)?

**MACA:** Bueno, ______________________________ (le/explicar/puedes) por qué quieres ir a Irlanda. ______________________________ (a /lo/va /comprender).

**PEPE:** Y, por fin, Irlanda no está tan lejos. Nuria ______________________________ (puede/te/visitar) en Irlanda durante las vacaciones.

**JAVI:** Tienes razón. Y ______________________________ (escribir/le/puedo) muchos e-mails y ______________________________ (puedo/ la/ llamar) por Internet.

**MACA:** ¡Venga, todo está bien!

gabe 39* **Ejercicio mixto: Seis meses en Irlanda (II).** Javi ist nun doch nach Irland gefahren. Am Telefon berichtet er seinem Freund Pepe von seinen Erfahrungen auf der „Grünen Insel“. Finde die richtige Verbform und bringe die Wörter in die passende Reihenfolge (wähle eine Möglichkeit, falls es mehrere Möglichkeiten zur Wortstellung gibt).

**PEPE:** ¡Hola, Javi! ¿Qué tal Irlanda? ¿Qué estás haciendo? ¡ Cuéntame (me/contar)!

**JAVI:** En la tele ponen una serie de amor, ____________ (la/estar viendo) ahora. Así, el inglés, ____________ (lo/poder aprender) mejor.

**PEPE:** ¿Y tu vida en Irlanda?

**JAVI:** Está bien. Hay muchos bares en Dublín, se llaman *pubs*, ¡no ____________ (los/poder visitar) todos en un año! Y es verdad, hay mucha gente divertida; ____________ (la/poder encontrar, tú) allí en los *pubs*.

**PEPE:** ¿Y qué vas a hacer este fin de semana?

**JAVI:** Este fin de semana, ____________ (lo/ir a pasar) con una chica de Belfast. ____________ (le/querer enseñar) un poquito de español. Es una chica simpática, pero no es como Nuria... ¿Sabes que la relación, nosotros ____________ (la/acabar de terminar) hace poco?

**PEPE:** ¡Qué dices! ¿Ya no es tu novia? ¡No ____________ (lo/poder creer)!

**JAVI:** Es verdad. La distancia... y habla de otro chico, ya sabes... ¡es difícil! No ____________ (la/poder olvidar).

**PEPE:** Hombre, ¡pero ahora estás en Irlanda! ¡ ____________ (lo/disfrutar, tú)!

**JAVI:** Sí, ____________ (lo/ir a hacer).

Aufgabe 40* **Ejercicio mixto: La Malinche (I).** Schreibe den Text ab und ersetze dabei die farbig markierten Substantive im Text durch das passende direkte oder indirekte Objektpronomen.

## *La Malinche*

*La Malinche, una azteca, nace en Coatzacoalcos en México en el año 1502. Su pueblo pierde una guerra con los mayas y tiene que dar un tributo **a los mayas**. La Malinche es parte[1] del tributo. Más tarde, los mayas regalan[2] **la Malinche** como esclava al conquistador[3] español Hernán Cortés. La Malinche ayuda a **Hernán Cortés** a cerrar contratos[4] con los aztecas y mayas porque Cortés necesita un traductor para los idiomas indígenas. La Malinche habla **los idiomas indígenas** con fluidez y aprende rápidamente a hablar castellano. Además, para Cortés, la Malinche es muy útil porque puede explicar **a Cortés** las tradiciones de los aztecas y mayas.*

*Mucha gente piensa que la Malinche es una traidora[5] porque ayuda a los españoles. Incluso tiene un hijo de Cortés (llama Martín **al hijo de Cortés**) y se casa con un hidalgo[6] español. Otros, sin embargo, consideran[7] **la Malinche** como la fundadora[8] de México.*

1 Teil
2 schenken
3 Eroberer
4 Verträge
5 Verräterin
6 Edelmann
7 ansehen als
8 Gründerin

La Malinche, una azteca, nace en Coatzacoalcos en México en el año 1502. Su pueblo pierde una guerra con los mayas y tiene que darles un tributo.

Aufgabe 41* **Ejercicio mixto: La Malinche (II).** Beantworte folgende Fragen zum Text aus Aufgabe 40 in vollständigen Sätzen.

a) ¿Quién es la Malinche?
b) ¿Quién es Hernán Cortés?
c) ¿Qué idiomas habla la Malinche?
d) ¿Por qué hay gente que piensa que la Malinche es una traidora?
e) ¿Y cómo la ven los otros?

# 5 Demonstrativa

Demonstrativa können unterschieden werden in
- **Begleiter** (die adjektivisch verwendet werden) und
- **Pronomen** (die substantivisch verwendet werden).

**Beachte:** Die Formen des Demonstrativbegleiters und des Demonstrativpronomens sind in der Regel **identisch**.

**Welche Demonstrativa gibt es im Spanischen?**
- *este* (dieses hier)
- *ese* (dieses da)
- *aquel* (jenes)

**Beachte:** Demonstrativa richten sich in **Genus** und **Numerus** nach ihrem Bezugswort.

**Wie lauten die Formen des Demonstrativums *este*?**

| | Maskulinum | Femininum | Neutrum |
|---|---|---|---|
| Singular | ***este*** | ***esta*** | ***esto*** |
| Plural | ***estos*** | ***estas*** | |

*Beispiele:* Este disco me gusta mucho.
Estas chicas son muy guapas.
¿Qué es esto?

**Beachte:** Die Formen von ***este*** als **Pronomen** können einen grafischen Akzent auf der betonten Silbe tragen, wenn ansonsten nicht klar ist, ob es sich um ein Pronomen oder einen Begleiter handelt.

fgabe 42 **La Barcelona de Gaudí.** Ein Rundgang durch Gaudís* Barcelona. Setze die korrekte Form des Demonstrativums *este* in die Lücken ein.

a) 

¿Ves este animal de Gaudí? Se encuentra en la entrada del Parque Güell. Es casi un símbolo de la ciudad de Barcelona. Muchos turistas toman fotografías de __________ dragón.

* **Antoni Gaudí** (1852–1926) war ein berühmter katalanischer Architekt.

b) 

¿Ves __________ bancos de Gaudí?
Se encuentran también en el Parque Güell, un gran jardín en la parte alta de Barcelona.

c) 

¿Ves __________ casa de Gaudí?
Se llama «Casa Batlló» y es muy famosa. El estilo de arquitectura de la casa se llama «modernismo».

d) 

¿Ves __________ torres de la catedral de Gaudí?
La catedral se llama la «Sagrada Familia». Todavía faltan partes del edificio porque la construcción es muy cara.

**Wie lauten die Formen des Demonstrativums *ese*?**

| | Maskulinum | Femininum | Neutrum |
|---|---|---|---|
| Singular | ***ese*** | ***esa*** | ***eso*** |
| Plural | ***esos*** | ***esas*** | |

*Beispiele:* ¿Quién es esa señora?
Esos pantalones no me gustan nada.

**Beachte:** Die Formen von *ese* als **Pronomen** können einen grafischen Akzent auf der betonten Silbe tragen, wenn ansonsten nicht klar ist, ob es sich um ein Pronomen oder einen Begleiter handelt.

fgabe 43 Welcher der beiden Sätze ist korrekt? Kreuze ihn an.

a) ☐ ¡Me gustan esas zapatos!
☒ ¡Me gustan esos zapatos!

b) ☐ Laura vive en esa casa.
☐ Laura vive en ese casa.

c) ☐ Ese chico es su hermano,
☐ Eso chico es su hermano.

d) ☐ ¿Nos das esos tazas?
☐ ¿Nos das esas tazas?

**Wie lauten die Formen des Demonstrativums *aquel*?**

| | Maskulinum | Femininum | Neutrum |
|---|---|---|---|
| Singular | ***aquel*** | ***aquella*** | ***aquello*** |
| Plural | ***aquellos*** | ***aquellas*** | |

*Beispiele:* ¿Te acuerdas de aquel día?
Aquellos coches hacen mucho ruido.

**Beachte:** Die Formen von ***aquel*** als **Pronomen** können einen grafischen Akzent auf der betonten Silbe tragen, wenn ansonsten nicht klar ist, ob es sich um ein Pronomen oder einen Begleiter handelt.

fgabe 44 Beim Einkaufen im Corte Inglés (eine große spanische Kaufhauskette) sieht Mari-Paz so einiges, das sie gerne zum Geburtstag bekommen würde. Setze die korrekte Form des Demonstrativums *aquel* in die Lücken ein.

aquel ______ disco de Juanes
______ falda negra
______ libro de Manuel Rivas
______ pantalones de Zara
______ sandalias
______ perfume de Loewe

**Wann wird welches Demonstrativum verwendet?**

- ***Este*** wird bei Lebewesen oder Dingen verwendet, die sich räumlich oder zeitlich **in der Nähe des Sprechenden** befinden. Die entsprechende Ortsangabe lautet ***aquí*** (hier).

  *Beispiel:* Este árbol de aquí es muy viejo.

- ***Ese*** wird bei Lebewesen oder Dingen verwendet, die sich räumlich oder zeitlich **in der Nähe des Angesprochenen** befinden. Die entsprechende Ortsangabe lautet ***ahí*** (da).

  *Beispiel:* Por favor, dame esa sandía, ahí.

- ***Aquel*** wird bei Lebewesen oder Dingen verwendet, die sich in **räumlicher oder zeitlicher Entfernung zu Sprecher und Angesprochenem** befinden. Die entsprechende Ortsangabe lautet ***allí*** (dort drüben).

  *Beispiel:* Aquella chica de allí, al otro lado de la calle, es la novia de José.

**Aufgabe 45** Setze die passenden Demonstrativa ein und achte dabei auf den Kontext bzw. auf Signalwörter wie *aquí*, *ahí* und *allí*.

ESA CASA ↔ AHÍ

ESTA CASA ↔ AQUÍ

AQUELLA CASA ↔ ALLÍ

a) En la playa hay tres casas. Esta es verde, esa es roja y aquella es blanca.

b) Me gustan los zapatos. – ¿Cuáles? ¿ ____________ de aquí, ____________ de ahí o ____________ de allí?

c) En las fotos ves a mis tres hermanos: ____________ chico de aquí, ____________ chico de ahí y ____________ chico de allí.

gabe 46* Auf dieser Schatzinsel *(la isla de los tesoros)* haben Piraten vor Hunderten von Jahren ihre Beute vergraben. Beschreibe, wo die Schätze liegen, indem du vollständige Sätze aus den Vorgaben bildest. Verwende dabei die passenden Demonstrativbegleiter.

***Hay un tesoro…***

*al lado de/monte con palmeras, ahí*

Hay un tesoro al lado de ese monte con palmeras, ahí.

____________________

*debajo de/hierbas (Gras) de aquí*

____________________
____________________
____________________
____________________

*delante de/pequeño lago con el cocodrilo, aquí*

____________________
____________________
____________________

***Hay un tesoro…***

*delante de/montaña de allí*

____________________
____________________
____________________
____________________

*detrás de/pequeña montaña de ahí*

____________________
____________________
____________________
____________________

Auf der **Isla del Coco** vor der Küste Costa Ricas forschten zahlreiche Schatzsucher immer wieder nach den Schätzen des Piraten Benito Bonito und nach der goldenen Madonna, dem Kirchenschatz von Lima. Auch der Pirat Edward Davis soll dort Teile seiner Beute vergraben haben.
Der Deutsche August Gissler beispielsweise grub Ende des 19. Jahrhunderts meterlange unterirdische Gänge auf der Insel, ohne jedoch auf viel mehr als ein paar Goldmünzen zu stoßen. Heute versuchen Schatzsucher ihr Glück mithilfe von Metalldetektoren, bis jetzt aber ohne Erfolg.

# 6 Possessivbegleiter

Die Possessivbegleiter drücken ein **Besitz-** oder **Zugehörigkeitsverhältnis** aus. Sie richten sich im **Numerus** nach dem Substantiv, auf das sie sich beziehen.

**Wie lauten die Formen der Possessivbegleiter im Spanischen?**

| Singular | | Plural | |
|---|---|---|---|
| ***mi*** | (mein/e) | ***mis*** | (meine) |
| ***tu*** | (dein/e) | ***tus*** | (deine) |
| ***su*** | (sein/e, Ihr/e) | ***sus*** | (seine, Ihre) |
| ***nuestro/a*** | (unser/e) | ***nuestros/as*** | (unsere) |
| ***vuestro/a*** | (euer/eure) | ***vuestros/as*** | (eure) |
| ***su*** | (ihr/e, Ihr/e) | ***sus*** | (ihre, Ihre) |

*Beispiele:* Hoy es el cumpleaños de mi abuela.
Sra. García, ¿cómo están sus padres?

**Beachte:** Die Possessivbegleiter der 1. und 2. Person Plural müssen auch im **Genus** an das Substantiv angeglichen werden, auf das sie sich beziehen.

*Beispiel:* Vuestras amigas son muy simpáticas.

**Aufgabe 47** Fernando und Alba packen ihre Sachen, da sie ihre Großeltern in Mérida besuchen werden. Die Mutter der beiden möchte wissen, ob sie wirklich an alles gedacht haben. Setze die passenden spanischen Possessivbegleiter in die Lücken ein.

| LA MADRE | FERNANDO Y ALBA |
|---|---|
| a) ¿Tenéis nuestros *(unsere)* números de teléfono? | Sí, tenemos ____________ *(eure)* números de teléfono. |
| b) ¿Tenéis la dirección de ____________ *(eure)* abuelos? | Sí, tenemos ________ *(seine)* dirección. |
| c) Fernando, ¿tienes _____ *(dein)* carné de identidad? | Sí, tengo ________ *(mein)* carné de identidad. |

d) Alba, ¿tienes las guías turísticas de ________ *(deine)* tíos?

Sí, tengo ________ *(ihre)* guías turísticas.

e) ¿Y tenéis ________ *(eure)* cámaras digitales?

Sí, tenemos ________ *(unsere)* cámaras digitales.

f) Entonces, aquí están los regalos para ________ *(eure)* abuelos. ¡Saludadlos de mi parte!

Claro, mamá. Te vas a aburrir sin nosotros y ________ *(unser)* caos, ¿verdad?

gabe 48* **La familia de Imelda.** Übersetze den Text ins Spanische und ergänze dabei die Namen von Imeldas Verwandten mithilfe des Stammbaumes.

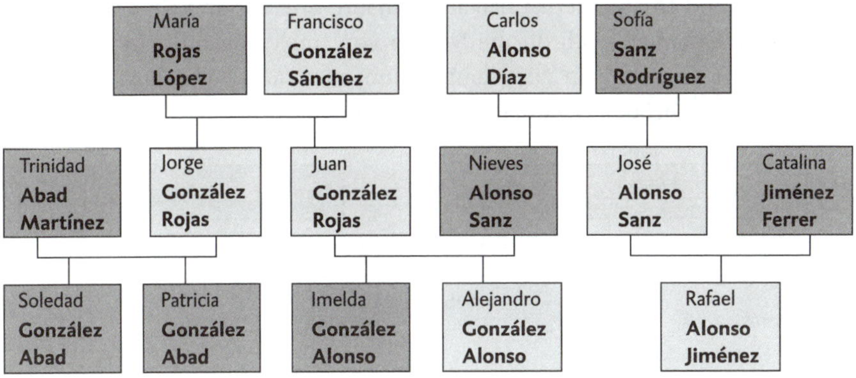


Mein Bruder ist acht Jahre alt und heißt **XY**. Unsere Eltern sind **XY** und **XY**. Die Eltern unserer Mutter, das heißt *(o sea)* unsere Großeltern, sind **XY** und **XY**. Ihr Sohn, unser Onkel, heißt **XY**. Seine Frau heißt **XY** und ihr Sohn heißt **XY**. Die Eltern unseres Vaters sind **XY** und **XY**. Sie haben noch einen anderen Sohn: **XY**. Dieser und seine Frau **XY** haben zwei Töchter, sie heißen **XY** und **XY**. Sie sind unsere Cousinen.

*Mi hermano tiene ocho años y se llama Alejandro.*

**Aufgabe 49** **Ahora te toca a ti.** Du bist an der Reihe. Setze die passenden Possessivbegleiter in die Lücken ein und beantworte dann die Fragen.

¿Cómo se llaman los miembros de ____________ *(deine)* familia? ¿Tienes hermanos? ¿Cómo se llaman ________________ *(deine)* tíos y ________________ *(deine)* primos?

*Mis padres se llaman…* ________________________________________

________________________________________

________________________________________

________________________________________

________________________________________

________________________________________

**Aufgabe 50** In Spanien und Lateinamerika haben Ehemann, Ehefrau und Kinder nicht die gleichen Nachnamen. Sieh dir die Namen von Imeldas Familie (Aufgabe 48) an. Verstehst du, wie man dort seine Nachnamen *(los apellidos)* erhält? Fülle jetzt die Lücken bei den Nachnamen der folgenden Familien.

a)

Miguel *López* Grandes — Carmen ____________ Gutiérrez

Ana Isabel López Castro

b)

Paco Vargas Fernández — Mercedes Ramos Muñoz

Enrique ____________ ____________

c)

Diego ____________ Silva — Dolores ____________ Cruz

Maite Ortega Aguirre

# 7 Indefinita

Indefinita können im Spanischen unterschieden werden in
- **Begleiter** (die adjektivisch verwendet werden) und
- **Pronomen** (die substantivisch verwendet werden).

**Beachte:** Indefinita richten sich in **Genus** und **Numerus** nach ihrem Bezugswort.

**Wie lauten die Formen der Indefinita *mucho, poco* und *otro*?**
Die Formen von *mucho* (viel), *poco* (wenig) und *otro* (anderer) lauten:

| mask. Sing. | fem. Sing. | mask. Plur. | fem. Plur. |
|---|---|---|---|
| ***mucho*** | ***mucha*** | ***muchos*** | ***muchas*** |
| ***poco*** | ***poca*** | ***pocos*** | ***pocas*** |
| ***otro*** | ***otra*** | ***otros*** | ***otras*** |

*Beispiele:* La chica gasta mucho dinero.
Hay poca gente en la calle hoy.
Los otros no pueden venir.

**Beachte** folgende Besonderheiten:
- Vor *otro* steht **nie** der **unbestimmte Artikel**.
  *Beispiel:* Hay otra farmacia en la Calle Tetuán.
- *Otro* kann im Spanischen auch „noch eines" bedeuten.
  *Beispiel:* Otra limonada, por favor.

fgabe 51 Setze die jeweils richtige Form von *mucho, poco* oder *otro* ein.

a) Soledad siempre lleva muchos bolis en su bolsillo. (*mucho*)
b) Alberto tiene __________ problemas en el instituto. (*poco*)
c) ¿No hay __________ solución? (*otro*)
d) Te deseo __________ suerte en los exámenes. (*mucho*)
e) En la fiesta del barrio hay __________ visitantes. (*poco*)
f) En la playa siempre hay __________ gente. (*mucho*)

fgabe 52 Übersetze ins Spanische.

a) Noch einen Saft, bitte.
b) Er hat wenig Zeit und viel Arbeit.
c) Die Anderen sind nicht da.
d) Angélica hat viele Freundinnen.
e) Willst du einen anderen Stuhl?
f) Jaime verdient viel Geld.

**Wie lauten die Formen der Indefinita *alguno* und *ninguno*?**

Die Formen von *alguno* (irgendein) und *ninguno* (kein, kein einziges) lauten:

| mask. Sing. | fem. Sing. | mask. Plur. | fem. Plur. |
|---|---|---|---|
| ***alguno*** | ***alguna*** | ***algunos*** | ***algunas*** |
| ***ninguno*** | ***ninguna*** | ***ningunos*** | ***ningunas*** |

*Beispiele:* He leído la historia en alguna revista.
Ninguno de los chicos quiere bailar con ella.

**Beachte:**

- Steht *alguno* oder *ninguno* vor einem **männlichen Substantiv** im **Singular** (oder vor einem weiblichen Substantiv mit betontem *a-/ha* am Wortanfang), so wird es zu ***algún*** bzw. ***ningún*** verkürzt (zu *ninguno* siehe auch Kapitel 20, Die Verneinung).

  *Beispiel:* Ningún periódico habla de la catástrofe.
- *Algunos* kann auch „manche" oder „einige" bedeuten.

  *Beispiel:* Algunos de ellos dicen que no es posible.

Aufgabe 53 Setze die jeweils richtige Form von *alguno* oder *ninguno* ein.

a) ¿Ya has estado en España alguna vez? *(alguno)*

b) ________ de mis amigas va a la fiesta de Pablo. *(ninguno)*

c) ¿Hay ________ quiosco por aquí? *(alguno)*

d) Está de viaje por ________ días. *(alguno)*

e) Tengo ________ libros para ti. *(alguno)*

f) ________ chica es como tú. *(ninguno)*

g) ¿ ________ llamada para mí? *(ninguno)*

h) Quiero ver las cataratas del Iguazú* ________ día. *(alguno)*

* Die **Iguazú-Wasserfälle** gehören zu den größten Wasserfällen der Welt. Ein Teil der Fälle liegt auf argentinischem Gebiet, der andere auf brasilianischem. Der größte der Wasserfälle ist der Teufelsschlund (Garganta del Diablo). Die „Cataratas del Iguazú" wurden von der UNESCO zum Welterbe erklärt.

abe 54* **Ejercicio mixto:** Javi, der ein halbes Jahr in Irland verbringt, erzählt Maca von seinen Erfahrungen in Dublin. Übertrage den Text sinngemäß ins Spanische (schreibe ihn in der 1. Person) und achte besonders auf die Indefinita.

Das Leben hier in Irland gefällt Javi / Er trifft viele nette Menschen / Er hat nur wenige Probleme mit dem Englischen / Keiner der Iren lacht, wenn ein Satz nicht stimmt / In den Cafés sind immer irgendwelche interessanten Personen / Auf den Straßen gibt es stets irgendeine Gruppe, die Musik oder Theater macht / Viele der anderen Studenten sind sehr nett / Alle sind wie eine Familie / Aber er hat keine feste Freundin in Irland / Keine ist wie Nuria / Doch Nuria ist in Spanien und ist jetzt mit Pepe zusammen / Javi will jetzt keine andere Freundin / In kurzer Zeit[1] wird er nach Spanien zurückkehren / Vielleicht gefällt ihm ja eines Tages ein anderes Mädchen

1 dentro de poco

Maca, ¡la vida aquí en Irlanda me gusta! Me encuentro con mucha gente simpática.

# 8 Adjektive

## 8.1 Form und Stellung der Adjektive

Das Adjektiv (*el adjetivo*) wird in **Genus** und **Numerus** an sein Bezugswort angeglichen.

**Wie lautet die männliche bzw. weibliche Form des Adjektivs?**

- Die männliche Form endet auf ***-o***, die weibliche Form endet auf ***-a***.

  *Beispiel:* simpátic<u>o</u> simpátic<u>a</u>

- Die männliche Form endet auf ***-án, -ín, -ón, -ol, -or, -és*** oder ***-uz***, die weibliche Form fügt ein ***-a*** an.

  *Beispiele:* españ<u>ol</u> españo<u>la</u>
  anda<u>luz</u> andaluz<u>a</u>

  **Beachte:** Trägt die männliche Form des Adjektivs einen grafischen Akzent auf der letzten Silbe, so **entfällt** dieser in der **weiblichen** Form.

  *Beispiel:* alem<u>án</u> alem<u>ana</u>

Aufgabe 55 Setze die weibliche Form des Adjektivs in die Lücken ein.

a) un hermano **pequeño** — una hermana *pequeña*
b) un chico **tranquilo** — una chica ______
c) un profesor **inglés** — una profesora ______
d) un padre **contento** — una madre ______
e) un niño **llorón** *(weinerlich)* — una niña ______
f) un secretario **trabajador** — una secretaria ______
g) un médico **simpático** — una médica ______
h) un abuelo **divertido** — una abuela ______
i) un camarero **rápido** — una camarera ______
j) director **conocido** — una directora ______
k) un tío **hablador** *(gesprächig)* — una tía ______
l) un primo **italiano** — una prima ______
m) un alumno **irlandés** — una alumna ______

**Bei welchen Adjektiven sind männliche und weibliche Form identisch?**

- Adjektive, die auf ***-e, -ista*** und betontes ***-í*** und ***-ú*** enden.

  *Beispiele:* inteligente — inteligente
  comunista — comunista
  israelí — israelí

- Adjektive, die auf einen **Konsonanten** (außer Endungen ***-án, -ín, -ón, -ol, -or, -és*** oder ***-uz***) enden.

  *Beispiele:* feliz — feliz
  difícil — difícil

- **Farbadjektive**, die von einem **Substantiv** abgeleitet werden.

  *Beispiel:* rosa — rosa

fgabe 56 **Ejercicio mixto:** Ergänze die korrekte Form des Adjektivs.

a) Gema es **amable**. Jorge también es amable
b) Mi bicicleta es **naranja**. El coche de mi padre también es ________
c) Su jardín es **bonito**. Su casa también es ________
d) Carlos es muy **feliz**. María Teresa también es muy ________
e) Ahmed es **marroquí**. Layla también es ________
f) Este libro es **francés**. La revista también es ________
g) El ejercicio es **fácil**. La traducción también es ________
h) Esta chica es **complicada**. Su hermano también es ________

fgabe 57 **Ejercicio mixto:** Montserrat packt ihren Koffer. Ergänze auf ihrer Packliste zunächst die spanischen Adjektive. Schau dann, was sie schon eingepackt hat und kreuze die jeweiligen Dinge auf der Liste an.

- [X] el móvil viejo (alt)
- [ ] el chaleco *(Weste)* ________ (rosa)
- [ ] la chaqueta ________ (neu)
- [ ] el libro ________ (interessant)
- [ ] la falda ________ (elegant)
- [ ] el bolso ________ (grau)
- [ ] el regalo ________ (teuer)
- [ ] el paraguas ________ (klein)

**Wie wird die Pluralform des Adjektivs gebildet?**

In der Regel wird an Adjektive, die auf einen **Vokal** enden, ein **-s** angehängt. An Adjektive, die auf einen **Konsonanten** oder die betonten Vokale ***-í*** und ***-ú*** enden, wird ***-es*** angefügt.

| | | |
|---|---|---|
| *Beispiele:* | bonito | bonitos |
| | español | españoles |
| | marroquí | marroquíes |

**Beachte:**

- Adjektive auf **-z** bilden den Plural mit ***-ces***.

  *Beispiel:* feliz — felices

- Trägt das Adjektiv im Singular einen grafischen Akzent auf der letzten Silbe, so **entfällt** dieser im **Plural** (siehe auch Kapitel 23, Betonung und grafischer Akzent).

  *Beispiel:* alemán — alemanes

- Farbadjektive, die von einem Substantiv abgeleitet werden, sind **unveränderlich**.

  *Beispiel:* naranja — naranja

**Aufgabe 58** Setze die Pluralform des jeweiligen Adjektivs in die Lücken ein.

a)  una chica **rusa**  dos chicas rusas

b)  un chico **japonés**  dos chicos ______

c)  una chica **israelí**  dos chicas ______

d)  un chico **irlandés**  dos chicos ______

e)  una chica **francesa**  dos chicas ______

f)  un chico **vietnamita**  dos chicos ______

**gabe 59*** Wie heißen die Länder, die zu den Jungen und Mädchen aus Aufgabe 58 gehören? Schreibe ihre spanischen Namen in die Felder.

a)

b)

c)

d)

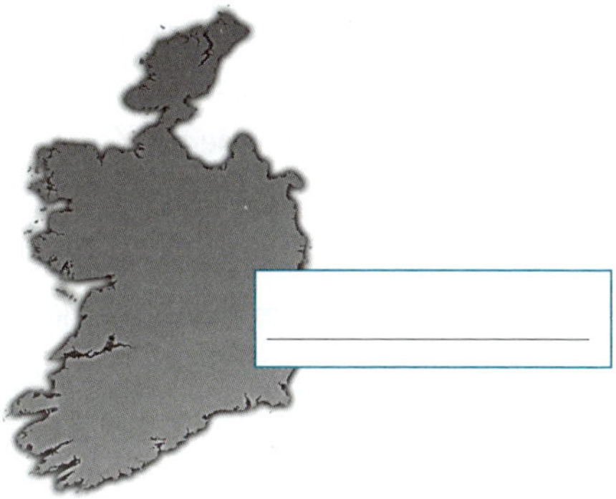

e)

f)

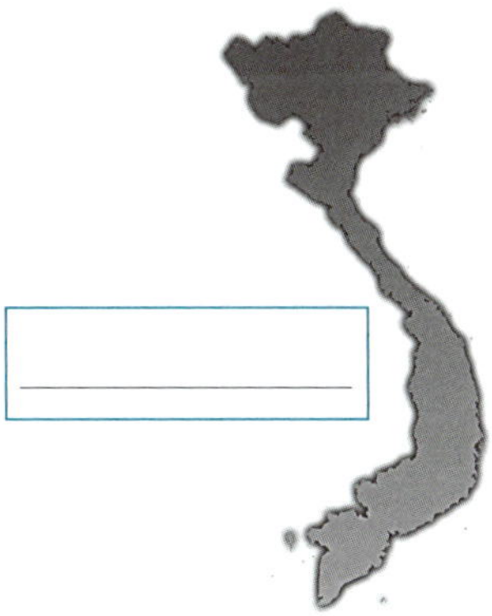

**Wo im Satz steht das Adjektiv?**

- Das Adjektiv steht in der Regel **nach** dem Substantiv. **Zwei** Adjektive zum selben Bezugswort werden durch **y** (und) verbunden.

  *Beispiele:* un barrio tranquilo
  una estudiante inteligente y aplicada

- Adjektive können auch als **Ergänzungen** nach Verben wie *ser* und *estar* stehen.

  *Beispiele:* Cristina está cansada.
  Estas casas son feas.

Aufgabe 60 Schreibe den Text, indem du die Adjektive (in Klammern) in Genus und Numerus an ihr Bezugswort angleichst.

## Música (hispánico) en el mundo

El flamenco es una música (muy conocido) del sur de España. Mucha gente escucha sus canciones (serio, triste) cada día. Sus orígenes (árabe) se mezclan[1] con la cultura (gitano[2]) y la cultura (judío[3]). Tiene tres elementos (central): El cante, la guitarra y el baile.

El tango es un baile (famoso) de Argentina. Viene de los inmigrantes (europeo) y tiene elementos (diferente): instrumentos (alemán), melodías (español), ie incluso[4] aspectos (africano)! Son bailes (elegante, difícil).

En Cuba y otros países (caribeño) encontramos, entre otros, la salsa, una música (rápido, popular). También en Europa hay fiestas (popular) de salsa en muchas ciudades. Una cantante (famoso) es, por ejemplo, Gloria Estefan.

1 sich vermischen 2 Zigeuner- 3 jüdisch 4 sogar

*Música hispánica en el mundo*

**Gibt es auch Adjektive, die vor dem Substantiv stehen?**

Einige **kurze** Adjektive stehen für gewöhnlich **vor** dem Substantiv. Dazu gehören z. B. *bueno* (gut), *malo* (schlecht) und *grande* (großartig).

*Beispiel:* Flor es una buena amiga.

**Beachte:**

- Bei *bueno* und *malo* **entfällt** das auslautende ***-o*** vor einem männlichen Substantiv im Singular (und vor einem weiblichen Substantiv mit betontem *a-/ha-* am Wortanfang).

  *Beispiel:* Este es un mal disco.

- Bei *grande* **entfällt** das auslautende ***-de*** vor einem männlichen oder weiblichen Substantiv im Singular.

  *Beispiel:* Jorge es un gran chico.

Einige Adjektive können vor oder nach dem Substantiv stehen. Sie haben je nach Stellung eine **unterschiedliche Bedeutung:**

| | vor dem Substantiv | nach dem Substantiv |
|---|---|---|
| *grande* | **großartig** | **groß** |
| *pobre* | **arm** (im Sinne von bedauernswert) | **arm** (im Sinne von mittellos) |
| *antiguo* | **ehemalig** | **alt** |
| *viejo* | **alt** (im Sinne von altbekannt) | **alt** (im Sinne von alt an Jahren) |
| *Beispiele:* | Pedro es un antiguo compañero de clase. | *(= ein ehemaliger Schulkamerad)* |
| | La ciudad antigua de Ávila es interesante. | *(= die Altstadt)* |

'gabe 61 Setze die korrekte Form der Adjektive an der richtigen Stelle ein.

a) Para nosotros Juanito es un *gran amigo* (amigo, grande).

b) Iker es un ______________________ (chico, grande) por su edad.

c) Teresa es una ______________________ (chica, bueno).

d) El Sr. Menéndez está enfermo desde hace dos años. – ¡El ______________ ______________ (hombre, pobre)!

e) En este barrio vive la ______________________ (gente, pobre). Los ricos viven en los barrios cerca del mar.

f) Argentina es un ______________________ (país, grande): tiene más de 40 millones de habitantes.

g) «La tierra de las papas» es un ______________________ (libro, bueno).

h) Mis padres quieren comprar una ______________________ (casa, antiguo) en el campo.

**Aufgabe 62*** **Ejercicio mixto:** Julia ist zum ersten Mal auf Mallorca und schreibt ihrer spanischen Freundin Isabel in Bilbao eine Postkarte. Übersetze ins Spanische.

Liebe Isabel,

weißt du, dass Mallorca eine sehr schöne Insel ist? Viele Touristen interessieren sich nur für die Strände, aber es gibt auch tolle Landschaften und Städte mit historischem Zentrum. In Palma befindet sich z. B. die höchste Kathedrale[1] Spaniens, die Kathedrale der Heiligen Maria. In der Sierra de Tramontana, einem großen Gebirge, hast du einen wunderbaren Blick auf[2] Berge und Täler. In der Ebene[3] im Zentrum der Insel gibt es viele Windmühlen[4] und kleine Städte. Im Sommer ist es sehr heiß, aber in den Buchten[5] und an den Stränden weht immer Wind. Die Menschen hier sind nett und das Essen ist lecker. Natürlich gibt es auch frische Meeresfrüchte[6]!

Viele Grüße
Julia

Señorita
Isabel López Hernández
C/Alcalá, 82
48009 Bilbao
España

1 la catedral más alta   2 unas vistas a   3 la llanura   4 los molinos   5 las calas   6 el marisco

## 8.2 Die Steigerung der Adjektive

Beim Adjektiv können drei Stufen der Intensität unterschieden werden:
- **Positiv** (Grundform des Adjektivs)
- **Komparativ** (Vergleich)
- **Superlativ** (höchste Form der Steigerung)

**Wie wird im Spanischen der Komparativ der Adjektive ausgedrückt?**
Der Komparativ (*el comparativo*) wird im Spanischen folgendermaßen ausgedrückt:
- ***tan*** *+ adjetivo +* ***como*** → **Gleichheit**

  *Beispiele:* Pedro es tan rápido como Toni.
  Julia es tan inteligente como su hermana.
- ***más*** *+ adjetivo +* ***que*** → **Überlegenheit**

  *Beispiele:* Pedro es más rápido que Toni.
  Julia es más inteligente que su hermana.
- ***menos*** *+ adjetivo +* ***que*** → **Unterlegenheit**

  *Beispiele:* Pedro es menos rápido que Toni.
  Julia es menos inteligente que su hermana.

**fgabe 63** Bilde aus den Vorgaben Vergleichssätze mithilfe des Verbs *ser*. Das Zeichen = steht für Gleichheit, + für Überlegenheit und – für Unterlegenheit.

a) Shakira/famoso/Rosanna. +
*Shakira es más famosa que Rosanna.*

b) María y Gema/guapo/las hermanas González. =

c) Galicia/caro/Madrid. –

d) Nicaragua/interesante/Guatemala. =

e) Las fiestas de Maite/marchoso/las fiestas de Juan. +

**Aufgabe 64** **¡Te toca a ti!** Jetzt bist du an der Reihe. Bilde Sätze mithilfe der Angaben und entscheide selbst, ob du etwas besser, schlechter oder genauso gut findest.

## Yo pienso que…

Barcelona/bonito/
Sevilla

montaña/
hermoso/mar

televisión/intere-
sante/libros

Salma Hayek/lindo/
Penélope Cruz

amigos/impor-
tante/familia

Benicio del Toro/
atractivo/Javier Bardem

ir en tren/
confortable/ir en avión

*Yo pienso que Barcelona es tan bonita como Sevilla.*

________________________________________

________________________________________

________________________________________

________________________________________

________________________________________

________________________________________

________________________________________

________________________________________

**Wie wird im Spanischen der Superlativ der Adjektive ausgedrückt?**
Der Superlativ (*el superlativo*) kann im Spanischen ausgedrückt werden durch:

- ***el/la/los/las*** (+ *sustantivo*) + ***más*** + *adjetivo* → **positiver Superlativ**

  *Beispiele:* Pedro es el más rápido de todos.
  El Ebro y el Tajo son los ríos más grandes de España.

- ***el/la/los/las*** (+ *sustantivo*) + ***menos*** + *adjetivo* → **negativer Superlativ**

  *Beispiele:* Ana es la menos deportista de su familia.
  Julio es el chico menos fuerte de su clase.

gabe 65 Bilde aus den Vorgaben Vergleichssätze mithilfe des Verbs *ser*. Das Zeichen + steht für den positiven, – für den negativen Superlativ.

a) Diego/chico/simpático/del barrio –
*Diego es el chico menos simpático del barrio.*

b) El AVE/tren/rápido/de España +

c) Lionel Messi/jugador/famoso/del FC Barcelona +

d) Penélope y Maribel/chicas/guapo/de la familia +

e) Este coche/moderno/de todos –

f) «El Lobo»/película/interesante/de Miguel Courtois +

g) Extremadura/Comunidad/rico/de España –

**Welche Adjektive haben unregelmäßige Steigerungsformen?**
Zu den häufig benutzten Adjektiven mit unregelmäßigen Steigerungsformen zählen z. B. ***bueno, malo, grande*** und ***pequeño***.

| | *bueno* | *malo* | *grande* | *pequeño* |
|---|---|---|---|---|
| Komparativ | ***mejor*** | ***peor*** | ***mayor*** | ***menor*** |
| Superlativ | ***el/la mejor*** | ***el/la peor*** | ***el/la mayor*** | ***el/la menor*** |

*Beispiele:* En matemáticas, Julieta es mejor que Antonio.
Mis hermanos mayores son ingenieros.

**Beachte:**

- Die Superlative von *bueno, malo, grande* und *pequeño* stehen **vor dem Substantiv**.
  *Beispiel:* Clara es la peor jugadora del equipo.
- Wenn sich *grande* und *pequeño* auf **konkrete Größen** beziehen, werden sie **regelmäßig** gesteigert.
  *Beispiel:* Sevilla es la ciudad más grande de Andalucía.

**Aufgabe 66** Bilde Vergleichssätze mithilfe des Verbs *ser* und übersetze diese anschließend. Das Zeichen **+** steht für Überlegenheit, **–** für Unterlegenheit, die Doppelung steht für den jeweiligen Superlativ.

| | |
|---|---|
| a) María/hermana/grande **+**<br>*María es la hermana mayor.*<br>______ | *Übersetzung:*<br>*María ist die größere/ältere*<br>*Schwester.* |
| b) Paquito/hermano/pequeño **–**<br>______<br>______<br>______ | *Übersetzung:*<br>______<br>______<br>______ |
| c) El Atlético de Granada/malo/el Real Madrid **+**<br>______<br>______<br>______ | *Übersetzung:*<br>______<br>______<br>______ |

| | |
|---|---|
| d) Para muchos/Iker Casillas del Real Madrid/bueno ++<br>____________________<br>____________________<br>____________________ | *Übersetzung:*<br>____________________<br>____________________<br>____________________ |

| | |
|---|---|
| e) Malta/país/pequeño/de la Unión Europea ++<br>____________________<br>____________________<br>____________________ | *Übersetzung:*<br>____________________<br>____________________<br>____________________ |

| | |
|---|---|
| f) Mallorca/grande/Menorca* +<br>____________________<br>____________________<br>____________________ | *Übersetzung:*<br>____________________<br>____________________<br>____________________ |

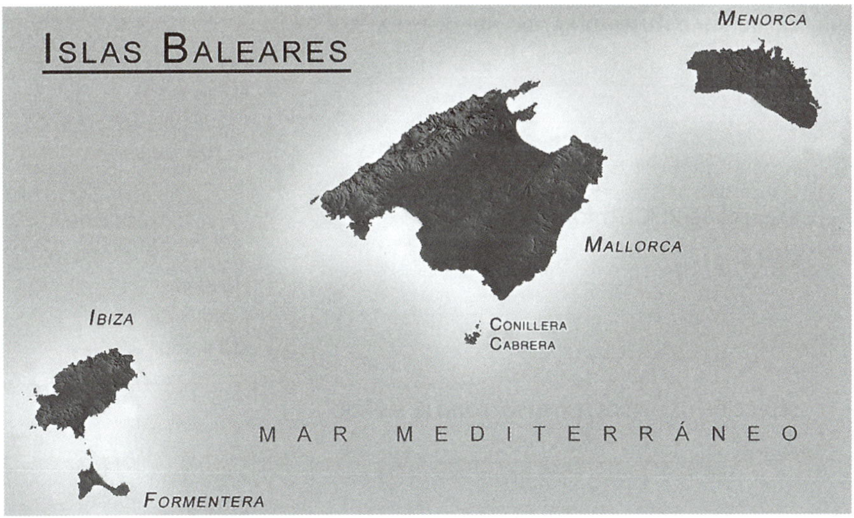


* Den Größenvergleich findet man auch im Namen der beiden Inseln wieder. „Mallorca" kommt vom lateinischen „Balearis **maior**", „Menorca" von „Balearis **minor**". Insgesamt bestehen die Balearen aus den beiden genannten Inseln sowie Ibiza, Formentera und ca. 150 unbewohnten Felsinseln. Die Hauptstadt ist Palma de Mallorca.

Aufgabe 67* **Ejercicio mixto:** Was weißt du über Spanien und Lateinamerika? Ergänze den positiven Superlativ in den Fragestellungen und kreuze anschließend die richtige Antwort an.

| | |
|---|---|
| a) **PAÍS/GRANDE/LATINOAMÉRICA**<br>¿Cuál es *el país más grande de Latino-américa?* | ☐ Argentina<br>☐ Colombia<br>☒ Brasil |
| b) **IDIOMA/VIEJO/ESPAÑA**<br>¿Cuál es ______ | ☐ vasco<br>☐ catalán<br>☐ gallego |
| c) **MONTAÑA/ALTO/LATINOAMÉRICA**<br>¿Cuál es ______ | ☐ Cerro Torre<br>☐ Aconcagua<br>☐ pico Bolívar |
| d) **COMUNIDAD AUTÓNOMA/GRANDE/ESPAÑA**<br>¿Cuál es ______ | ☐ el País Vasco<br>☐ Castilla y León<br>☐ las Islas Baleares |
| e) **PAÍS/PEQUEÑO/CENTROAMÉRICA**<br>¿Cuál es ______ | ☐ Honduras<br>☐ Costa Rica<br>☐ El Salvador |
| f) **SELECCIÓN DE FÚTBOL/EXITOSO/TODO EL MUNDO**<br>¿Cuál es ______ | ☐ Argentina<br>☐ España<br>☐ Brasil |

| | |
|---|---|
| g) LIBRO EN ESPAÑOL/IMPORTANTE<br>¿Quién es el autor de «Don Quijote», el ________<br>________________<br>________________ | ☐ Gabriel García Márquez<br>☐ Miguel Cervantes<br>☐ Juan Ramón Jiménez |
| h) ISLA CANARIA/SECO<br>¿Cuál es ________________<br>________________<br>________________ | ☐ Lanzarote<br>☐ Gran Canaria<br>☐ Las Palmas |
| i) REGIÓN/AUSTRAL (*SÜDLICH*)/LATINOAMÉRICA<br>¿Cuál es ________________<br>________________<br>________________ | ☐ La Pampa<br>☐ El Desierto del Atacama<br>☐ La Patagonia |
| j) DIRECTOR DE CINE/BUENO/ESPAÑA (ganador de un Óscar en 1999 y 2002)<br>¿Quién es en este momento ________<br>________________ | ☐ Alejandro Amenábar<br>☐ Pedro Almodóvar<br>☐ Fernando Trueba |
| k) RÍO/LARGO/LATINOAMÉRICA<br>¿Cuál es ________________<br>________________<br>________________ | ☐ Río Grande<br>☐ Río Amazonas<br>☐ Río Orinoco |
| l) VINO/TÍPICO/ANDALUCÍA<br>¿Cuál es ________________<br>________________<br>________________ | ☐ el freixenet<br>☐ el champán<br>☐ el jerez |
| m) ACTRIZ/CONOCIDA/ESPAÑA<br>¿Quién es en este momento ________<br>________________<br>________________ | ☐ Victoria Abril<br>☐ Penélope Cruz<br>☐ Marisa Paredes |

# … rund ums Verb

In ihrer **Grundform** (*el infinitivo*) enden spanische Verben (*los verbos*) auf ***-ar, -er*** oder ***-ir***. Zur Bildung der verschiedenen **Verbformen** werden die entsprechenden **Endungen** an den **Verbstamm** angehängt.

## 9 Das Präsens

Das **Präsens** (*el presente*) ist die Zeit der **Gegenwart**.

### 9.1 Das Indikativ Präsens der regelmäßigen Verben

**Wie werden die Präsens-Formen der regelmäßigen Verben auf *-ar* gebildet?**
Dazu werden an den **Verbstamm** die **Endungen *-o, -as, -a, -amos, -áis, -an*** angehängt.

*Beispiel:* **comprar** (*kaufen*) → *Verbstamm:* compr~~ar~~

| | | | |
|---|---|---|---|
| (yo) | compro | (nosotros/as) | compramos |
| (tú) | compras | (vosotros/as) | compráis |
| (él/ella, usted) | compra | (ellos/as, ustedes) | compran |

**Aufgabe 68** Setze die korrekten Verb-Endungen des Präsens in die Lücken ein.

a) ¿Usted **estudi**a___ medicina? – Sí, **estudi**_____ medicina.

b) ¡Manuela siempre **compr**_____ demasiado! – Es verdad, Manuela **gast**_____ mucho.

c) ¿**Habl**_____ vosotros español? – Sí, **habl**_____ español.

d) Las chicas **viaj**_____ mucho. – Sí, pero también **trabaj**_____ mucho.

e) ¿Tú **escuch**_____ la música de Shakira? – Sí, **escuch**_____ la música de Shakira.

f) ¿**Bail**_____ ustedes? – No, nosotros no **bail**_____ .

**Aufgabe 69** Wie lauten die Grundformen der acht Verben in der vorherigen Übung?

estudiar, ____________________

**gabe 70** Verbinde die Satzteile zu sinnvollen Sätzen. Die Endung des Verbs weist darauf hin, zu welcher Person es gehört.

| | | |
|---|---|---|
| La Sra. Delgado | **llegáis** | este DVD? |
| Nosotros | **cantan** | la cocina |
| Los alumnos | **limpia** | «La Guantanamera» |
| Vosotros | **viajamos** | italiano |
| Yo | **compras** | puntualmente |
| ¿Tú | **hablo** | a Guatemala |

La Sra. Delgado limpia la cocina.

**gabe 71** Eine Computerzeitschrift hat Jugendliche zum Thema Computer befragt. Setze die Verben in den Klammern in die richtige Präsens-Form, um das Ergebnis zu erfahren.

**Tomás, 14 años**
**estudiante de Burgos**

– ¿ Usas (usar/tú) el ordenador *(PC)* todos los días?
– Sí, ______ (usar/yo) el ordenador todos los días. ______ (surfear/yo) en la red, ______ (buscar/yo) información, ______ (preparar/yo) exposiciones para el colegio… Y a veces, mis amigos y yo ______ (chatear/nosotros) toda la tarde.

**Marta, 15 años**
**estudiante de Bilbao**

– ¿ ______ (usar/vosotros) el ordenador en tu familia también?
– ______ (usar/nosotros) el ordenador a veces, pero no todos los días. Mi madre ______ (llamar) a su hermano en Chile por Internet y mis hermanas ______ (comprar) ropa. A veces yo ______ (escuchar) música en la red.

**Wie werden die Präsens-Formen der regelmäßigen Verben auf *-er* gebildet?**
Dazu werden an den **Verbstamm** die **Endungen** ***-o, -es, -e, -emos, -éis, -en*** angehängt.

*Beispiel:* **comer** *(essen)* → *Verbstamm:* comer

| | | | |
|---|---|---|---|
| (yo) | como | (nosotros/as) | comemos |
| (tú) | comes | (vosotros/as) | coméis |
| (él/ella, usted) | come | (ellos/as, ustedes) | comen |

**Aufgabe 72** Setze die korrekten Präsens-Endungen der Verben ein.

a) Jorge, ¿**le**es___ mucho? – Sí, **le**_____ mucho.
b) ¿**Cre**________ ustedes que es verdad? – Sí, **cre**____________ que es verdad.
c) ¿Vosotros **com**________ en casa? – Sí, **com**______________ en casa.
d) ¿**Vend**____ Ana su viejo móvil? – No. Yo **vend**____ mi viejo móvil.
e) Raquel y Lisa **aprend**______ a cocinar. – Javi también **aprend**____ a cocinar.

**Aufgabe 73** Welches Verb gehört in welche Lücke? Setze die richtige Form des Präsens ein.

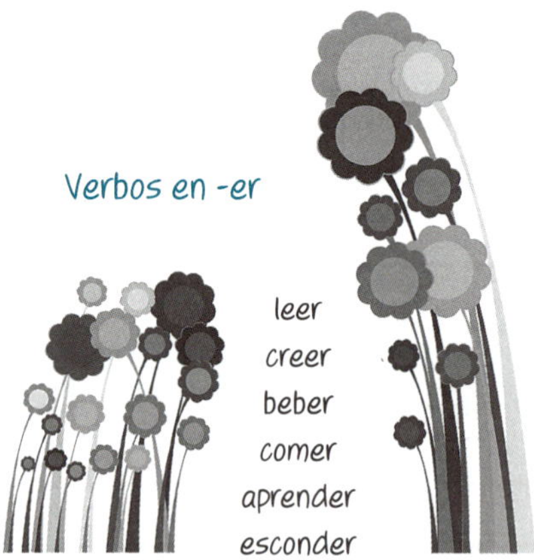


a) Los españoles _comen_ mucho turrón* en Navidad.
b) Marisol siempre ________ novelas muy sentimentales.
c) ¿______________ ustedes que esto es importante?
d) ¿Qué ____________________ en la mano, Miguelito?
e) Yo no _________ café.
f) ¿Vosotros ________________ alemán en el colegio?

* **Turrón** ist eine Art Mandelkonfekt, das die Spanier gerne in der Vorweihnachtszeit essen. In Spanien wird Weihnachten *(la Navidad)* übrigens etwas anders gefeiert als in Deutschland: Am 24. Dezember, zur Heiligen Nacht *(la Nochebuena)*, trifft sich die ganze Familie zu einem langen Festessen und es werden Weihnachtslieder *(los villancicos)* gesungen. Die Geschenke bringen jedoch erst die Heiligen Drei Könige *(los Reyes Magos)* am 6. Januar.

gabe 74 **Ejercicio mixto:** Setze im Kreuzworträtsel die entsprechenden Präsens-Formen der Verben auf *-ar* bzw. *-er* ein.

### Horizontal

1 viajar, vosotros
4 tomar, ellos
7 creer, nosotros
10 comprender, yo
12 leer, yo
13 amar, nosotros
14 gastar, ella

### Vertikal

2 aprender, él
3 tomar, yo
5 aprender, tú
6 comer, yo
8 hablar, ellas
9 cortar, tú
11 mirar, tú

**Wie werden die Präsens-Formen der regelmäßigen Verben auf *-ir* gebildet?**
Dazu werden an den **Verbstamm** die **Endungen *-o, -es, -e, -imos, -ís, -en*** angehängt.

| | | | | |
|---|---|---|---|---|
| *Beispiel:* | **vivir** *(leben)* → *Verbstamm:* viv-ir | | | |
| | (yo) | viv**o** | (nosotros/as) | viv**imos** |
| | (tú) | viv**es** | (vosotros/as) | viv**ís** |
| | (él/ella, usted) | viv**e** | (ellos/as, ustedes) | viv**en** |

**Aufgabe 75** Setze die korrekten Verb-Endungen des Präsens ein.

a) ¿Dónde **viv**en___ ustedes? – Nosotros **viv**______________ en Vigo.
b) Pepe, ¿**compart**________ un piso? – No, no **compart**_____ un piso.
c) Eva y José **escrib**_____ muchos e-mails. – Sí, yo **recib**__ muchos e-mails de ellos.
d) Y vosotros, ¿**discut**_____ mucho en clase? – Sí, **discut**____________ mucho.
e) ¿**Sub**_____ usted al Chimborazo? – No, mi hermano **sub**__ al Chimborazo.

**Aufgabe 76** Setze die richtige Form des Präsens ein.

a) La Sra. Martín __escribe__ (escribir) muchas cartas a sus hijas en la ciudad.
b) Yo ______________ (vivir) cerca del centro.
c) ¿Vosotros ____________________ (escribir) el texto conmigo?
d) ¿Cuándo __________________ (partir) ustedes?
e) Andrés y Sofía a menudo _______________________ (discutir) con su padre.
f) Siempre está muy contento cuando __________________ (recibir) un e-mail de su novia.
g) __________________ (subir) usted al segundo piso, ¿por favor?
h) Nosotros __________________________ (vivir) en San Sebastián, ¿y ustedes?
i) ¿Por qué ________________________ (discutir) conmigo, Marta?
j) Los visitantes ________________________ (subir) en ascensor a la torre de la catedral de Valladolid.

**Aufgabe 77** **Ejercicio mixto: Una excursión a los Pirineos (I).** Ein Ausflug in die Pyrenäen. Setze im Text die fehlenden Verbformen des *presente* ein.

Este fin de semana Ana y Merche planean__________ (planear/ellas) una excursión a los Pirineos. Antes _______________________ (comprar/ellas) comida y bebida en una tienda.

**Ana:** _____________ (tomar/yo) pan y limonada, siempre ______________ (beber/yo) limonada. Además, _______________ (llevar/yo) tomates y queso. No me ________________ (gustar) la carne.

**Merche:** ¡Pero ____________________ (olvidar/tú) el chocolate! ¡Y yo siempre _______________ (comer/yo) chorizo!

Die **Pyrenäen** *(los Pirineos)* sind eine etwa 430 km lange Gebirgskette, die Spanien von Frankreich trennt. Auch das Fürstentum Andorra liegt in den Pyrenäen. Höchster Berg ist der Pico de Aneto (3 404 m). Viele Tiere sind in diesen Bergen heimisch, darunter Murmeltiere, Gämsen und Braunbären. Auf dem Foto ist der Berg Besiberri mit dem Lago Negro zu sehen.

PEPE: Venga, ¿qué ________________ (hacer/vosotras) aquí? ¿Y por qué ________________ (comprar/vosotras) todas estas cosas?

ANA: ________________ (hacer/nosotras) una excursión a la montaña y por eso ________________ (necesitar/nosotras) muchas cosas.

MERCHE: ________________ (pasar/nosotras) la noche en un refugio y ________________ (caminar/nosotras) hasta el Lago Negro en el Valle de Boí. Y quizás ________________ (escalar/nosotras) *(klettern)* un poquito también.

PEPE: ________________ (creer/yo) que es una buena idea. ¿Cuándo ________________ (partir/vosotras)?

ANA: ________________ (partir/nosotras) mañana a las seis. ________________ (subir/nosotras) al bus y ________________ (viajar/nosotras) hasta Erill, después ________________ (andar/nosotras).

PEPE: ¡Qué bien! ¿Y cuánto tiempo ________________ (durar) la excursión?

**MERCHE:** Tres días más o menos, por eso no ______________ (charlar/nosotras) más, pero ______________ (terminar/nosotras) ahora y ______________ (salir/nosotras). Merche, ¿ ______________ (pagar) tú o ______________ (pagar) yo?

**ANA:** Yo ______________ (llevar) el dinero, ¿ ______________ (coger) tú la comida? Yo me ______________ (ocupar) del resto. ¡Adiós, Pepe!

**PEPE:** Adiós, ¡y que lo paséis bien *(habt viel Spaß)*!

## 9.2 Das Indikativ Präsens der Gruppenverben

Die sogenannten **Gruppenverben** verändern in den stammbetonten Formen (1., 2. und 3. Person Singular sowie 3. Person Plural) ihren **Stammvokal**.

**Welche Gruppenverben gibt es?**
In der Regel werden unterschieden:

- Gruppenverben, bei denen ***e*** zu ***ie*** wird (Diphtongierung).

*Beispiel:* **pensar** *(denken)* → *Stammvokal:* p<u>e</u>nsar

| | | | |
|---|---|---|---|
| (yo) | p<u>ie</u>nso | (nosotros/as) | pensamos |
| (tú) | p<u>ie</u>nsas | (vosotros/as) | pensáis |
| (él/ella, usted) | p<u>ie</u>nsa | (ellos/as, ustedes) | p<u>ie</u>nsan |

Zu diesen Gruppenverben zählen unter anderem:

| | | |
|---|---|---|
| *querer* (lieben) | *entender* (verstehen) | *comenzar* (beginnen) |
| *empezar* (beginnen) | *perder* (verlieren) | *cerrar* (schließen) |
| *venir* (kommen) | *tener* (haben, halten) | *preferir* (vorziehen) |

**Aufgabe 78** Setze die richtige Präsens-Form des angegebenen Verbs ein und beachte dabei die Lautänderungen bei den stammbetonten Formen.

a) No *entiendo* (entender/yo) casi nada cuando hablan los andaluces.
b) Pero ______________ (entender/nosotros) mucho más en clase.
c) ¿Qué ______________ (querer/ustedes) hacer esta tarde?
d) ¿En qué ______________ (pensar) usted?
e) La fiesta ______________ (empezar) a las ocho.
f) ¿ ______________ (tener/tú) un móvil con cámara?
g) ¿Cuando ______________ (comenzar/vosotros) a trabajar?

fgabe 79 **¿Qué quieren hacer?** Was wollen sie tun? Baue Sätze aus den verschiedenen Puzzleteilen, indem du durch die passende Form von *querer* jeweils ein dunkles Teil mit einem hellen Teil verbindest.

*Luis y Sonia quieren hacer un viaje.*

fgabe 80 Anita und ihr Bruder Manuel kommen aus der Schule zurück. Vor der Haustür merkt Anita, dass sie ihre Schlüssel nicht findet. Übersetze den Dialog und achte dabei besonders auf die Konjugation der Gruppenverben.

**Anita:** Einen Moment, ich denke, sie sind im Rucksack *(la mochila)* … Nein, sie sind nicht da.

**Manuel:** Du verlierst immer die Schlüssel! Was willst du jetzt machen?

**Anita:** Suchen! Du fängst da *(por allí)* an und ich dort drüben *(por allá)*.

**Manuel:** Fantastisch. Jetzt beginnt es zu regnen *(llover)*. Anita, ich will nicht hier warten. Ich ziehe die Bibliothek vor.

**Anita:** Aber die Bibliothek schließt um fünf. Warum setzen wir uns nicht in ein Café?

**Manuel:** In Ordnung … wenn du mich einladen willst!

- Gruppenverben, bei denen **o** bzw. **u** zu **ue** wird (Diphtongierung).

*Beispiel:* **dormir** *(schlafen) → Stammvokal: dormir*

| | | | |
|---|---|---|---|
| (yo) | duermo | (nosotros/as) | dormimos |
| (tú) | duermes | (vosotros/as) | dormís |
| (él/ella, usted) | duerme | (ellos/as, ustedes) | duermen |

Zu diesen Gruppenverben zählen unter anderem:

| | | |
|---|---|---|
| *poder* (können) | *contar* (erzählen) | *volver* (zurückkehren) |
| *jugar* (spielen) | *morir* (sterben) | *soñar* (träumen) |
| *llover* (regnen) | *doler* (schmerzen) | *mover* (bewegen) |

**Aufgabe 81** Setze die richtige Form des *presente* ein.

a) Juan está enfermo, no *puede* ir al colegio hoy. — PODER
b) ¿Tú nos ____________ una historia? — CONTAR
c) ¿ ____________ ustedes bien en nuestro hotel? — DORMIR
d) En las guerras ____________ mucha gente. — MORIR
e) ¿Cuándo ____________ vosotros del viaje? — VOLVER
f) Y usted, ¿ ____________ con una vida mejor? — SOÑAR
g) En España, yo siempre ____________ una nueva comida. — PROBAR
h) En esta temporada ____________ mucho. — LLOVER
i) (Yo) ____________ el libro mañana, ¿vale? — DEVOLVER
j) ¡Me ____________ tanto los pies! — DOLER
k) Este perro no se ____________ , es muy perezoso. — MOVER
l) Nosotros no ____________ participar. — PODER

**fgabe 82** Bilde mithilfe der passenden Form von *jugar* ganze Sätze aus den Vorgaben.

a)

los niños/jugar/al escondite

*Los niños juegan al escondite.*

b)

¿tú/jugar/al tenis?

c)

nosotras/jugar/al fútbol

d)

El Sr. Bernardo/jugar/a la lotería

e)

¿vosotros/jugar/al ajedrez?

f)

Y tú, ¿a qué juegas? ¿Al fútbol, al voleibol (*Volleyball*), al baloncesto (*Basketball*), al tenis, al golf…?

yo/jugar/…

- Gruppenverben, bei denen ***e*** zu ***i*** wird.

*Beispiel:* **pedir** *(bitten) → Stammvokal: pedir*

| | | | |
|---|---|---|---|
| (yo) | pido | (nosotros/as) | pedimos |
| (tú) | pides | (vosotros/as) | pedís |
| (él/ella, usted) | pide | (ellos/as, ustedes) | piden |

Zu diesen Gruppenverben zählen unter anderem:
*repetir* (wiederholen) *servir* (servieren, dienen) *vestirse* (sich anziehen)
*reír(se)* (lachen) *sonreír* (lächeln) *despedirse* (sich verabschieden)

**Beachte:** Die Formen des Verbs ***reír*** und ***sonreír*** tragen einen grafischen **Akzent** auf dem **-i-**.

*Beispiele:* Antonia y Clara se ríen mucho.
Sonreímos al bebé.

**Aufgabe 83** Setze jeweils die korrekte Form der angegebenen Verben ein.

a) En carnaval yo me visto de pirata. — VESTIR(SE)

b) ¿Por qué ________ el curso? ¡Ya habla muy bien español! — REPETIR

c) ¿ ________ vosotros la información a la profesora? — PEDIR

d) Sara, ________ tú los postres *(Nachtisch)*, ¿por favor? — SERVIR

e) Estos chicos son muy alegres, siempre ________ . — SONREÍR

f) Ahora nosotros ________ la conjugación. — REPETIR

g) Esto no ________ para nada. — SERVIR

h) Daniel siempre se ________ de negro. — VESTIR(SE)

i) Para hoy nosotros nos ________ de ustedes. ¡Buenas noches! — DESPEDIR(SE)

j) Mi hermano se ________ de mí porque me gustan las películas románticas. — REÍR

k) Chicos, ¿por qué no ________ en esta foto? — SONREÍR

fgabe 84 **Ejercicio mixto:** Setze die Präsens-Formen der folgenden Verben in das Kreuzworträtsel ein.

| | | |
|---|---|---|
| 1 **comenzar:** nosotros | 2 **dormir:** vosotros | 3 **entender:** yo |
| 4 **hablar:** ellos | 5 **robar:** nosotros | 6 **respetar:** vosotras |
| 7 **beber:** yo. | 8 **empezar:** tú | 9 **repetir:** ellos |
| 10 **intentar:** yo. | 11 **cantar:** ella | 12 **vivir:** él |
| 13 **vestir:** yo | | |

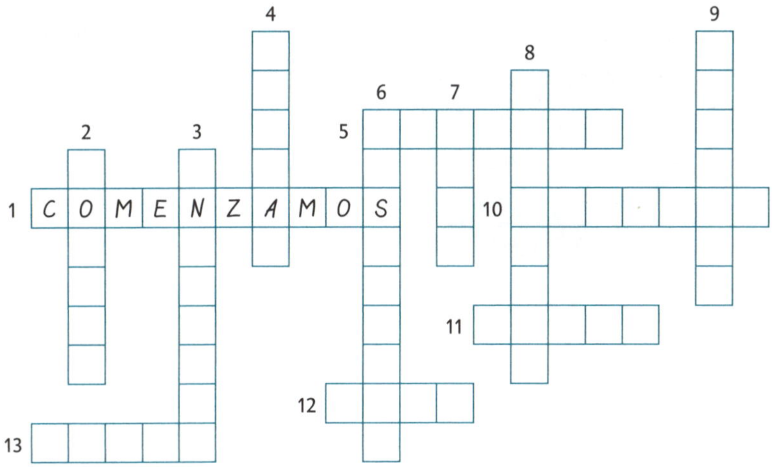


fgabe 85 **Ejercicio mixto: Una excursión a los Pirineos (II).** Ana und Merche haben sich auf den Weg in die Pyrenäen gemacht, wo sie zu einer Herberge wandern und dort übernachten wollen. Setze in dem Text die richtige Form des jeweiligen Gruppenverbs ein.

Cuando llegan a Erill, Ana _quiere_ (querer) comprar queso de la región.

– Ana, ________________ (pensar/yo) que ya ________________ (tener/tú) bastante queso.

– Sí, pero el queso de aquí es muy especial, no ________________ (poder/tú) encontrarlo en la ciudad. Por eso, ________________ (querer/yo) ver si ________________ (tener/ellos) algo en el mercado de allí.

La tienda es bonita, pero las dos ____________ (perder) mucho tiempo porque ____________ (probar) también el jamón y el pan… Después de comprar queso y algunas cosas más, las chicas ____________ (empezar) el camino, pero pronto se ____________ (sentir) bastante cansadas. Ana ____________ (comenzar) a pensar que no está en forma. Finalmente, le ____________ (decir) a Merche:

– Merche, ¡espera, por favor! Me ____________ (doler) mucho los pies y la espalda. No ____________ (querer/yo) llevar mi mochila ni un metro más. ____________ (pensar/yo) que es mejor volver a Erill.

– Ana, ¿estás loca? ____________ (soñar/yo) todo el tiempo con esta excursión a las montañas y ahora tú ____________ (querer) volver. Escucha, ¿por qué no ____________ (probar/tú) de hacer un descanso? ____________ (dormir/nosotras) un ratito y después ____________ (empezar/nosotras) de nuevo.

– No, esto no ____________ (servir) para nada, Merche. Ya no ____________ (poder/yo), lo ____________ (sentir/yo) mucho. ____________ (volver) a Erill. Y tú, ¿ ____________ (querer) volver conmigo?

– Bueno, ¿qué ____________ (poder/yo) hacer? ____________ (preferir/yo) no caminar sola. Entonces, ____________ (volver/ nosotros) juntas.

Las dos regresan a Erill. Ana tiene mala conciencia y le pregunta a Merche:

– Merche, ¿por qué no ____________ (repetir/tú) la excursión con Pepe? Le gustan las montañas. Seguro que ____________ (querer/él) ir contigo.

gabe 86* **Ejercicio mixto:** Da Ana nicht mehr konnte, ist Merche mit ihr umgekehrt (siehe Aufgabe 85). Nun versucht sie per SMS ihren Freund Pepe zu überreden, mit ihr wandern zu gehen. Verfasse auf Spanisch die Textnachrichten der beiden.

**Merche an Pepe:**
Kann Pepe mit ihr zum Lago Negro gehen?/Nationalpark ist wunderschön/Ana will nicht mehr

**Pepe an Merche:**
Will die Wanderung machen/Spielt aber am Wochenende immer Fußball/Er fragt Rico, ob er für ihn spielen kann

**Merche an Pepe:**
Wenn Pepe kommt, kann er mit dem Bus bis Erill fahren/Sie wartet an der Bushaltestelle/Sie können dann gleich *(enseguida)* losgehen

**Pepe an Merche:**
Alles ok, er kommt nach Erill/Die Wettervorhersage *(el pronóstico)* sagt, dass das Wetter gut ist/Bis bald

Merche a Pepe: Hola Pepe, ¿puedes ir al Lago Negro conmigo?

## 9.3 Verben mit Besonderheit in der 1. Person Singular des Indikativ Präsens

Manche Verben weisen im Indikativ Präsens eine **unregelmäßige 1. Person Singular** auf, bilden die restlichen Formen jedoch regelmäßig.

**Bei welchen Verben ist die 1. Person Singular des Indikativ Präsens unregelmäßig?**
Dazu zählen unter anderem folgende Verben, die du dir gut merken solltest:

| | | | | | |
|---|---|---|---|---|---|
| *tener* (haben) | → | ***tengo*** | *salir* (ausgehen) | → | ***salgo*** |
| *hacer* (tun) | → | ***hago*** | *traer* (bringen) | → | ***traigo*** |
| *decir* (sagen) | → | ***digo*** | *saber* (wissen) | → | ***sé*** |
| *dar* (geben) | → | ***doy*** | *poner* (setzen, stellen, legen) | → | ***pongo*** |
| *venir* (kommen) | → | ***vengo*** | | | |

**Beachte:** Bei vielen Verben auf *-ucir, -ecer, -acer und -ocer* wird in der 1. Person Singular das -c- zu **-zc-**.

| | | | | | |
|---|---|---|---|---|---|
| *conocer* (kennen) | → | ***conozco*** | *traducir* (übersetzen) | → | ***traduzco*** |

**Aufgabe 87** Ergänze in der Tabelle die fehlenden Präsens-Formen der Verben.

| | **tener** (e>ie) | **dar** | **hacer** | **conocer** (c>zc) |
|---|---|---|---|---|
| (yo) | tengo | | | |
| (tú) | tienes | | | |
| (él/ella, usted) | | | | |
| (nosotros/as) | | | | |
| (vosotros/as) | | | | |
| (ellos/as, ustedes) | | | | |

| | **decir** (e>i) | **saber** | **venir** (e>ie) | **poner** |
|---|---|---|---|---|
| (yo) | | | | |
| (tú) | | | | |
| (él/ella, usted) | | | | |
| (nosotros/as) | | | | |
| (vosotros/as) | | | | |
| (ellos/as, ustedes) | | | | |

**Aufgabe 88** Setze die passenden Präsens-Formen des Verbes *tener* in die Lücken ein. Bei den Sätzen handelt es sich um spanische Redewendungen.

a) Un momento, tengo el nombre en la punta de la lengua *(Zunge)*. — YO

b) ______ la cabeza dura. Si quieres hacer algo, lo haces. — TÚ

c) No podemos ir al cine, no ______ ni cinco. — NOSOTROS

d) ______ buena estrella, todo va muy bien. — VOSOTROS

e) Lina siempre convence *(überzeugen)* a su hermano, ______ un pico *(Schnabel)* de oro *(Gold)*. — ELLA

f) Nunca dan dinero a los pobres. ______ un corazón de piedra. — ELLOS gabe 89* **Ejercicio mixto:** Was könnten die spanischen Redewendungen aus Aufgabe 88 im Deutschen bedeuten? Finde eine passende Übersetzung.

a) tener algo en la punta de la lengua

auf der Zunge liegen

b) tener la cabeza dura

c) tener buena estrella

d) no tener ni cinco

e) tener un pico de oro

f) tener corazón de piedra

**Welche Verben weisen in der 1. Pers. Sing. eine orthografische Besonderheit auf?**

- Bei Verben auf ***-guir* entfällt** das **-u-** (da der dunkle Vokal *-o* folgt, ist es nicht mehr notwendig).

  *Beispiel:* **seguir** (e>i) *(folgen, weitermachen)* → yo sigo

- Bei Verben auf ***-ger*** und ***-gir*** wird das *-g-* zu **-j-** (damit die Aussprache beibehalten wird).

  *Beispiel:* **coger** *(nehmen, halten)* → yo cojo

**Aufgabe 90** Wie lautet die 1. Person Singular Präsens der folgenden Verben?

a) perseguir (e>i) persigo ______ b) coger ______

c) conseguir (e>i) ______ d) proteger ______

e) elegir (e>i) ______ f) corregir (e>i) ______

**Aufgabe 91** **Ejercicio mixto:** Vor dem Schüleraustausch stellen sich die Gastschüler einander vor. Laura schreibt ihrer deutschen Austauschpartnerin Martina einen kurzen Brief. Setze die Verben darin vom Infinitiv ins Präsens.

¡Hola Martina!

Me **llamar** Laura, **tener** 15 años y **vivir** en el centro de Cádiz. Siempre **decir** que Andalucía es una parte muy especial de España. **Tener** muchos amigos y **salir** con ellos los fines de semana, al cine, a los cafés… ¡**Hacer** mucho deporte también! **Saber** hablar inglés y un poco de alemán.

¡Adiós de Laura!

¡Hola Martina! Me llamo Laura, ______

______

______

______

______

______

______

gabe 92* **Ejercicio mixto:** Martina ist Lauras Austauschpartnerin (siehe Aufgabe 91). Übersetze ihren Text ins Spanische.

Hallo Laura!

Ich bin auch 15 Jahre alt und lebe in Berlin. Ich kenne Spanien noch nicht. Wenn du willst, bringe ich dir Fotos von Berlin mit. Ich gebe dir meine Telefonnummer; wir können vor der Reise sprechen und alles organisieren. Und jetzt mache ich mit den Spanisch-Hausaufgaben weiter …

Viele Grüße, Martina

¡Hola Laura! Me llamo Martina, ______________________________

______________________________

______________________________

______________________________

______________________________

______________________________

## 9.4 Das Indikativ Präsens der unregelmäßigen Verben *ser, estar, ir*

**Wie lauten die Formen des Indikativ Präsens von *ser*, *estar* und *ir*?**

Die Formen von ***ser*** (sein), ***estar*** (sein, sich befinden) und ***ir*** (gehen, fahren) lauten:

| | **ser** | **ir** | **estar** |
|---|---|---|---|
| (yo) | soy | voy | estoy |
| (tú) | eres | vas | estás |
| (él/ella, usted) | es | va | está |
| (nosotros/as) | somos | vamos | estamos |
| (vosotros/as) | sois | vais | estáis |
| (ellos/as, ustedes) | son | van | están |

gabe 93 Füge die korrekten Präsens-Formen von *ser, estar* und *ir* in die Lücken ein.

a) ¿Adónde vais (ir/vosotras)?
b) ¡Usted ______ (ser) muy amable!
c) ¿Dónde ______ (estar/ellos)?
d) Y tú, ¿ ______ (ser) chileno?
e) Nosotros ______ (ir) a la playa.
f) ¿Ustedes ______ (ir) al centro?
g) ______ (ir/yo) al teatro con Ceci.
h) ______ (estar/él) en casa.

Aufgabe 94 Im folgenden Text sind einige der Verbformen falsch. Korrigiere ihn, indem du den Text noch einmal mit den richtigen Formen des Präsens schreibst.

Yo **eres** de Costa Rica, un país centroamericano. **Están** situado entre Nicaragua y Panamá. Costa Rica **son** un país pequeño, pero hermoso y nosotros, los ticos[1], **somos** hospitalarios[2]. ¡Hay mucho que ver en Costa Rica! Por ejemplo, hay volcanes activos. ¡**Son** muy impresionantes! Muchos turistas **va** al Parque Nacional Tortuguero. **Está** en la costa caribeña y **es** famoso por las tortugas marinas[3]. En San José, la capital, nosotros **vais**, por ejemplo, a bailar salsa. ¡**Es** muy divertido!
El fin de semana, yo siempre **va** a las playas. ¡Tanto[4] las playas pacíficas como[5] las playas caribeñas **son** maravillosas! Entonces, en las vacaciones tú **va** a Costa Rica, ¿verdad?

1 Costa Ricaner 2 gastfreundlich 3 Meeresschildkröten 4 sowohl 5 als auch

*Yo soy de Costa Rica, un país centroamericano.*

fgabe 95 **Ejercicio mixto:** Schreibe die Texte aus dem folgenden Chat und setze dabei die Präsens-Form des jeweiligen Verbs ein.

AYUDA inicio contacto foros aviso legal | opciones | cerrar sesión

TEMA amistad | enviar

usuarios | salas

nombre: Jordi, Moni, Inma

**Jordi**

¡Hola a todos! Yo me (llamar) Jordi y (ser) de Girona, (estar) en el norte de Barcelona. Yo (escribir) muchos emilios cada día, pero también (leer) libros y revistas. Mi familia (viajar) mucho, en verano nosotros siempre (ir) a la Costa Tropical en Andalucía. La gente allí (ser) muy marchosa. Hay muchas fiestas y todos (bailar). (Creer/yo) que el flamenco (ser) un baile maravilloso.
Después de las clases, me gusta hacer deporte. (Jugar/yo) al voleibol. ¿(Jugar/vosotros) también a algo? ¿Cómo os (llamar/ vosotros) y qué (hacer/ vosotros) todo el día?

**Moni**

Hola, (ser) Monika y (vivir) desde hace una semana en Granada. Mi familia y yo (venir) de Alemania, de Hamburgo. (Aprender/yo) español y (pasar/yo) mucho tiempo en clase cada día. A veces (hacer/nosotros) excursiones a Sierra Nevada o (probar/nosotros) comida española. Mis padres todavía no (saber) hablar español, siempre (hablar) con sus manos :) ¡(Pensar/yo) que es muy difícil entender a los andaluces!

**Inma**

Os (decir) *¡hola!* de Sevilla. (Ser/yo) Inma. Monika, (entender/yo) bien tu problema, la gente andaluza (hablar) muy rápido. (Saber/ yo) hablar alemán un poquito, (tener/nosotros) clases en el cole. También (hacer/yo) deporte y (bailar/yo) flamenco, Jordi…

*¡Hola a todos! Me llamo Jordi y soy de Girona, …*

Aufgabe 96* **Ejercicio mixto:** Ein spanischer Tourist, der sich verlaufen hat, fragt dich nach dem Weg. Glücklicherweise kannst du ihm auf Spanisch antworten. Formuliere deine Antworten mithilfe der deutschen Vorgaben.

| | El Turista | Tú |
|---|---|---|
| a) | Disculpa, estoy completamente perdido. ¿Dónde estamos? | Du sagst, dass ihr euch in der Klenzestraße befindet und fragst ihn, wohin er gehen möchte.<br>*Estamos en la Klenzestraße.*<br>__________<br>__________ |
| b) | Busco el ayuntamiento. Unos amigos me esperan allí. | Du sagst, dass das Rathaus nicht weit weg ist und dass er mit dem Bus fahren kann.<br>__________<br>__________<br>__________ |
| c) | Ah, pero no sé dónde está la parada del autobús. | Du sagst, dass du mit ihm zur Bushaltestelle gehst.<br>__________<br>__________<br>__________ |
| d) | Muchas gracias. ¡Hablas muy bien español! | Du bedankst dich und sagst, dass du in der Schule Spanisch lernst und einige spanische Freunde hast.<br>__________<br>__________<br>__________<br>__________<br>__________ |

# 10 Der Anschluss des direkten persönlichen Objekts an das Verb

Im Allgemeinen wird im Spanischen das **direkte Objekt** (*el complemento directo*) ohne Präposition an das Verb angeschlossen.

*Beispiel:* Veo el mar, ¡qué bello!

**Was ist beim Anschluss eines direkten persönlichen Objekts zu beachten?**
Handelt es sich bei dem direkten Objekt um eine **Person**, so wird es mit der **Präposition *a*** an das Verb angeschlossen. Dies kann auch für ein bestimmtes **Tier** gelten.

*Beispiele:* Veo a María todos los días.
Jorge busca a la profesora.
Nuria quiere mucho a su caballo.

**Beachte:** An das Verb ***tener*** (haben, besitzen) wird das direkte persönliche Objekt **ohne Präposition** angeschlossen.

*Beispiel:* Tengo dos hermanos.

gabe 97 **En el mercado.** Sonia und Toñito sind mit ihrer Mutter und ihrer Großmutter auf dem Markt und wollen am Obststand einkaufen. Setze wo nötig die Präposition *a* ein.

MADRE: Toñito, ¿ayudas _a_ la abuela con la bolsa, por favor?

TOÑITO: Sí, mamá. ¿Podemos comprar _____ una chirimoya?

MADRE: Hoy no, Toñito. Vamos a ver… Necesito _____ una papaya, _____ sandía, _____ tres manzanas, _____ dos plátanos, _____ unas fresas, _____ dos limones, _____ una granada…

PUESTERO: Señoras, ¿quieren ustedes probar _____ las uvas?

MADRE: Sí, gracias. Pero, no veo _____ Sonia, ¿dónde está ella? ¡Siempre hay que buscar _____ los niños!

ABUELA: Puedo ver _____ Sonia. Ha encontrado _____ una amiga.

PUESTERO: ¡Ay, los niños! Tengo _____ cinco hijos, señora… Amo mucho _____ mis hijos, pero ¡nunca hay un día normal!

**Aufgabe 98** Kannst du die Früchte, die im Dialog der Aufgabe 97 vorkommen, den Bildern zuordnen? Wenn du die grau hinterlegten Buchstaben in der gleichen Reihenfolge unten einträgst, siehst du, was man aus den Früchten machen kann.

M A N Z A N A

_ _ _ _

_ _ _ _ _ _ _ _ _

_ _ _ _ _

_ _ _ _ _ _ _

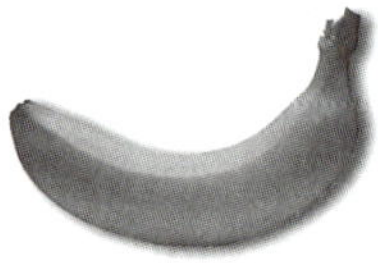

_ _ _ _ _ _ _

_ _ _ _ _ _ _

_ _ _ _ _

_ _ _ _ _ _

**Lösung:**

UNA M _ _ _ _ _ _ _ _ _

gabe 99* **Ejercicio mixto:** Privatdetektiv Rodolfo beobachtet das Ehepaar Sanz. Er notiert seine Beobachtungen in Stichpunkten. Formuliere daraus ganze Sätze und achte vor allem auf das direkte persönliche Objekt.

09.45
Muy sospechoso. Ver - hombre. Hombre - traer - cartas. Llevar - uniforme. Falsa alarma. Sólo - ser - cartero.

11.00
Muy sospechoso. Mujer - entrar en - casa. Saludar - Sra. Sanz. Oh. Ser - amiga. Sólo - visitar - familia.

14.30
Muy sospechoso. Ver - dos personas pequeñas. Jugar a - fútbol. Hm. Ser - hijos - de los Sanz.

18.00
Muy sospechoso. Sr. Sanz - salir de - casa. Llamar - perro. Perro - ser - enorme. ¡Me voy!

09.45 Muy sospechoso. Veo a un hombre.

# 11 *Ser, estar* und *hay*

Dem deutschen Verb „sein“ entsprechen im Spanischen die Verben ***ser*** und ***estar***. In einigen Fällen wird „es ist/es sind“ aber durch das unpersönliche ***hay*** wiedergegeben.

## 11.1 Die Formen des Indikativ Präsens von *ser* und *estar*

***Ser*** und ***estar*** sind unregelmäßige Verben, weshalb du dir ihre Konjugation gut einprägen solltest (siehe auch Kapitel 9, Das Präsens).

**Wie lauten die Formen des Indikativ Präsens von *ser*?**

| | | | |
|---|---|---|---|
| (yo) | **soy** | (nosotros/as) | **somos** |
| (tú) | **eres** | (vosotros/as) | **sois** |
| (él/ella, usted) | **es** | (ellos/as, ustedes) | **son** |

*Beispiele:* Laura y Ana <u>son</u> de Colombia.
¿Usted <u>es</u> ingeniero?

**Aufgabe 100** Du machst mit deiner Familie Urlaub in Spanien und lernst zwei nette junge Spanier kennen. Setze die richtige Form von *ser* in eure Unterhaltung ein.

TÚ: ¿De dónde sois vosotros?

ELENA Y JAIME: Nosotros ________ de Barcelona. Y tú, ¿de dónde ________?

TÚ: Yo ________ de Hamburgo.

ELENA: Ah, Hamburgo, ¡qué interesante! ¿Y estos chicos ________ tus hermanos?

TÚ: Sí, ________ mis hermanos y esta señora ________ mi madre. No hablan español.

JAIME: ¡Qué pena!

**Wie lauten die Formen des Indikativ Präsens von *estar*?**

| | | | |
|---|---|---|---|
| (yo) | **estoy** | (nosotros/as) | **estamos** |
| (tú) | **estás** | (vosotros/as) | **estáis** |
| (él/ella, usted) | **está** | (ellos/as, ustedes) | **están** |

*Beispiele:* Estamos en casa.
Estoy muy nervioso hoy.

**Beachte:** Vergiss nicht den grafischen **Akzent** bei *estás, está, estáis* und *están.*

*Beispiele:* ¿Cómo estáis?
La Alhambra está en Granada.

abe 101 Setze die richtigen Formen von *estar* ein.

a) (Yo) Estoy bien.
b) ¿Dónde ______ (nosotros)? ¿En la calle Colón?
c) Los niños ______ en su habitación.
d) ¿Dónde ______ (vosotros)?
e) ¿Cómo ______ (tú)?
f) Usted ______ en La Concha, la playa de San Sebastián.
g) María tiene malas notas. ______ muy triste.
h) Madrid ______ en el centro de España.
i) Ustedes ______ en Alcalá de Henares, ¡la ciudad de Cervantes*!

* **Miguel de Cervantes Saavedra** ist einer der bekanntesten spanischen Schriftsteller und wurde vor allem durch seinen „Don Quijote" berühmt.
Geboren wurde Miguel de Cervantes vermutlich im Jahre 1547 in Alcalá de Henares (bei Madrid). Er führte ein recht abenteuerliches Leben, nahm in den Diensten der spanischen Marine an mehreren Schlachten teil und wurde von algerischen Korsaren als Sklave nach Algier verschleppt. Seine literarische Karriere begann nach seiner Rückkehr aus der Gefangenschaft. 1616 starb er in Madrid.
Das spanische Kulturinstitut und der wichtigste Literaturpreis der spanischsprachigen Welt tragen heute Cervantes' Namen. Sein zweibändiger „Don Quijote" zählt zu den Klassikern der Weltliteratur.

## 11.2 Die Verwendung von *ser* und *estar*

**Wann wird das Verb *ser* verwendet?**

Im Allgemeinen wird das Verb *ser* verwendet, um **feste, unveränderliche Eigenschaften** zu bezeichnen.

*Beispiele:* Madrid es la capital de España.
Vicente y Tomás son chicos muy simpáticos.

Dazu gehören zum Beispiel auch:

- der **Name**
  *Beispiel:* Hola, soy Javi.
- die **Herkunft**
  *Beispiel:* Somos de Madrid.
- der **Beruf**
  *Beispiel:* Cristina es secretaria en una empresa internacional.
- die **Religionszugehörigkeit**
  *Beispiel:* Muchos españoles son católicos.
- **Zeitangaben**
  *Beispiel:* Es la una.

**Aufgabe 102** Warum wird hier das spanische Verb *ser* für das deutsche „sein“ verwendet? Schreibe die Erklärung auf den Zettel.

a) **Somos** de España.

b) Lima **es** la capital de Perú.

c) **Son** Miguel y Juan.

d) El Dr. González **es** médico.

e) **Es** muy tarde.

f) Anita **es** de Valparaíso.

g) Montse y tú, **sois** chicas guapas.

h) El Papa **es** católico.

**Wann wird das Verb *estar* verwendet?**
Im Allgemeinen wird das Verb ***estar*** verwendet, um **vorübergehende Zustände** zu bezeichnen.

*Beispiele:* Pablo está solo en su habitación.
El vaso está vacío.

Dazu gehören zum Beispiel auch:

- der **körperliche Zustand**
  *Beispiel:* Fernando está enfermo hoy.
- der **seelische Zustand**
  *Beispiel:* Estoy triste.
- **Ortsangaben** (im Sinne von „sich befinden")
  *Beispiele:* Los Rodríguez están en Madrid.
  La ciudad está a tres kilómetros de aquí.

**Beachte:** Wird das Adjektiv ***rico*** in Verbindung mit *estar* verwendet, so bedeutet es nicht „reich", sondern „lecker".
*Beispiel:* Esta paella está muy rica.

**abe 103** Warum wird hier *estar* verwendet? Finde den Grund dafür auf der rechten Seite und verbinde den jeweiligen Satz mit der Begründung.

| | |
|---|---|
| **Estamos** en Barcelona. | SEELISCHER ZUSTAND |
| María **está** deprimida. | SEELISCHER ZUSTAND |
| ¿Dónde **estáis**? | ORTSANGABE |
| Perú **está** en América Latina. | KÖRPERLICHER ZUSTAND |
| **Estoy** muy feliz. | ORTSANGABE |
| Nieves **está** enferma. | ORTSANGABE |

**be 104** **Ejercicio mixto:** Setze die richtige Form von *ser* oder *estar* ein.

Mi familia y yo estamos en el aeropuerto: mi padre José, mi madre Ana, mi hermana Isabel y yo, Rafa. Esperamos a Maite, la amiga de mi madre. ________ de México y ________ en el avión que llega a las 12.05.

Ya ________ tarde, ¿pero dónde ________ Maite? Ah, aquí viene. Parece que Maite ________ una mujer muy simpática. Después de 10 horas en el avión, ________ un poco cansada, pero contenta de vernos. «Ah, ¡aquí ________ todos, incluso los hijos!» dice. Después, busca algo en su gran bolso. «¿ ________ bien, Maite?» le pregunta mi madre. «Sí, claro, ________ muy bien, es que no encuentro mi pasaporte, ¿dónde ________ ? ________ un gran problema no tener pasaporte, ¿verdad? Ah, ¡ya ________ en mi mano!» Mi padre dice: «Nuestra habitación no ________ muy lejos, sólo a una hora de aquí. Puedes descansar un poquito, Maite. ¿Vámonos?»

Aufgabe 105* **La familia de Maite.** Maite zeigt der Familie Tudoras nun einige Bilder von daheim. Beschreibe die Bilder mithilfe der angegebenen Satzteile und bilde mit den Verben *ser* und *estar* vollständige Sätze.

| | | | | |
|---|---|---|---|---|
| en esta foto<br>a la derecha (de)<br>a la izquierda (de)<br>aquí<br>esto/estos<br>en medio (de) | ser<br>estar | mi marido<br>mis hijos<br>mi hija<br>yo<br>nuestro perro<br>nuestra casa | ser<br>estar | en el parque/en la playa/en un barrio tranquilo<br>dos chico vivos/una chica amable/un perro listo<br>ingeniero/empleado/profesor |

a) *Estos son mis hijos. Son dos chicos muy vivos. En medio de ellos...*

## 11.3 Die Verwendung von *hay*

**Wann wird *hay* verwendet?**
In der Regel wird ***hay*** verwendet, um das **allgemeine Vorhandensein** von Lebewesen oder Dingen auszudrücken. *Hay* ist vom Verb *haber* abgeleitet und kann mit „es gibt" übersetzt werden.

*Beispiele:* Hay una panadería en la esquina.
No hay pan fresco los domingos.

**Beachte:** *Hay* ist **unveränderlich**.

*Beispiel:* Hay muchos restaurantes en Madrid.

**Wann wird *hay* und wann *estar* verwendet?**
In der Regel gibt es einige Signale dafür, ob *hay* oder *estar* verwendet wird:

***hay*** (es gibt)
- **unbestimmter Artikel**
- **fehlender Artikel**
- **Zahlen/Zahlwörter** (*mucho, poco* etc.)

*Beispiele:* Hay un hotel cerca del centro.
Hay pocos niños en la calle.

***estar*** (sich befinden)
- **bestimmter Artikel**
- **Demonstrativpronomen**
- **Eigennamen**

*Beispiele:* El hotel está cerca del centro.
Jordi está en la calle.

gabe 106 **Ejercicio mixto:** *Hay* oder *estar*? Streiche das falsche Wort.

Al teléfono:

**LAURA:** Hola, ¿~~hay~~/está Diego?

**MADRE:** Sí, hay/está, un momento.

**LAURA:** Oye, Diego, hoy hay/está una fiesta en casa de Marta, ¿vamos?

**DIEGO:** ¡Claro que sí!

En casa de Marta:

**DIEGO:** Es una fiesta fantástica, ¡hay/está un montón de gente!

**LAURA:** ¡Y aquí hay/está Marta! Marta, ¿dónde hay/están tus padres y tus hermanos?

**MARTA:** Hay/Están de vacaciones en Berlín. Dicen que la ciudad es alucinante, pero que hay/están muchos turistas y demasiado tráfico.

**DIEGO:** Entonces, ¿no hay/está tu familia toda la semana?

**MARTA:** Ya ves, por eso invito a mis amigos. Vamos al salón, allí hay/está música, ¡a bailar!

Aufgabe 107 **Ejercicio mixto:** Setze *ser, estar* oder *hay* in die Lücken der folgenden Anzeigen ein (und konjugiere das Verb gegebenenfalls).

**¡Se vende sofá!**

Se vende este sofá. No ___es___ nuevo, pero ________ en perfecto estado. Su color ________ azul. El sofá ________ muy cómodo. También ________ una mesa que va muy bien con el sofá.

Llamar al número 00568-84999033, por favor.

________ en casa a partir de las seis de la tarde.

**¡Se comparte piso!**

Comparto mi piso con una estudiante. Si tú ________ alegre, ordenada y simpática, ¡escríbeme! El piso ________ en el barrio de Atocha, cerca de la estación de trenes. En tu futuro cuarto ya ________ un armario, un escritorio y una cama. ________ también una terraza para todos los que viven en la casa.

Contacto: elpisodejosefa@ete.es

**¿Dónde ________ Leo?**

Desde el viernes pasado nuestro gato està desaparecido. Se llama Leo. Su pelaje[1] ________ blanco y gris. Leo ________ tímido, pero en general ________ un gato amable. Probablemente ________ todavía en el barrio. ¿Alguien ha visto a nuestro gato?

¡ ________ una recompensa[2]!

Familia Sánchez, calle Garcilaso de la Vega 23

[1] Fell [2] Belohnung

be 108* **Ejercicio mixto:** Übersetze den folgenden Text ins Spanische und achte dabei insbesondere auf die richtige Übersetzung von „sein" bzw. „es gibt".

In Valencia gibt es viele interessante Dinge und viele Touristen. Die Besucher sind überall, sie sind auf den Straßen, an den Stränden oder in der Stierkampfarena *(plaza de toros)*, denn Valencia ist eine attraktive Stadt und liegt direkt an der Küste.

In dieser Stadt befindet sich auch das berühmte *Oceanogràfic*, wo du dich wie im Meer fühlen kannst. Es ist fantastisch!
Jeden Donnerstag sind mehr als 100 Personen auf der *Plaza de la Virgen* und sehen das Wassertribunal *(Tribunal de las Aguas)*.
Und in Valencia gibt es auch moderne Gebäude (zum Beispiel von Santiago Calatrava), alte Gebäude (zum Beispiel die *Torres de Quart)* und große Parks.

Viele Gerichte *(comidas)* dort sind äußerst lecker *(riquísimas)*, zum Beispiel die Paella Valenciana. Also, es gibt viele Gründe, um nach Valencia zu reisen! Dort bist du auch nie allein, denn es gibt viele Cafés und Bars ...

# 12 Das Perfekt

## 12.1 Die Bildung des Perfekts

Beim spanischen Perfekt (*el perfecto compuesto* oder *el pretérito perfecto*) handelt es sich um eine zusammengesetzte Zeitform. Sie besteht aus der konjugierten Form des Hilfsverbs ***haber*** und dem **Partizip Perfekt** (*el participio perfecto*) des Vollverbs.

**Wie wird im Spanischen das regelmäßige Partizip Perfekt gebildet?**

- Bei Verben auf ***-ar*** wird die Infinitivendung durch ***-ado*** ersetzt.

  *Beispiel:* compr<u>ar</u> → compr<u>ado</u>

- Bei Verben auf ***-er*** und ***-ir*** wird die Infinitivendung durch ***-ido*** ersetzt.

  *Beispiele:* com<u>er</u> → com<u>ido</u>
  viv<u>ir</u> → viv<u>ido</u>

**Aufgabe 109** Bilde das Partizip Perfekt der folgenden Verben.

| | | | |
|---|---|---|---|
| hablar | hablado | venir | ______ |
| comprender | ______ | correr | ______ |
| salir | ______ | llamar | ______ |
| beber | ______ | dar | ______ |
| estudiar | ______ | aprender | ______ |

**Welche häufig benutzten Verben haben ein unregelmäßiges Partizip Perfekt?**

| | | | | | |
|---|---|---|---|---|---|
| *ser* (sein) | → | ***sido*** | *decir* (sagen) | → | ***dicho*** |
| *ir* (gehen) | → | ***ido*** | *hacer* (tun) | → | ***hecho*** |
| *morir* (sterben) | → | ***muerto*** | *poner* (legen, stellen) | → | ***puesto*** |
| *romper* (zerbrechen) | → | ***roto*** | *ver* (sehen) | → | ***visto*** |
| *escribir* (schreiben) | → | ***escrito*** | *volver* (zurückkehren) | → | ***vuelto*** |
| *abrir* (öffnen) | → | ***abierto*** | | | |

**Aufgabe 110** Wie lautet das Partizip Perfekt der jeweiligen Verben?

| | | | |
|---|---|---|---|
| morir | muerto | poner | ______ |
| hacer | ______ | abrir | ______ |
| romper | ______ | escribir | ______ |

abe 111 **Ejercicio mixto:** Welches Partizip gehört zu welchem Verb? Finde die Paare und notiere sie.

ser decir estar ir
decidir poder volver
ver vivir dormir nacer

dormido vuelto dicho nacido
sido vivido estado ido
podido decidido visto

*ser – sido*

### Wie lauten die Formen des unregelmäßigen Verbs *haber*?

| | | | |
|---|---|---|---|
| (yo) | **he** | (nosotros/as) | **hemos** |
| (tú) | **has** | (vosotros/as) | **habéis** |
| (él/ella, usted) | **ha** | (ellos/as, ustedes) | **han** |

*Beispiele:* María ha tomado el tren esta mañana.
¿Habéis visto a mi hermano hoy?
Aún no hemos escrito a Sergio.

**Aufgabe 112** Setze die richtige Form des Hilfsverbs *haber* in die Lücken ein.

| | |
|---|---|
| a) Hoy ya he comprado dos libros. | YO |
| b) ¡________ comido mucho esta tarde! | ELLOS |
| c) ¿Ya ________ vivido en muchos países? | USTEDES |
| d) ¿________ encontrado las llaves ya? | VOSOTROS |
| e) Esta semana ________ trabajado mucho. | NOSOTROS |
| f) ¿Ya ________ escuchado el nuevo disco de Shakira? | TÚ |
| g) Hoy ________ tenido mucho éxito en el colegio. | ÉL |

**Aufgabe 113** Vervollständige die Sätze im Perfekt und denke dabei an die unregelmäßigen Formen.

| | |
|---|---|
| a) Carla ha roto su móvil. | ROMPER |
| b) ¿________ (vosotras) esto? | VER |
| c) Los chicos ya ________ . | COMER |
| d) (Nosotros) ________ muchas tarjetas. | ESCRIBIR |
| e) ¿Cuándo ________ usted a casa hoy? | VOLVER |
| f) ¿Ustedes ________ los zapatos aquí? | COMPRAR |
| g) ¿Qué ________ tú esta tarde? | HACER |
| h) ¡Yo no ________ nada! | DECIR |
| i) ¿Quién ________ la puerta? | ABRIR |
| j) Este año (tú) ________ mucho. | VIAJAR |

**Wo stehen beim spanischen Perfekt die Objektpronomen?**
Die Objektpronomen stehen in der Regel **vor** dem **konjugierten Verb** (*haber*).

*Beispiele:* Lo he hecho esta semana.
Se ha despertado temprano hoy.
No les han dado el dinero.

abe 114 Setze die korrekte Form des Perfekts in die Lücken ein, um Javis Tag zu beschreiben, der nicht gerade der Beste war.

## La jornada de Javi

Hoy _me he levantado_ (levantar/me) muy tarde porque el despertador no ____________ (sonar). ____________ (duchar/me) deprisa y ____________ (salir) sin desayuno. El profesor ____________ ____________ (reñir/me) *(schimpfen)* por llegar tarde. ____________ (explicar/le) todo, pero no ____________ (entender/lo). Pepe está de mala leche *(sauer)* porque yo no ____________ ____________ (devolver/le) el disco de Ska-P*. ____________ ____________ (olvidar/lo) en casa esta mañana. Y Yola no me habla. Alguien ____________ (contar/le) que ____________ ____________ (ver/me) en el cine con Teresa. ¡Pero Teresa y yo nunca ____________ (salir) juntos!

Por fin, ____________ (llegar) a casa, pero no ____________ ____________ (encontrar) la llave. ____________ (llamar) a mamá con el móvil y después ____________ (esperar/la) media hora bajo la lluvia. Creo que ____________ (resfriar/me) porque me duele la garganta. Además, los profesores ____________ ____________ (dar/nos) un montón de deberes. ¡Qué día más tonto!

* **Ska-P** ist eine spanische Ska-/Punkband, die in Europa und Lateinamerika sehr erfolgreich ist. Die Gruppe besteht seit 1994, löste sich 2005 vorübergehend auf und tourt seit 2008 wieder gemeinsam. Ihre Texte sind sozialkritisch und zum Teil recht radikal.

**Aufgabe 115*** Um die Entdeckung der Silbervorkommen in den berühmten Minen von Potosí in Bolivien ranken sich viele Legenden. Laut einer davon wurden sie von einem verirrten Indio namens Diego Huallpa entdeckt. Hier erzählt er seine Geschichte. Setze sie vom Präsens ins Perfekt und achte dabei auf die Stellung der Objektpronomen.

*Voy por la montaña a regresar a mi pueblo. Mi rebaño de llamas[1] me sigue, como siempre. De repente, me doy cuenta: ¡faltan dos llamas! Las busco, pero no las encuentro. La noche viene pronto. Decido quedarme aquí, al pie de la montaña llamada Sumaq Urqu. Enciendo un fuego y me duermo. Al próximo día, me despierto pronto. Al salir el sol, veo algo muy raro: algunos objetos brillantes en los restos del fuego. Los miro y los toco. Por fin, me llevo algunos de los objetos. Los muestro a algunas personas de mi pueblo. Los españoles, que se enteran[2] de mi hallazgo[3], me dicen que los objetos son valiosos. Van ellos mismos al Sumaq Urqu y encuentran mucha más plata. Este día empieza una época sombría[4] para mi gente.*

1 Lama-Herde 2 erfahren 3 Fund 4 düster

He ido por la montaña para regresar a mi pueblo.

Links sieht man die bolivianische Stadt **Potosí**, im Hintergrund den Cerro Rico (in Quechua: Sumaq Urqu). Im 16. Jahrhundert wurden dort reiche Silbervorkommen entdeckt. Die spanischen Eroberer zwangen die Indios zur Arbeit in den Bergwerken, das Silber wurde nach Spanien verschifft. Silber gibt es in Potosí mittlerweile so gut wie keines mehr, doch auch heute noch arbeiten die Indios unter unmenschlichen Bedingungen in den Stollen und bauen Zinn und Zink ab. Schon 13-jährige Kinder schuften unter Tage. Die Lebenserwartung der *mineros* ist sehr niedrig, die meisten sterben an einer Staublunge oder kommen bei Unfällen ums Leben.

## 12.2 Die Verwendung des Perfekts

**Wann wird das Perfekt im Spanischen verwendet?**
Im Allgemeinen wird das Perfekt verwendet bei

- Handlungen in der Vergangenheit, deren **Zeitpunkt unbestimmt** ist,
  *Beispiel:* ¿Has estado alguna vez en Uruguay?
- Handlungen in der Vergangenheit, deren **Folgen** bis in die **Gegenwart** andauern,
  *Beispiel:* He dormido poco y ahora estoy cansado.
- Handlungen, die **noch nicht abgeschlossen** sind.
  *Beispiel:* Todavía no hemos visitado a la abuela.

**Beachte:** Zeitangaben wie ***hoy*** (heute), ***esta semana*** (diese Woche), ***este año*** (dieses Jahr), ***nunca*** (nie), ***alguna vez*** (einmal), ***todavía*** (noch) und ***ya*** (schon) sind in der Regel **Auslöser** für das Perfekt.

*Beispiel:* Esta semana ha trabajado mucho.

**abe 116** Geht es in den folgenden Sätzen um Handlungen mit unbestimmtem Zeitpunkt, mit Folgen bis in die Gegenwart oder um noch nicht abgeschlossene Handlungen? Notiere die Antwort und übersetze die Sätze anschließend ins Spanische.

a) Herr Sánchez, sind Sie schon einmal in Mexiko gewesen?

unbestimmter Zeitpunkt

Sr. Sánchez, …

b) Ich habe mein Handy verloren. Weißt du, wo es ist?

c) Wo sind Maite und Alejandro? Sind sie ausgegangen?

d) Habt ihr schon „Volver" mit Penélope Cruz gesehen?

**Aufgabe 117** **Ejercicio mixto:** Salma ist auf dem Jakobsweg *(el camino de Santiago)* gewandert und heute in Santiago de Compostela, dem Ziel dieses Pilgerweges, angekommen. Übersetze den Eintrag in ihrem Reisetagebuch ins Deutsche.

Santiago, 2. Mai. Die letzte Etappe!

abe 118* **Ejercicio mixto:** Niklas möchte einem spanischen Freund erzählen, was er in der ersten Ferienwoche zusammen mit seiner Familie auf Gran Canaria erlebt hat.

Er erzählt, dass ...
... sie sich zuerst auf dem Flughafen verlaufen haben.
*Primero, nos hemos perdido en el aeropuerto.*

... er dort viele Geschäfte mit deutschen Namen gesehen hat.

... ihnen eine nette spanische Dame geholfen hat.

... diese Dame sie auch zum Abendessen eingeladen hat und es sehr gut gewesen ist.

... sie diese Woche schon viel auf der Insel gereist sind.

... sie schon am Strand gewesen sind und viel im Meer gebadet haben.

... er schon zehn Postkarten geschrieben hat.

... er schon zwei Mal mit der hübschen Tochter der Dame ausgegangen ist.

# 13 Der bejahte Imperativ

## 13.1 Der bejahte Imperativ der 2. Person Singular

Der bejahte Imperativ *(el imperativo afirmativo)* der 2. Person **Singular** *(tú)* wird für Aufforderungen an **eine vertraute Person** verwendet.

**Wie wird im Spanischen der bejahte Imperativ der 2. Person Singular gebildet?**
Im Allgemeinen ist er gleich der **3. Person Singular** des Indikativ Präsens des jeweiligen Verbes (siehe dazu Kapitel 9, Das Präsens).

*Beispiele:* ¡Compra el libro!
¡Come la pizza!
¡Pide la cuenta!

**Beachte:** Einige Verben haben **Sonderformen**, die du dir gut merken solltest.

| | | | | | |
|---|---|---|---|---|---|
| *decir* (sagen) | → | ***di*** | *ser* (sein) | → | ***sé*** |
| *hacer* (tun) | → | ***haz*** | *tener* (haben) | → | ***ten*** |
| *ir* (gehen) | → | ***ve*** | *venir* (kommen) | → | ***ven*** |
| *salir* (ausgehen) | → | ***sal*** | *poner* (stellen, legen) | → | ***pon*** |

**Aufgabe 119** Setze den bejahten Imperativ der 2. Person Singular ein.

a) ¡ Empieza ____ (empezar) tu trabajo!
b) ¡ ____ (poner) el plato en la mesa!
c) ¡ ____ (decir) la verdad!
d) ¡ ____ (venir) aquí!
e) ¡ ____ (repetir) la pregunta!
f) ¡ ____ (tomar) el gazpacho*!
g) ¡ ____ (tener) cuidado!
h) ¡ ____ (ir) a la panadería!
i) ¡ ____ (hacer) tus deberes!
j) ¡ ____ (ser) puntual!

* Der **Gazpacho** ist ein typisch andalusisches Gericht und besteht in der Regel aus Tomaten, Olivenöl, Knoblauch, Brot, Salz und eventuell weiterem Gemüse. Er wird kalt gegessen und wirkt im heißen andalusischen Sommer, in dem die Temperaturen bei über 40°Celsius liegen können, sehr erfrischend. Viele Familien haben stets einen Vorrat an Gazpacho im Kühlschrank.

gabe 120 Du passt abends als Babysitter auf den kleinen Pablo auf. Er sagt dir genau, was zu tun ist … Übersetze seine Anweisungen ins Spanische.

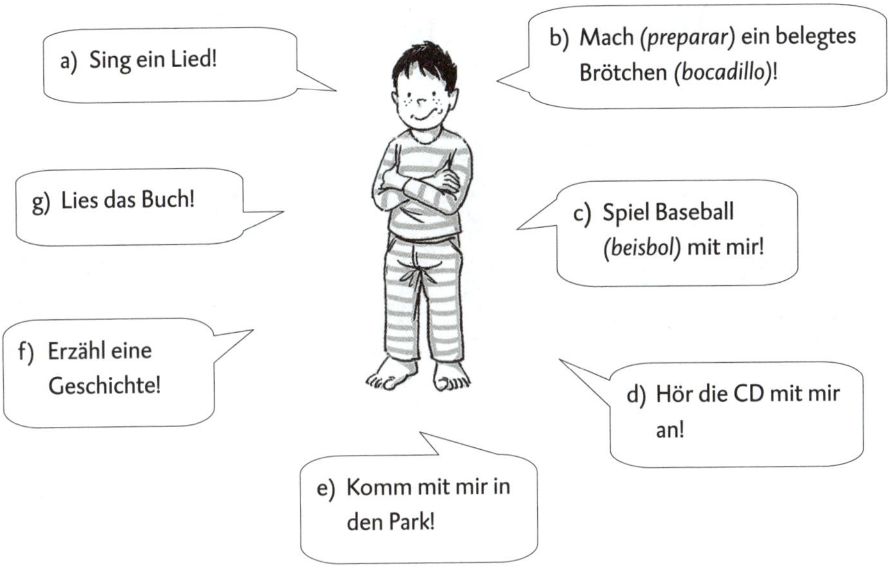


a) ¡Canta una canción!

## 13.2 Der bejahte Imperativ der 2. Person Plural

Der bejahte Imperativ der 2. Person **Plural** (*vosotros/as*) wird für Aufforderungen an **mehrere vertraute Personen** verwendet.

**Wie wird im Spanischen der bejahte Imperativ der 2. Person Plural gebildet?**
Zur Bildung des bejahten Imperativs der 2. Person Plural wird die **Infinitivendung -r** durch die Endung **-*d* ersetzt**.

*Beispiele:* ¡Comprad el libro!
¡Comed la pizza!
¡Pedid la cuenta!

**Beachte:** Der **Infinitiv** selbst kann bisweilen die Funktion eines Imperativs übernehmen, hat aber dann eine unpersönlichere, allgemeinere Bedeutung.

*Beispiele:* ¡Comprar más productos regionales!
¡Comer más fruta!

**Aufgabe 121** Ersetze den Infinitiv durch den Imperativ der 2. Person Plural.

## ¡Venir a América Latina!

### ¡Hacer una experiencia inolvidable!

¡Tomar un baño en el mar!
¡Beber un mate!
¡Dormir en una hamaca!
¡Comer frutas tropicales!
¡Aprender español!
¡Nadar en el Caribe!
¡Montar a caballo!
¡Charlar con gente simpática!
¡Caminar por los Parques Nacionales!
¡Ver el Desierto de Atacama!
¡Bailar la salsa!
¡Visitar Chichén Itzá!
¡Admirar los Andes!
¡Sentir el viento de Patagonia!
¡Ir en el Tren a las Nubes!
¡Probar comida criolla!

**América Latina es diferente.**

*¡Venid a América Latina!*

**Aufgabe 122** **Ejercicio mixto:** Ersetze nun die Aufforderungen aus Aufgabe 121 durch den Imperativ der 2. Person Singular.

*¡Ven a América Latina!*

**Wo stehen im Spanischen die Objektpronomen beim bejahten Imperativ?**
Die Objektpronomen werden an den Imperativ **angehängt** (siehe auch Kapitel 4, Objektpronomen).

*Beispiele:* ¡Dime!
¡Hacedlo!

**Beachte:**

- Würde sich durch das Anhängen des Pronomens die **Betonung** des Imperativs verändern, so wird ein grafischer **Akzent** auf die ursprünglich betonte Silbe gesetzt (siehe auch Kapitel 23, Betonung und grafischer Akzent).

  *Beispiele:* ¡Apréndelo!
  ¡Cuéntame!

- Bei reflexiven Verben **entfällt** das auslautende *-d* des Imperativs der 2. Person Plural, wenn das Pronomen **os** angehängt wird.

  *Beispiel:* ¡Callaos! (= callad + os)

**gabe 123** Bilde die entsprechende Imperativform.

a) *¡Ábrelo!* (tú/abrir/lo)
b) ______ (tú/vestir/te)
c) ______ (vosotros/devolver/las)
d) ______ (vosotros/ordenar/la)
e) ______ (vosotros/calmar/os)
f) ______ (vosotros/escuchar/nos)
g) ______ (tú/poner/lo)
h) ______ (vosotros/animar/os)

**fgabe 124** Übersetze ins Spanische.

a) Esst sie (m. Pl.)! *¡Comedlos!*
b) Nimm es! ______
c) Leg dich hin! ______
d) Wascht euch! ______
e) Erzählt es! ______
f) Schließe sie (w. Sing.)! ______
g) Sieh mich an! ______
h) Steht auf! ______

**Aufgabe 125** Alejandro ist verliebt. Seine Schwester Clara will ihm helfen, aber Alejandro ist einfach zu schüchtern und lehnt all ihre Vorschläge ab. Formuliere ihre Ratschläge auf Spanisch, indem du den Imperativ benutzt.

**Los consejos de Clara:**

- *¡Dile que te gusta!*

– No, no quiero **decirle** que me gusta.
– No, no quiero **preguntarle** si va a la fiesta.
– No, no puedo **escribirle** un e-mail.
– No, de verdad que no puedo **hacerlo**.
– No, no puedo **contarte** por qué.
– No, no puedo **invitarla**.
– No, no puedo **relajarme**.

**Aufgabe 126*** **Ejercicio mixto:** Clara hat noch weitere gute Ratschläge für den verliebten Alejandro (siehe Aufgabe 125). Übersetze sie ins Spanische.

Alejandro, hab Geduld! Versuch, mit Martas Schwester zu sprechen. Bitte sie um einen Ratschlag. Oder … geht ins Kino! Es gibt einen neuen Film von Icíar Bollaín, seht ihn an! Ich glaube, dass Marta gerne ins Kino geht. Oder, lass mich nachdenken … Bleibt nachher in der Stadt und macht einen Spaziergang durch die Calle del León, es gibt dort immer Musik. Oder vielleicht etwas anderes … Probiert das Eis in der neuen Eisdiele an der Plaza Velázquez! Ah, ich habe noch eine Idee: Ruf sie an und frag sie, ob sie dir bei deinem Referat hilft!

*¡Alejandro, ten paciencia!*

abe 127* **Ejercicio mixto:** Zusammen mit spanischen Freunden machst du ein Picknick am Meer. Dabei ergeben sich verschiedene Situationen. Übertrage die Bitten sinngemäß ins Spanische, indem du den Imperativ benutzt.

a) Du sagst Juan, dass er dir bitte etwas Brot geben soll. — *Juan, dame un poco de pan, por favor.*

b) Juan sagt zu María, dass sie zum Kiosk gehen und Limonaden kaufen soll. ______

c) María will, dass Juan „bitte“ sagt. ______

d) Juan sagt „bitte“ und fordert María auf, sich zu beeilen *(darse prisa)*. ______

e) María sagt zu Juan, dass er still sein soll. ______

f) Du willst die Stimmung retten und sagst deinen Freunden, dass sie die Sandwiches probieren sollen. ______

g) Du munterst María auf, sie soll den Kopf nicht hängen lassen *(animarse)*. ______

h) Du sagst den anderen, dass sie hierbleiben sollen, du gehst mit María zum Kiosk. ______

i) Juan will, dass ihr auf ihn wartet. ______

j) Juan bittet María um Entschuldigung. ______

# 14 Hilfsverben

## 14.1 Die Übersetzung des deutschen Hilfsverbs „können“

**Wie wird das deutsche Hilfsverb „können“ im Spanischen wiedergegeben?**
Das Hilfsverb „können“ kann im Spanischen durch ***poder*** oder ***saber*** wiedergegeben werden (zur Konjugation von *poder* und *saber* siehe Kapitel 9, Das Präsens). Dabei gilt in der Regel:

- ***Saber*** drückt eine **erlernte Fähigkeit** aus.

  *Beispiele:* Sabemos esquiar.
  Jorge sabe cantar muy bien.

- ***Poder*** drückt eine **Möglichkeit** oder **Erlaubnis** aus.

  *Beispiele:* No podemos esquiar porque no hay nieve.
  Mi madre dice que no puedo ir al concierto de Estopa.

Aufgabe 128 *Poder* oder *saber*? Streiche das falsche Verb.

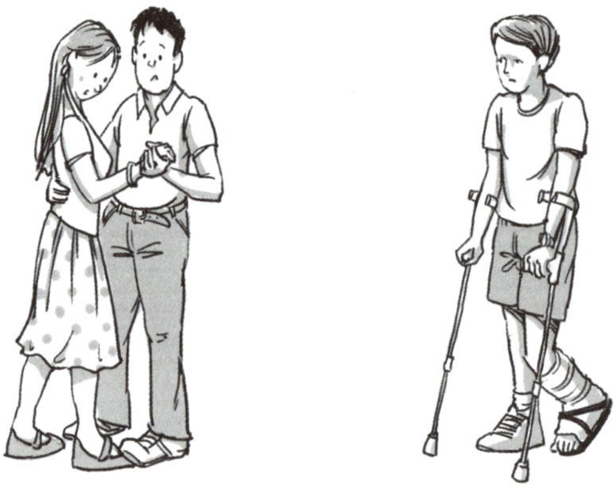

Pepe no sabe bailar… ¡y Manuel no puede bailar!

a) No podemos/~~sabemos~~ comer en este restaurante hoy. Está cerrado.
b) Nuria no puede/sabe irse de viaje, sus padres no lo permiten.
c) ¿Puedes/sabes ayudarme un momentito, por favor?
d) No puedo/sé bailar muy bien.
e) María viene del dentista y no puede/sabe hablar ahora.
f) ¿Podéis/sabéis venir a la fiesta de Pilar?
g) Xavier no puede/sabe nadar. Nunca lo ha aprendido.

gabe 129 Setze die jeweils richtige Form von *saber* oder *poder* ein.

a) Los Sánchez no pueden ______ comprar la casa porque no tienen suficiente dinero.

b) ¡Vosotros ______ jugar al fútbol muy bien!

c) Gabriel normalmente ______ cantar muy bien, pero tiene la gripe, hoy no ______ cantar.

d) Yo no ______ conducir un coche.

e) Ángel, ¿ ______ ayudarme con mis deberes, por favor?

f) No ______ verte, ¿dónde estás?

g) Su abuela le ha enseñado a cocinar y ahora ______ cocinar muy bien.

## 14.2 Die Übersetzung des deutschen Hilfsverbs „müssen"

**Wie wird das deutsche Hilfsverb „müssen" im Spanischen wiedergegeben?**
Das Hilfsverb „müssen" kann im Spanischen durch ***tener que*** oder das unveränderliche ***hay que*** wiedergegeben werden (zur Konjugation von *tener* siehe Kapitel 9, Das Präsens).
Dabei gilt in der Regel:

- ***Tener que*** drückt eine **persönliche Verpflichtung** aus.
  *Beispiel:* Tienes que ayudar a tu madre.
- ***Hay que*** drückt eine **allgemeine Verpflichtung** aus.
  *Beispiel:* Hay que ser puntual en la escuela.

abe 130 *Tener que* oder *hay que*? Setze das richtige Verb ein (konjugiere es, wenn es sich um *tener que* handelt).

a) Los chicos tienen que ______ jugar muy bien si quieren ganar.

b) María ______ trabajar más para el colegio.

c) Normalmente no ______ trabajar los domingos.

d) ¡En Valencia ______ probar una paella!

e) ______ estar un tiempo en un país para aprender su idioma de verdad.

f) Hoy ______ (yo) volver a casa muy pronto.

Aufgabe 131 **Ejercicio mixto:** Leider sind in Montses Brief die Hilfsverben verschwunden. Setze die jeweils richtige Form von *poder, saber, tener que* oder *hay que* in die Lücken ein.

Tarragona, el 12 de marzo

Querida abuela:

_Tengo que_ escribirte una carta porque no ____________ ir a tu cumpleaños. ¡Lo siento mucho! Pero ____________ preparar mi examen de inglés. Por lo general no ____________ estudiar mucho para aprobar, porque no es muy difícil. ¡Pero esta vez ____________ aprender toda la gramática de este año! Claro, yo ________ hablar inglés bastante bien, pero de momento no ____________ practicar mucho porque me falta tiempo. ____________ ir a mis clases de flamenco por la tarde, y para bailar bien, ¡ ____________ entrenar por lo menos una hora cada día!

Pero ____________ visitarte en las vacaciones de verano. ¿Todavía ________ preparar esa fideuà* que me gusta tanto? ¡ ________ ____________ escribirme pronto, porque quiero saber si estás bien! ¿Vale?

Un abrazo,

Montse

* fideuà = valencianische Paella mit Nudeln statt Reis

abe 132* **Ejercicio mixto:** Julius erzählt seiner spanischen Freundin Araceli, was er nach dem Abitur machen will. Übersetze ins Spanische.

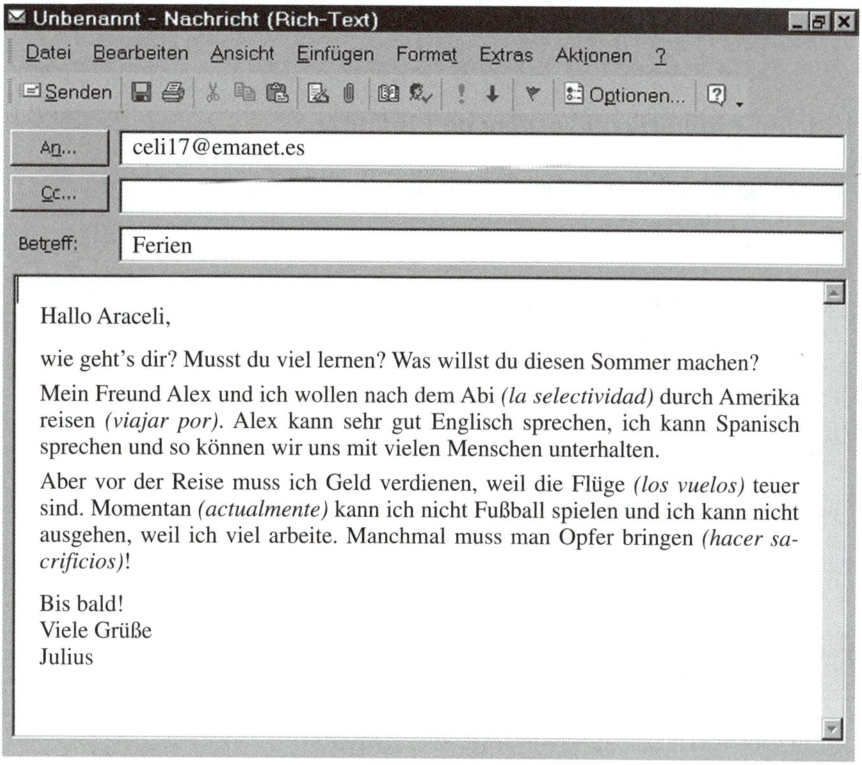

Unbenannt - Nachricht (Rich-Text)

Datei Bearbeiten Ansicht Einfügen Format Extras Aktionen ?

Senden Optionen...

An... celi17@emanet.es

Cc...

Betreff: Ferien

Hallo Araceli,

wie geht's dir? Musst du viel lernen? Was willst du diesen Sommer machen?

Mein Freund Alex und ich wollen nach dem Abi *(la selectividad)* durch Amerika reisen *(viajar por)*. Alex kann sehr gut Englisch sprechen, ich kann Spanisch sprechen und so können wir uns mit vielen Menschen unterhalten.

Aber vor der Reise muss ich Geld verdienen, weil die Flüge *(los vuelos)* teuer sind. Momentan *(actualmente)* kann ich nicht Fußball spielen und ich kann nicht ausgehen, weil ich viel arbeite. Manchmal muss man Opfer bringen *(hacer sacrificios)*!

Bis bald!
Viele Grüße
Julius

Hola Araceli,
_______________________________________________
_______________________________________________
_______________________________________________
_______________________________________________
_______________________________________________
_______________________________________________
_______________________________________________
_______________________________________________
_______________________________________________

# 15 Verbalperiphrasen

Spanische **Verbalperiphrasen** *(las perífrasis verbales)* bestehen aus **zwei Verben**, wobei das erste Verb die Funktion eines Hilfsverbs einnimmt und **konjugiert** wird.

## 15.1 *Ir a* + Infinitiv und *acabar de* + Infinitiv

Die Verbalperiphrase ***ir a* + Infinitiv** kann als „unmittelbare Zukunft" *(el futuro inmediato)* bezeichnet werden.

**Wann wird *ir a* + Infinitiv verwendet?**
Mit *ir a* + Infinitiv werden im Allgemeinen Handlungen oder Vorgänge ausgedrückt, die „zeitnah", also **bald**, stattfinden werden (zur Konjugation von *ir* siehe Kapitel 9, Das Präsens).

*Beispiele:* Voy a limpiar mi habitación.
Vamos a comprar un nuevo coche.

**Beachte:** Die Wendung ***vamos a*** + Infinitiv wird häufig anstelle des **Imperativs** der 1. Person Plural verwendet.

*Beispiele:* ¡Vamos a bailar!

Aufgabe 133 Kurz vor den Ferien unterhalten sich Fernando und Nadia über Nadias Urlaub. Setze die jeweils richtige Form von *ir a* + Infinitiv ein.

| | FERNANDO | NADIA |
|---|---|---|
| a) | ¿Adónde *vas a viajar* (viajar/tú) este año? | *Voy a pasar* (pasar/yo) dos semanas con mis padres en Andalucía. |

Die **Alhambra** in Granada ist eine Palaststadt. Der Hügel, auf dem sie steht, war bereits in vorrömischer Zeit besiedelt, erst die Mauren jedoch erbauten nach der Eroberung der iberischen Halbinsel Festungsanlagen und Paläste. Nach der Reconquista wollte Kaiser Karl der Fünfte seinen Regierungssitz auf der Alhambra nehmen und befahl den Bau eines großen Palastes, der jedoch nie fertiggestellt wurde.

b) Ah, me gusta mucho Andalucía. ¿ ________________ (visitar/vosotros) la Alhambra en Granada?

Claro, ________________ (hacer/nosotros) una visita guiada *(geführte Tour)*.

c) ¿ ________________ (ir/vosotros) también a Sevilla?

Sí. En Sevilla ________________ ________________ (visitar/yo) a una amiga. ¡ ________________ (ver/yo) todos los lugares interesantes!

d) Seguro que ________________ ________________ (disfrutar/tú) mucho de tu visita en Sevilla. ¿Y después?

Después, mis padres ________________ ________ (ver/ellos) una corrida de toros en Ronda, pero yo no quiero.

e) Y tú, ¿ qué ________________ (hacer/tú) en Ronda? ¿ ________ ________________ (sacar/tú) fotografías de El Tajo y comer tapas?

Sí, ¡y ________________ (escribir/yo) muchos postales!

Die Altstadt von **Ronda** steht spektakulär auf einem Felsplateau und ist mit dem neueren Stadtteil durch eine Brücke über die Schlucht (*El Tajo*) verbunden.

**Sevilla** hat viele Sehenswürdigkeiten zu bieten: Die Plaza de España, die Kathedrale mit Kolumbus' Grab, den Goldturm, die Stierkampfarena …

**Aufgabe 134*** **Ahora te toca a ti.** Jetzt bist du an der Reihe. Wirst du dieses Jahr in Urlaub fahren? Was möchtest du besichtigen? Falls du zu Hause bleibst: Was willst du unternehmen? Verwende in deiner Antwort *ir a* + Infinitiv.

*En las vacaciones, yo voy a…* ____________________________

____________________________________________

____________________________________________

____________________________________________

____________________________________________

____________________________________________

____________________________________________

Die Verbalperiphrase ***acabar de* + Infinitiv** kann als „unmittelbare Vergangenheit" *(el pasado inmediato)* bezeichnet werden.

**Wann wird *acabar de* + Infinitiv verwendet?**
Mit *acabar de* + Infinitiv werden Handlungen oder Vorgänge ausgedrückt, die **gerade erst** stattgefunden haben (zur Konjugation der Verben auf *-ar* siehe Kapitel 9, Das Präsens).

*Beispiele:* Acabamos de volver de París.
Acaban de preparar la comida.

**Aufgabe 135** Setze die richtige Form von *acabar de* + Infinitiv in die Lücken ein.

a) Vero *acaba de encontrar* (encontrar) la última palabra del crucigrama *(Kreuzworträtsel)*.
b) Los niños ________________ (jugar) en el jardín, ahora están sucios.
c) Nosotros ________________ (celebrar) el quinto aniversario *(fünfter Jahrestag)* de nuestra boda *(Hochzeit)*.
d) ________________ (hacer) mis deberes.
e) ¿Usted ________________ (terminar) la universidad?
f) ¿Y vosotros ________________ (volver) de un viaje a la India? ¡Qué interesante!

**Wo stehen die Objektpronomen bei *ir a* + Infinitiv und *acabar de* + Infinitiv?**

Bei *ir a* + Infinitiv und *acabar de* + Infinitiv können die Objektpronomen

- **vor** dem **konjugierten Hilfsverb** stehen oder

  *Beispiele:* ¿Te vas a levantar temprano?
  Le acabo de escribir una carta.

- an den **Infinitiv angehängt** werden.

  *Beispiele:* ¿Vas a levantarte temprano?
  Acabo de escribirle una carta.

**…gabe 136** Formuliere mithilfe der Vorgaben ganze Sätze und verwende je beide Möglichkeiten für die Stellung des Pronomens.

a) Linda/ir a ponerse/su nueva falda para la fiesta.

Linda se va a poner su nueva falda para la fiesta. | Linda va a ponerse su nueva falda para la fiesta.

b) Los niños/los ir a ayudar/más tarde.

c) La película es buena. Nosotros/la acabar de ver.

d) Sergio/les acabar de dar/la llave para el piso.

**Aufgabe 137** Der baskische Tourismusverband macht eine Umfrage. Dazu werden in den Tourismusbüros Fragebögen an die Touristen verteilt. Ergänze die richtigen Formen von *ir a/acabar de* + Infinitiv in den Lücken.

**Cuestionario de la Asociación de Turismo del País Vasco**
**¡Muchas gracias por su ayuda!**

1. ¿De dónde son ustedes?
   Nosotros somos de Alemania, de Bonn.
2. ¿Han visto ustedes Bilbao, la capital de la provincia de Vizcaya?
   Sí, acabamos de verla (la/ver).
3. ¿Conocen ustedes al escultor vasco Eduardo Chillida?
   Sí, lo conocemos. ______________________ (visitar) el Museo Guggenheim donde hay algunas esculturas de Chillida.
4. ¿Qué quieren hacer los próximos días?
   ______________________ (hacer) una excursión al Parque Nacional Urkiola. Después, ______________________ (ir) a San Sebastián. ______________________ (pasar) allí tres días.
5. ¿Dónde ______________________ (se/quedar), en un hotel, un camping o un albergue?
   ______________________ (nos/quedar) en un albergue.

**Aufgabe 138** Übersetze ins Spanische.

a) Wirst du morgen früh aufstehen?
b) Gerade habe ich ihm ein Hemd gekauft.
c) Spielt ihr morgen auch Pelota* *(jugar a la pelota vasca)*?
d) Wir sind gerade nach Hause gekommen.
e) Ich habe ihn eben angerufen.
f) Nächste Woche werden sie ein Konzert geben.

* **Pelota** ist das baskische Nationalspiel. Die Spieler schlagen dabei einen Ball an die Wand, entweder mit der bloßen Hand, mit einem Handschuh oder mit einem Schläger. Ein einziges Mal, nämlich im Jahr 1900, war Pelota olympische Sportart.

## 15.2 *Estar* + Gerundium

Das Gerundium *(el gerundio)* ist eine **unveränderliche Verbform**, für die es im Deutschen keine Entsprechung gibt.

**Wie wird das Gerundium gebildet?**
Zur Bildung des Gerundiums werden an den **Verbstamm** folgende **Endungen** angehängt:

- ***-ando*** bei Verben auf ***-ar***
  *Beispiele:* jugar *(spielen)* → jugando
  comprar *(kaufen)* → comprando
- ***-iendo*** bei Verben auf ***-er*** und ***-ir***
  *Beispiele:* comer *(essen)* → comiendo
  escribir *(schreiben)* → escribiendo

**Beachte:** Bei einigen Verben ist das Gerundium **unregelmäßig**. Dazu gehören z. B.:

| | | | | | |
|---|---|---|---|---|---|
| *ir* (gehen) | → | *yendo* | *repetir* (wiederholen) | → | *repitiendo* |
| *caer* (fallen) | → | *cayendo* | *divertir* (amüsieren) | → | *divirtiendo* |
| *leer* (lesen) | → | *leyendo* | *ver* (sehen) | → | *viendo* |
| *sentir* (fühlen) | → | *sintiendo* | *poder* (können) | → | *pudiendo* |
| *venir* (kommen) | → | *viniendo* | *dormir* (schlafen) | → | *durmiendo* |
| *servir* (servieren) | → | *sirviendo* | *morir* (sterben) | → | *muriendo* |
| *decir* (sagen) | → | *diciendo* | *construir* (bauen) | → | *construyendo* |
| *pedir* (bitten) | → | *pidiendo* | *huir* (fliehen) | → | *huyendo* |

**abe 139** Bilde das Gerundium der folgenden Verben.

| | | | |
|---|---|---|---|
| cantar | *cantando* | servir | ______ |
| vivir | ______ | huir | ______ |
| decir | ______ | venir | ______ |
| hacer | ______ | recibir | ______ |
| pintar | ______ | volver | ______ |
| dormir | ______ | aprender | ______ |
| beber | ______ | pedir | ______ |
| leer | ______ | poder | ______ |

**Wann wird die Verbalperiphrase *estar* + Gerundium verwendet?**
Die Verbalperiphrase ***estar* + Gerundium** drückt eine **Handlung** aus, die gerade **in diesem Moment** geschieht, ähnlich dem englischen *present progressive* (zur Konjugation von *estar* siehe Kapitel 9, Das Präsens und Kapitel 11, *Ser, estar* und *hay*).

*Beispiele:* ¿Qué estás haciendo?
Felix y Martina están viajando por España.

Aufgabe 140 **¿Qué están haciendo?** Was machen sie gerade? Bilde ganze Sätze aus den Vorgaben und verwende dabei *estar* + Gerundium.

a) Las chicas/bailar/discoteca — Las chicas están bailando en la discoteca.

b) Isabel/leer/novela

c) Jorge/escuchar/música

d) El bebé/dormir/cama

e) Felipe y Charo/ver/televisión

f) Yo/hacer/ejercicio

**Wann wird das Präsens, wann *estar* + Gerundium verwendet?**

- Das Präsens drückt **Handlungen der Gegenwart** sowie **zeitlose Feststellungen** und **Gewohnheiten** aus.

  *Beispiele:* Hace mucho calor.
  Me gustan las películas francesas.
  Los martes Manuel juega al tenis.

- *Estar* + Gerundium drückt einen **momentanen Handlungsverlauf** aus.

  *Beispiel:* Juan está limpiando la habitación.

abe 141 Präsens oder *estar* + Gerundium? Welcher der beiden Sätze ist korrekt? Kreuze ihn an.

a) ☒ Los niños están jugando en el jardín ahora.
☐ Los niños juegan en el jardín ahora.

b) ☐ Caracas está siendo la capital de Venezuela.
☐ Caracas es la capital de Venezuela.

c) ☐ Por la mañana, Blanca siempre está preparando el desayuno.
☐ Por la mañana, Blanca siempre prepara el desayuno.

d) ☐ Mira, ¡Rosa y Pedro están bailando en la sala!
☐ Mira, ¡Rosa y Pedro bailan en la sala!

e) ☐ Luis está adorando a su esposa.
☐ Luis adora a su esposa.

abe 142 **Ejercicio mixto:** Felipe ist gekränkt. Seine Mutter hat keine Zeit für ihn, obwohl er schon seit Stunden darauf wartet, dass sie mit ihm Fußball spielt. Übersetze ins Spanische.

Nie hast du Zeit für mich. Immer hast du Stress *(estrés)*. Entweder räumst du gerade auf oder du duscht dich gerade. Einmal kommst du gerade von der Arbeit und sagst, dass du müde bist, ein anderes Mal wirst du gleich weggehen zum Tennis. Jetzt hast du gerade eine Stunde mit Tante Rosa telefoniert und bald wird Beatriz von der Schule kommen und du wirst Essen machen. Und ich habe schon vor zwei Stunden gefragt, ob du mit mir Fußball spielen kannst!

# … rund um die Präpositionen

## 16 Die wichtigsten Präpositionen

Präpositionen sind **Funktionswörter**, die nicht veränderlich sind und räumliche, zeitliche oder andere Beziehungen zwischen Wörtern oder Wortgruppen herstellen. Es gibt einfache und zusammengesetzte Präpositionen.

### 16.1 *A*, *de* und weitere Präpositionen

**Wann wird die Präposition *a* verwendet?**

Die Präposition *a* (an, nach, um) wird u. a. verwendet zur Angabe

- einer **Richtung** oder eines **Zieles**,

  *Beispiel:* Vamos a Mérida.

- einer **Entfernung**,

  *Beispiel:* La montaña está a 10 kilómetros de esta ciudad.

- einer **Uhrzeit**,

  *Beispiel:* La fiesta empieza a las ocho.

- des **Alters**,

  *Beispiel:* A los 18 años puedes votar.

- eines **indirekten Objekts** bzw. eines **direkten persönlichen Objekts**.

  *Beispiele:* Sara, ¿das el libro a tu hermano, por favor?
  Buscamos a Paco.

**Aufgabe 143** Bestimme, warum hier die Präposition *a* verwendet wird.

| | |
|---|---|
| Julio va **a** la oficina. | DIREKTES PERSÖNL. OBJEKT |
| No veo **a** Alejandro. | ALTERSANGABE |
| Catalina escribe un e-mail **a** Miguel. | RICHTUNGSANGABE |
| Quedamos en el cine **a** las ocho. | INDIREKTES OBJEKT |
| El hotel está **a** un kilómetro de aquí. | RICHTUNGSANGABE |
| **A** los seis años los niños van a la escuela. | ENTFERNUNGSANGABE |
| Viajamos **a** Grecia en verano. | ZEITANGABE |

**Wann wird die Präposition *de* verwendet?**
Die Präposition *de* (von, aus) wird u. a. verwendet, um

- die **Herkunft** anzugeben,
  *Beispiel:* Juan es de Andalucía.
- ein **Substantiv** näher zu **bestimmen**,
  *Beispiele:* La ciudad de Bilbao se encuentra en el País Vasco.
  ¿Ves a la chica de pelo rubio?
- den (deutschen) **Genitiv** auszudrücken.
  *Beispiel:* Ella es la hermana de Alonso.

abe 144 Bestimme, warum hier die Präposition *de* verwendet wird.

| | |
|---|---|
| Esta es la familia **de** Antonio. | HERKUNFT |
| Sonia es **de** Madrid. | GENITIV |
| En la región **de** Figueres hay muchos turistas. | BESTIMMUNG D. SUBSTANTIVS |
| Son los libros **de** Carmen. | BESTIMMUNG D. SUBSTANTIVS |
| Este coche **de** color rojo me gusta. | GENITIV |

abe 145 **Ejercicio mixto:** *A* oder *de*? Setze die passende Präposition ein.

a) Camila y Sebastián son __de__ México.
b) Me levanto ______ las seis y media.
c) La playa está ______ 200 metros del centro.
d) Siempre ayudo ______ mi madre en casa.
e) ¿Conoces a este chico ______ la chaqueta negra?
f) Vamos ______ Toledo por la Ruta de Don Quijote*.
g) El novio ______ Fernanda es muy alto.
h) ______ los 3 años terminas la guardería.
i) Asunción es la capital ______ Paraguay.

* Die **Ruta de Don Quijote** ist ein Netz von Wanderwegen in Castilla-La Mancha, die an den „Schauplätzen“ des gleichnamigen Romans von Cervantes vorbeiführen.

**Welche weiteren wichtigen Präpositionen solltest du kennen?**

- die Präpositionen ***en*** (in, im, an, auf), ***entre*** (zwischen), ***detrás de*** (hinter), ***delante de*** (vor), ***debajo de*** (unter) und ***encima de*** (über)

  *Beispiele:* Paco y Alicia están en Fuerteventura.
  Delante de la casa hay un jardín muy bonito.

**Aufgabe 146** Paquitas Zimmer ist nie aufgeräumt, weshalb sie ihre Sachen nicht finden kann. Beschreibe, wo die Dinge liegen, die Paquita sucht.

a) El **móvil** de Paquita está *en la estantería.*

b) El **suéter** está ______________________

c) La **mochila** está ______________________

d) Las **chanclas** *(Flip-Flops)* están ______________________

e) Las **llaves** están ______________________

f) El **traje de baño** está ______________________

- die Präpositionen ***durante*** (während), ***hasta*** (bis), ***después de*** (nach, nachdem) und ***antes de*** (bevor)

  *Beispiele:* Durante el recreo tomo unas tapas.
  Antes de ir al trabajo, Sr. Ruiz lee el periódico.

abe 147 Setze in dem folgenden Artikel über Straßenkinder im Südamerika die fehlenden Präpositionen *durante, hasta, después de* oder *antes de* ein.

EL OBSERVADOR 13 DE JULIO DE 2009

# Así es la vida en la calle…

Gloria, de 11 años, nos cuenta su vida de gamina*

Durante ______ el día nos quedamos en la Avenida Brasil con las tiendas. A veces la gente nos da comida o un poco de dinero. Allí estamos ______________ la medianoche. Algunos inhalan pegamento *(Klebstoff)* para sentirse mejor. Dormimos en un parque, en cajas de cartón, sobre todo ______________ el invierno. Pero tenemos que irnos ______________ las ocho, porque a las ocho viene la policía.

Por la mañana, buscamos sitios para lavarnos. ______________ lavarnos, buscamos algo para comer. Andamos por La Costanera, la playa de Lima, y les pedimos dinero a los turistas ______________ mediodía. Volvemos a la Avenida Brasil ______________ la una, porque a la una normalmente llega la policía a La Costanera para ahuyentarnos *(verscheuchen).*

Es una vida durísima y no me gusta. Por lo menos, tengo mis amigos. ¡Un día, voy a aprender a escribir y leer y voy a vivir en un apartamento!

* Gamines sind Straßenkinder. In den Großstädten Lateinamerikas leben sehr viele von ihnen. Sie haben keine Eltern mehr oder sind von zuhause weggelaufen. Um zu überleben, betteln sie oder erledigen kleine Arbeiten. Hilfsorganisationen kümmern sich um sie, doch die Kinder werden immer mehr und da sie meist keinerlei Ausbildung haben, ist es um ihre Zukunft düster bestellt.

- die Präpositionen ***con*** (mit), ***sin*** (ohne), **sobre** (über, auf), **contra** (gegen)

  *Beispiele:* Esta tarde salgo con Miguel.
  Raúl no quiere vivir sin el fútbol.

Aufgabe 148 **Ejercicio mixto:** Wähle aus den unten angegebenen Präpositionen die jeweils passende aus und setze sie in die Lücken (ggf. mit Artikel) ein.

*de (5x), después de, sin (3x), hasta, con (2x),*
*en (4x), a (8x), debajo de (2x), sobre, entre*

La vida _del_ Señor Pérez, un profesor ________ Toledo, es normal y ________ complicaciones. Vive ________ su gato Negrito en un pequeño apartamento. Por la mañana, se levanta ____ las seis. ____________________ tomar un café, prepara sus clases. Como siempre, un montón de libros está ______ su escritorio. Negrito está sentado ____________________ la mesa y observa _____ señor Pérez. Así sigue ___________ las ocho. _____ las ocho y cuarto va _____ la parada ___________ (el) autobús donde ya está esperando mucha gente. ______ las 8.45 llega ______ su instituto y charla un rato ________ sus colegas _____________ el trabajo.

Pero hoy, todo es diferente: cuando llega ____ su instituto, está completamente solo, ¡ _________ colegas y _________ alumnos! Incluso busca ____________ las estanterías de la biblioteca y ____________________ las mesas, pero ¡no hay nadie! ¡Todos se han quedado _______ casa!

No sabe qué hacer. No es fin de semana, ¿verdad? Pero _______ este momento ve la fecha ______ el calendario: es el 6 ______ diciembre. Hoy es día festivo *(Feiertag)*, ¡el Día ________ la Constitución*!

Claro que no hay nadie. El señor Pérez se ríe y vuelve ______ su piso donde ya lo está esperando Negrito.

* **Tag der spanischen Verfassung:** Am 6. 12. 1978 stimmten die Spanier in einem Referendum einer neuen demokratischen Verfassung zu. Dieses Datum setzte einen Schlusspunkt unter die fast 40 Jahre dauernde Militärdiktatur Francisco Francos und ist bis heute Feiertag in Spanien.

## 16.2 *Desde* und *desde hace*

**Wann wird *desde*, wann *desde hace* verwendet?**

Für die Verwendung von *desde* und *desde hace*, die beide „seit" bedeuten, gilt:

- ***Desde*** wird verwendet, um einen **Zeitpunkt** anzugeben.

  *Beispiel:* Desde el año 2002 tenemos el euro en Europa.

- ***Desde hace*** wird verwendet, um einen **Zeitraum** anzugeben.

  *Beispiel:* Desde hace una semana está enferma.

abe 149 Setze die passende Präposition ein.

a) Desde 2008 hablan mucho sobre la crisis global.

b) ¡ ______________ dos semanas hace mucho calor aquí!

c) ______________ el primero de octubre tiene un nuevo coche.

d) Juan y yo somos amigos ______________ mucho tiempo.

e) ______________ aquel día Sandra y Verónica no se hablan *(miteinander sprechen)*.

abe 150 Wie sagst du im Spanischen, dass ...

a) ... du seit zwei Tagen einen Hund hast?

Desde hace dos días tengo un perro.

b) ... deine Großeltern seit zehn Jahren auf Mallorca leben?

______________

______________

c) ... der spanische Präsident seit 2004 José Luis Zapatero heißt?

______________

______________

d) … du deine Freundin Olivia schon lange Zeit kennst?

e) … dein Vater seit zwei Wochen verreist *(estar de viaje)* ist?

## 16.3 *Por* und *para*

**Wann wird die Präposition *por* verwendet?**

Die Präposition ***por*** (für, wegen, durch) wird in der Regel verwendet zur Angabe

- eines **Grundes**

  *Beispiel:* Lo hago por ti.

- eines **Preises**

  *Beispiel:* Venden el nuevo disco de Manu Chao por 14 euros.

- eines **Mittels**

  *Beispiel:* ¿Habláis por teléfono? – No, hablamos por Internet.

- einer **Zeit**

  *Beispiel:* Por la tarde los jóvenes siempre quedan en la plaza.

- einer **ungefähren Ortsangabe** oder eines **Weges**

  *Beispiele:* La playa está por aquí cerca.
  ¿Quieres pasarte por mi casa?

**Beachte:** Es gibt zudem einige **Verben**, die das Objekt mit ***por*** anschließen, z. B.:

*interesarse por* (sich interessieren für)
*votar por* (stimmen für)
*empezar por* (beginnen mit)
*luchar por* (kämpfen um)

Aufgabe 151 Warum wird in den folgenden Fällen die Präposition *por* benötigt?

a) He comprado los pantalones **por** 49 euros.

Preisangabe

b) Te llamo **por** el móvil más tarde, ¿vale?

c) Está en Madrid **por** dos días.

________________________

d) Nos pasamos **por** tu casa a las seis.

________________________

e) Me intereso mucho **por** Chile.

________________________

f) ¡Gracias **por** el regalo!

________________________

g) No puede venir **por** el mal tiempo.

________________________

h) Nos han saludado **por** teléfono.

________________________

**Wann wird die Präposition *para* verwendet?**
Die Präposition ***para*** (für) wird in der Regel verwendet, um einen **Zweck** oder eine **Bestimmung** anzugeben. Vor einem Infinitiv hat *para* die Bedeutung „um zu ...".

*Beispiele:* El regalo es para ti.
Estoy en Sevilla para aprender español.

abe 152 **Ejercicio mixto:** *Por* oder *para*? Streiche die falsche Präposition.

a) ¡Hoy empezamos por/para el capítulo número dos!
b) Nos vamos a Valencia por/para pasar el verano allí.
c) Hoy no hay una fiesta en la plaza por/para el mal tiempo.
d) Lo hace sólo por/para el dinero.
e) Siempre se levanta tarde por/para la mañana.
f) Hablo por/para Internet con mi amiga Marcela de Guatemala.
g) No, no, este libro es por/para tu hermana, no es por/para ti.
h) ¿Hay una discoteca por/para aquí?
i) Me intereso mucho por/para España.
j) Tiene un talento por/para las matemáticas.
k) Los futbolistas entrenan mucho por/para ganar.
l) Este CD es por/para Manuel.
m) ¡Muchas gracias por/para las flores!
n) ¿Puedes comprar una tableta de chocolate por/para mí?
o) He comprado un ordenador por/para mi hija por/para 200 euros. Está usado, pero funciona bien.

Aufgabe 153 **Ejercicio mixto:** Präpositionen kommen auch in den Texten bekannter spanischer Sänger und Bands vor. Übersetze den Text in [Klammern] wieder ins Spanische.

[Zwischen] dos tierras estás
y no dejas aire para respirar
(Héroes del Silencio)

Y hablo contigo [bis] la alborada
*(Morgendämmerung)*
y me imagino que eres mi almohada,
y sigo hablando y no pasa el tiempo
(Carlos Vives)

Todo el día de aquí para allá
[ohne] comer, [ohne] dormir
y además [ohne] dejar de fumar
yo no sé por qué el rock'n roll
me quiere matar
(Fito y Fitipaldis)

Cada día
pienso [an] ti
pienso un poco más [an] ti
(Shakira)

Solo voy con mi pena *(Trauer)*
sola va mi condena *(Verurteilung)*
correr es mi destino
[um] burlar *(täuschen)* la ley
perdido en el corazón
de la grande Babilón
me dicen el clandestino *(Illegaler)*
por no llevar papel
(Manu Chao)

[Für] mí, ya no existes, tiempo;
[für] mí, ya no existes;
[für] mí, ya no queda nada
(Juanes)

Hermanos y hermanas de otras razas
de otro color y un mismo corazón
rezas *(beten)* y rezas y nada enderezas *(erreichen)*
[wegen] eso hacemos la revolución, de amor, oye
(Maná)

Vuelve a llover [über] Manhattan
el contador del taxi *(Taxameter)* para,
alguien de pie limpia sus gafas junto
a mí me recuerda mucho a ti
(La oreja de van Gogh)

Héroes del Silencio: Entre dos tierras estás

be 154* **Ejercicio mixto:** Im Urlaub in Córdoba triffst du eine nette Spanierin aus Valladolid und versuchst, ein bisschen auf Spanisch zu plaudern. Setze zunächst die fehlenden Präpositionen (und ggf. Artikel) in den spanischen Text ein. Übersetze dann deinem kleinen Bruder das Gespräch.

| **Du sagst/fragst …** | **Sie sagt/fragt …** |
|---|---|
| … wie sie heißt und ob sie auch **im** Hotel *El Moro* wohnt?<br>*¿Cómo te llamas? ¿Estás también en el Hotel El Moro?* | No, estamos *en* *El Mirador*. Me llamo Gema.<br>*Sie wohnt im Hotel El Mirador und heißt Gema.* |
| … dass ihr **aus** Deutschland und **seit** zwei Tagen in Córdoba seid.<br>__________ | Yo soy _____ Valladolid. He venido aquí __________ visitar a mis abuelos.<br>__________ |
| … dass du, ehrlich gesagt *(francamente)*, nichts **über** Valladolid weißt.<br>__________ | Vale, Valladolid está al noroeste _____ Madrid. Es una ciudad grande y vieja, ______ parques románticos.<br>__________ |
| … was man auf dem Foto, das **hinter** ihrer Zeitung liegt, sehen kann? Ihre Familie?<br>__________ | ¡Sí, es mi familia! Aquí, __________ mi abuelo y mi abuela, estoy yo.<br>__________ |

… ob sie jetzt **ohne** ihre Großeltern hier ist?

Mis abuelos están ____ el Centro de Cultura escuchando un concierto.

Die Puente Romano in **Córdoba**, im Hintergrund die Mezquita (Kathedrale, ehem. maurische Moschee).

… ob sie weiß, wie die Brücke **vor** der Mezquita heißt? Du hast die Brücke **auf** einer Postkarte gesehen.

Sí, claro, ¡es el Puente Romano! ____________ puente corre el Guadalquivir.

*Dein kleiner Bruder läuft weg und du musst schnell hinterher.*
… Tut mir leid, auf Wiedersehen!

Oye, ¿por qué no quedamos aquí ________ el café mañana? Adiós, y ¡ ________ luego!

# … rund um den Satz

## 17 Aussagesätze

**Wie lautet die Stellung der Satzglieder im spanischen Aussagesatz?**

- Im Allgemeinen lautet die Stellung im spanischen Aussagesatz:
  **Subjekt – Verb – Objekt/Ergänzung**.

| | | | |
|---|---|---|---|
| *Beispiele:* | Frida | compra | tres faldas. |
| | *Subj.* | *Verb* | *Obj./Erg.* |
| | Usted | está | en la cama. |
| | *Subj.* | *Verb* | *Obj./Erg.* |

- Diese Wortstellung gilt in der Regel auch für **Nebensätze**.

  *Beispiel:* Creo que Mario está en casa.

**Beachte:** Ist das Objekt ein **Pronomen**, so steht es meist direkt **vor dem konjugierten Verb** (siehe auch Kapitel 4, Objektpronomen).

*Beispiel:* Andrés lo necesita.

be 155 Bringe die Satzglieder in die richtige Reihenfolge.

*El perro duerme en un rincón.*

______________________________

______________________________

______________________________

# 18 Frage- und Ausrufesätze

Es wird zwischen zwei Arten von Fragesätzen *(la oración interrogativa)* unterschieden:

- Die **Entscheidungsfrage** enthält kein Fragewort und ist mit „ja" oder „nein" zu beantworten.
- Die **Ergänzungsfrage** enthält ein Fragewort.

**Beachte:** Im Spanischen wird der Fragesatz von einem umgekehrten Fragezeichen **¿** und einem normalen Fragezeichen **?** umklammert.

**Wie lauten die wichtigsten Fragewörter im Spanischen?**

*¿quién/es?* (wer?) *¿qué?* (was, was für, welche/r/s?) *¿dónde?* (wo?)
*¿de dónde?* (woher?) *¿adónde?* (wohin?) *¿cómo?* (wie?)
*¿cuándo?* (wann?) *¿desde cuándo?* (seit wann?) *¿cuánto/a?* (wie viel?)
*¿por qué?* (wieso?) *¿para qué?* (wozu?) *¿cuál/es?* (welche/r/s?)

*Beispiele:* ¿Quién es esta chica?
¿De dónde eres?

**Beachte:** Fragewörter tragen einen grafischen **Akzent** auf der betonten Silbe.

*Beispiel:* ¿Dónde vive Luz?

**Aufgabe 156** Setze das richtige Fragewort ein.

a) ¿ *Por qué* ________ no te gusta el gazpacho?
b) ¿ ________ viajáis en julio?
c) ¿ ________ quieres hacer hoy?
d) ¿ ________ cuesta el libro?
e) ¿ ________ están mis zapatos?
f) ¿ ________ es Yuri, de Rusia?
g) ¿ ________ regresa Juan?
h) ¿ ________ no estás en clase?

**Was muss bei den Fragewörtern *quién, cuál* und *cuánto* beachtet werden?**

- ***Quién*** und ***cuál*** müssen im **Numerus** an ihr Bezugswort angeglichen werden.

*Beispiele:* ¿Quiénes son estas chicas?
¿Cuáles son tus amigos?

- ***Cuánto*** muss in **Genus** und **Numerus** an sein Bezugswort angeglichen werden.
  *Beispiele:* ¿Cuánta gente hay?
  ¿Cuántos plátanos quieres?

**gabe 157** Setze *quién, cuál* oder *cuánto* ein und gleiche an, wenn nötig.

a) ¿ Cuántas (*wie viele*) amigas vienen a tu fiesta?
b) ¿ ________ (*wer*) son estas personas?
c) ¿ ________ (*wie viele*) coches ves?
d) ¿ ________ (*wer*) quiere ir a la piscina?
e) Queremos dos de estas pizzas. – ¿ ________ (*welche*) quieren ustedes?
f) Necesito uno de tus libros. – ¿ ________ (*welches*) necesitas?

**Wann wird *qué*, wann *cuál* verwendet?**

- ***Qué*** (was, was für ein/e, welche/r/s) fragt nach der **Art** oder **Eigenschaft** einer Person oder Sache.
  *Beispiele:* ¿Qué coche es? (= Was für ein Auto ist es?)
  ¿Qué nos regalas? (= Was schenkst du uns?)
- ***Cuál*** (welche/r/s) fragt nach einer Person oder Sache, die **Teil einer Gruppe** ist und bereits erwähnt wurde.
  *Beispiele:* ¿Cuál de estos es? (= Welches von diesen ist es?)
  ¿Cuál de los CD nos regalas? (= Welche der CDs schenkst du uns?)

**gabe 158** Antonio möchte sich ein neues Fahrrad kaufen. Setze *qué* oder *cuál/es* in die Lücken ein.

DEPENDIENTE: Buenos días, señor, ¿En qué puedo ayudarle?
ANTONIO: Quiero comprar una bicicleta.
DEPENDIENTE: ¿ ________ tipo de bicicleta quiere?
ANTONIO: Una bicicleta de montaña.
DEPENDIENTE: Bueno, tenemos varios modelos. Aquí usted puede ver la selección de bicicletas. ¿ ________ le gustan?
ANTONIO: Me gustan esta a la derecha y aquella al fondo. ¿De ________ marca son?

**Dependiente:** Son de Iberciclo, una marca española. ¿ ___________ de las dos quiere probar primero?

**Antonio:** Esta, la negra. No pesa mucho, ¿verdad? ¿De qué material es?

**Dependiente:** Es de carbono. Pero tengo que decirle que el precio es bastante alto. ¿ _________ cantidad de dinero quiere gastar?

**Antonio:** Bueno, no puedo gastar tanto, soy estudiante. Voy a probar la otra. ¿Es más barata?

**Dependiente:** Sí, pero es también de alta calidad. ¿ _________ prefiere?

**Antonio:** La segunda. En todo caso, tengo que pensar un rato sobre esto. Voy a volver más tarde, ¿vale?

**Dependiente:** Por supuesto. Voy a reservar la bicicleta para usted.

**Wie lautet die Wortstellung im Fragesatz?**
In der Regel lautet die Wortstellung im Fragesatz **Verb – Subjekt – Objekt**.

*Beispiel:* ¿Cuándo visita Flora a su abuela?

**Beachte:** Bei **Entscheidungsfragen** kann die Satzstellung auch (wie im Aussagesatz) **Subjekt – Verb – Objekt** lauten. Die Anhebung der **Satzmelodie** (Intonation) am Ende des Satzes signalisiert dann, dass es sich um eine Frage handelt.

*Beispiel:* ¿Usted conoce a la madre de Gabrielito?

**Aufgabe 159** Bilde Fragesätze aus den Vorgaben. Manchmal hast du mehrere Möglichkeiten bei der Stellung der Wörter. Wähle eine aus.

a) Daniel/llegar/al aeropuerto de La Paz/cuándo
*¿Cuándo llega Daniel al aeropuerto de La Paz?*

b) Daniel/pasar/en Bolivia/cuánto tiempo
_______________________________________________

c) Daniel/hacer/en La Paz/qué
_______________________________________________

d) Daniel/visitar/también/otras partes de Bolivia
_______________________________________________

e) Daniel/ir/al lago de Titicaca
_______________________________________________

be 160* **Ejercicio mixto:** Deine Eltern haben zwei spanische Geschäftspartner zum Essen eingeladen. Du musst dabei dolmetschen.

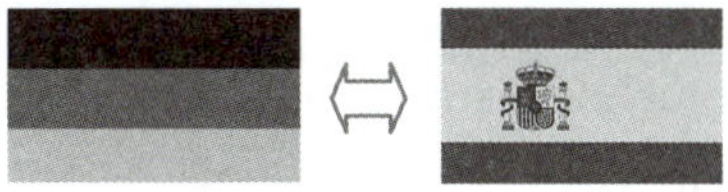

Übertrage die Fragen und Antworten sinnvoll ins Spanische bzw. Deutsche.

*Deine Eltern wollen den genauen Namen des Herren und der Dame wissen.*

**DU:** ¿Cómo se llaman ustedes?

Somos Miguel Herrera y Natalia Andrade. Pero podemos tratarnos de «tú», ¿no?

**DU:** ____

*Deine Eltern bejahen und stellen sich als Martin und Elke vor. Du bist Michael/a.*

**DU:** ____

*Deine Eltern wollen den Herkunftsort der Gäste wissen und welcher von den beiden der Chef ist.*

**DU:** ____

Yo soy de Madrid y Natalia es catalana, de Lérida. ¡Ella es la jefa!

**DU:** ____

*Jetzt sollst du fragen, ob die beiden das erste Mal in Deutschland sind.*

**DU:** ____

Para mí es la primera vez, pero Miguel ya ha estado aquí. Le gusta Alemania.

**DU:** ____

*Und wie viele Male und wo ist Miguel in Deutschland schon gewesen?*

**DU:** ____

Ah, muchas veces y sobre todo en Múnich, porque nuestra empresa tiene muchos clientes allí.

**DU:** ______________________________

______________________________

*Deine Eltern fragen, was Miguel in Deutschland besonders gefällt.*

**DU:** ______________________________

______________________________

Muchísimo, la gente, la puntualidad y, claro, ¡la fiesta de la cerveza *(Oktoberfest)*!

**DU:** ______________________________

______________________________

Aufgabe 161* **Ejercicio mixto:** Ein Besuch im Guggenheim Museum. Lies die folgenden Minidialoge und formuliere anschließend auf Spanisch die fehlenden Fragen zu den Antworten.

## El Museo Guggenheim en Bilbao

a) *¿Adónde vais hoy?* — Hoy vamos al Museo Guggenheim.

b) ______________________________

Los billetes cuestan siete euros.

c) ______________________________

En la visita guiada (*Führung*) participan diez personas.

d) ______________________________

El arquitecto del museo es Frank Owen Gehry.

e) ______________________________

Sí, la arquitectura me interesa.

f) ______________________________

El museo existe desde el 1997.

Das **Guggenheim-Museum** in Bilbao wurde 1997 fertiggestellt. Es zieht jährlich etwa eine Million Besucher in die baskische Stadt und verhalf der ganzen Region zu wirtschaftlichem Aufschwung.

Die Außenhaut des Gebäudes besteht aus dem wertvollen Metall Titan. Je nach Lichteinfall zeigt es verschiedene Farben, weshalb der ganze Bau zu schillern scheint.

g) ______________________ Me gustan los cuadros de los pintores españoles.

______________________

______________________

h) ______________________ El río al lado del museo se llama Río Nervión.

______________________

______________________

i) ______________________ El restaurante está en el segundo piso.

______________________

______________________

Der **Ausrufesatz** *(la oración exclamativa)* drückt vor allem Bewunderung, Überraschung, Enttäuschung oder Schmerz aus. Er wird im Spanischen häufig mit ***qué*** *(wie, was für ein/e, welch)* eingeleitet.

*Beispiel:* ¡Qué pena!
¡Qué aburrido!

**Beachte:** Im Spanischen wird der Ausrufesatz von einem umgekehrten **¡** und einem normalen Ausrufezeichen **!** umklammert.

**Aufgabe 162** Übersetze ins Spanische.

a) Was für eine Hitze! *¡Qué calor!*
b) Was für ein Tag! ______________________
c) Wie hübsch! ______________________
d) Welch ein Glück! ______________________
e) Wie traurig! ______________________

# 19 Sätze mit *que*

**Welche Funktion hat das Wort *que* im Spanischen?**
Das Wort ***que*** kann im Spanischen verschiedene Funktionen haben, z. B.:

- **Konjunktion**

  *Beispiele:* Creo que Pepe no tiene tiempo. (= Ich glaube, dass Pepe keine Zeit hat.)
  Sonia trabaja más que Augusto. (= Sonia arbeitet mehr als Augusto.)

- **Relativpronomen** (*que* als Relativpronomen kann sich auf **Personen** oder **Sachen** beziehen)

  *Beispiele:* La casa que ves aquí es cara. (= Das Haus, das du hier siehst, ist teuer.)
  Doy un helado al niño que llora. (= Ich gebe dem Kind, das weint, ein Eis.)

gabe 163 Übersetze ins Deutsche und achte dabei besonders auf das Wort *que*.

### Idiomas de Centroamérica y América del Sur

¿Sabes **que** en Centroamérica y América del Sur hay algunos países **que** no tienen el español como idioma oficial? Por ejemplo:

**1** Brasil (portugués)
**2** Guayana francesa (francés)
**3** Surinam (neerlandés)
**4** Guyana (inglés)
**5** Haití y otras islas en el Caribe (francés)
**6** Jamaica y otras islas en el Caribe (inglés)
**7** Belice (inglés)

Además, en algunos países andinos hay idiomas indígenas como el quechua y el aymara, **que** son lenguas oficiales al lado del español. ¿Y quizás has leído alguna vez **que** los puertorriqueños son ciudadanos de los Estados Unidos? Pero en Puerto Rico hay más personas **que** hablan español **que** inglés.
Si nosotros, los alemanes, queremos ir a América, podemos hablar nuestro idioma en algunas partes del continente. Entre otros en Chile, Argentina y Brasil. Hay muchos inmigrantes europeos allí **que** han conservado su idioma y sus costumbres en la nueva patria.

*Weißt du, dass es in Mittel- und Südamerika …*

# 20 Die Verneinung

Im Spanischen wird die Verneinung in der Regel durch ***no*** ausgedrückt. *No* steht **vor** dem konjugierten Verb und ggf. noch **vor** dem Objektpronomen.

*Beispiele:* No quiero visitar a Alberto hoy.
No lo creo.
No hemos hecho las compras esta mañana.

**Beachte:**

- „Kein/e" wird in der Regel ebenfalls mit ***no*** übersetzt.
  *Beispiel:* No tienen hambre. (= Sie haben keinen Hunger.)
- „Nein" wird ebenfalls mit ***no*** übersetzt. Steht deshalb das Wort *no* zweimal hintereinander, so wird es durch ein **Komma** getrennt.
  *Beispiel:* ¿Vas al cine conmigo? – No, no tengo tiempo. (= Nein, ich habe keine Zeit.)

**Aufgabe 164** Verneine den spanischen Satz.

a) Puedo venir. *No puedo venir.*
b) Hay una cafetería por aquí. ______
c) Voy a salir esta tarde. ______
d) Este hombre es Antonio. ______
e) Tengo un boli conmigo. ______
f) Te ayudo. ______

**Aufgabe 165** Übersetze die Sätze in der linken Spalte, die sich auf verbreitete Irrtümer beziehen. Weißt du es besser? (Falls nicht, siehe rechte Spalte).

| | |
|---|---|
| a) Die Spanier haben den Stierkampf nicht erfunden … | … existe desde la antigüedad. |
| b) Rio de Janeiro ist nicht die Hauptstadt von Brasilien … | … la capital de Brasil es Brasilia. |
| c) Die Farbe Rot ist nicht wichtig, Stiere können sie nicht sehen … | … ven solamente que la capa se mueve y eso los pone furiosos. |
| d) Die größte Pyramide (*la pirámide más grande*) ist nicht in Ägypten … | … sino en México (la pirámide de Tepanapa). |
| e) Viele Leute denken, dass man in Spanien nicht Skifahren kann, aber … | … se puede esquiar en la Sierra Nevada (Andalucía) y en los Pirineos. |
| f) Che Guevara ist nicht aus Cuba … | … sino de Argentina. |
| g) Die Kultur der Maya ist nicht ausgestorben (*morir*) … | … los descendientes de los maya todavía viven en Mesoamérica. |

*a) Los españoles no han inventado la corrida de toros…*

abe 166* **La fiesta del quince.** Der 15. Geburtstag ist in Lateinamerika etwas Besonderes und wird groß gefeiert. Lies den folgenden Text und sage dann, ob die Aussagen zum Text richtig sind (korrigiere sie, wenn nötig).

Marisa vive en México, en la ciudad de Guadalajara. ¡Hoy, Marisa cumple los quince años! En México, este cumpleaños se celebra con una fiesta larga y alegre. Marisa, la quinceañera, lleva un bonito vestido azul.
Primero, va a misa con toda la familia y después, recibe muchos regalos.

Baila un vals con su papá, su tío y unos amigos mientras su mamá toma muchas fotografías. ¡Claro que la comida está riquísima! Los músicos tocan toda la noche y todos quieren oír canciones populares. Marisa y sus amigos bailan, bailan, bailan… A la primera luz del día los últimos invitados se van y Marisa está muerta de sueño (*todmüde*). ¡Qué fiesta tan maravillosa! El próximo día, Marisa no se levanta del sofá: ¡le duelen mucho los pies y está muy cansada! Pero eso no importa, sólo cumples los quince años una vez en tu vida, ¿verdad?

## ¿Es verdad o no es verdad?

a) Marisa vive en Guardalavaca. — *Marisa no vive en Guardalavaca. Marisa vive en Guadalajara.*

b) Marisa ha ido a misa junto con su familia. — *Es verdad.*

c) Marisa ha bailado un tango con su papá.

d) Los últimos invitados se han ido a medianoche.

e) La fiesta ha sido aburrida.

f) Ahora a Marisa le duelen las manos.

g) Marisa está muy cansada.

Im Spanischen gibt es Verneinungen, die mit **zwei Verneinungselementen** ausgedrückt werden können. Das erste Element lautet ***no***, das zweite wechselt je nach Bedeutung.

- *no … nunca* (nie)
- *no … nada* (nichts)
- *no … nadie* (niemand)
- *no … tampoco* (auch nicht)
- *no … ninguno* (kein, keinerlei)

**Wo im Satz stehen die Verneinungselemente?**

Im Allgemeinen gibt es zwei Möglichkeiten zur Stellung der Verneinungselemente:

- *No* steht **vor** dem **konjugierten Verb** und ggf. vor dem **Objektpronomen**, *nunca, nada, nadie, tampoco* oder *ninguno* steht **nach** dem **Vollverb**.

  *Beispiele:* No le digo nada.
  No quiere venir nadie.

- *Nunca, nada, nadie, tampoco* oder *ninguno* steht **vor** dem **konjugierten Verb**, *no* **entfällt**.

  *Beispiele:* Nada va a ayudar.
  Nunca vamos al fútbol.

gabe 167 Verneine die folgenden Sätze mit *no … nunca.*

a) **De vez en cuando** robo. No robo nunca.

b) **Siempre** llega a tiempo. ______

c) **A veces** va al teatro. ______

d) **A veces** le gusta caminar. ______

e) He estado en Cuenca **una vez**. ______

f) **Siempre** quieres ir al fútbol. ______

**Was ist bei der Verneinung mit *no … nada* zu beachten?**

- *Nada* (nichts) kann nur vor dem konjugierten Verb stehen, wenn es die Funktion eines **Subjekts** einnimmt.

  *Beispiel:* Nada le gusta a Emilio.

- „Überhaupt nicht" wird im Spanischen ebenfalls mit *no … nada* übersetzt.

  *Beispiel:* A Sara no le gustan nada las películas de amor.

**Aufgabe 168** Raúl hat einen schlechten Tag. Formuliere ganze Sätze mit *no … nada*. Notiere beide Möglichkeiten zur Stellung der Verneinungselemente.

No sé por qué, pero hoy, no/nada/ser/bueno.
No/nada/parecer interesante.
No/nada/poder/hacer.
No/nada/me/gustar/en el cine.
No/nada/querer/leer.
Los amigos/no/nada/me/escribir/por Internet.
No/nada/pasar/en esta aburrida ciudad.

*No sé por qué, pero hoy, nada es bueno/no es bueno nada.*

______

______

______

______

______

**Was ist bei der Verneinung mit *no … nadie* zu beachten?**

- *Nadie* (niemand) kann nur vor dem konjugierten Verb stehen, wenn es die Funktion eines **Subjekts** einnimmt.

  *Beispiel:* Nadie le ayuda a Alicia.

- Hat *nadie* die Funktion eines **direkten Objekts**, so wird es mit ***a*** an das Verb angeschlossen, da es ja für eine Person steht.

  *Beispiel:* No necesito a nadie.

**Aufgabe 169** Übersetze mithilfe von *no … nadie* ins Spanische.

a) **Niemand** kauft Obst. *Nadie compra fruta.*

b) Ich reise mit **niemandem**. ______

c) **Niemand** hilft mir! ______

d) Ich denke an **niemanden**. ______

e) **Niemand** ist verantwortlich. ______

f) In dieser Wüste lebt **niemand**. ______

[Auf]gabe 170 **Ejercicio mixto:** Obwohl Trini und Carlos Zwillinge sind, macht Carlos noch lange nicht das, was Trini macht. Verneine die Sätze in der linken Spalte mit *no ... nada, no ... nadie* und *no ... nunca.* Die zu verneinenden Elemente sind farbig markiert.

- Trini **siempre** va a la discoteca los sábados. — Carlos nunca va a la discoteca los sábados.
- Trini necesita a **alguien** para reparar su moto. ______
- Trini **a veces** está de mal humor. ______
- Trini sabe **todo** sobre las telenovelas. ______
- Trini quiere encontrar a **alguien** de «Yo soy Bea»*. ______
- Trini cuenta **algún** cotilleo *(Tratsch).* ______
- A Trini le gusta **mucho** cocinar. ______

* Spanische Telenovela nach dem Vorbild der bekannten kolumbianischen Serie „Yo soy Betty la fea", nach der u. a. die deutsche Serie „Verliebt in Berlin" und die US-amerikanische Serie „Ugly Betty" entstanden.

**Was ist bei der Verneinung mit *no ... tampoco* zu beachten?**

- *Tampoco* (nicht) wird meist **vor das konjugierte Verb** gestellt, die andere Möglichkeit wird wenig gebraucht.

  *Beispiel:* ¿Tampoco venís a la fiesta de Manuel?

[Auf]gabe 171 Verneine mit *no ... tampoco.*

a) No como en casa hoy. – Yo tampoco como en casa hoy.

b) Los alumnos no están. – Los profesores ______

c) Laura no toca el piano. – Teresa ______

d) ¿No estás contento? – Ellos ______

e) Paula no sabe cocinar. – Yo ______

**Aufgabe 172** Setze den jeweils fehlenden Satz ein: Links steht der verneinte Satz mit *no*, rechts der verneinte Satz mit *no … tampoco*.

a) No quiero leer este periódico. — Yo **tampoco** quiero leer este periódico.

b) Mis hermanos **no** me ayudan. — ______

c) **No** he cerrado la ventana . — ______

d) ______ — Yo **tampoco** tengo tiempo para ir al concierto.

**Aufgabe 173*** **Ejercicio mixto:** Beim Juwelier wurde eingebrochen. Die Polizei befragt die Nachbarn, aber niemand hat irgendetwas bemerkt. Übersetze ins Spanische.

**Nachbar 1:** Ich habe niemanden gesehen.
**Nachbar 2:** Meine Freundin und ich haben nichts gehört.
**Nachbar 3:** Ich bin abends nicht daheim. Meine Frau und meine Kinder haben den Dieb *(el ladrón)* auch nicht gesehen.
**Nachbar 4:** Ein Raub, sagen Sie? Nein, ich gehe abends nie aus. Ich weiß nichts.
**Nachbar 5:** Niemand von uns kennt den Dieb.

VECINO 1: No he visto a nadie.

**Was ist bei der Verneinung mit *no ... ninguno* zu beachten?**

- *Ninguno* wird an sein Bezugswort **angeglichen**. Zudem wird es **vor einem männlichen Substantiv** (und vor einem weiblichen Substantiv mit betontem *a-/ha* am Wortanfang) zu ***ningún*** verkürzt (siehe auch Kapitel 7, Indefinita).

  *Beispiele:* Ninguna falda le gusta.
  Por aquí no hay ningún restaurante.

- Hat *ninguno* die Funktion eines **direkten persönlichen Objekts**, wird es mit ***a*** an das Verb angeschlossen.

  *Beispiel:* No conozco a ninguno de ellos.

**Aufgabe 174** Verneine die Antworten mit *no ... ninguno.*

a) ¿Sabes algún poema de memoria?
No sé ningún poema de memoria.

b) ¿Conoces a alguna chica chilena?

c) ¿Te interesa alguno de los coches?

d) ¿Te ayuda algún amigo?

e) ¿Ves a alguna de las niñas?

**Aufgabe 175*** **Ejercicio mixto:** Du machst mit deiner Familie Urlaub in Cuenca, einer kleinen Stadt in Kastilien-La Mancha. Die Pensionswirtin unterhält sich mit euch. Du musst für deine Eltern dolmetschen. Übersetze die Fragen der Wirtin ins Deutsche und antworte ihr auf Spanisch.

| DUEÑA | TÚ |
|---|---|
| a) ¿Tienen ustedes hambre? ¿Quieren almorzar algo? | Ihr bedankt euch, wollt aber jetzt **nichts** essen. |
| Sie fragt, ob wir Hunger haben und etwas zu Mittag essen möchten. | Muchas gracias, pero no queremos comer nada ahora. |

b) ¿Ya conocen ustedes la ciudad? — **Niemand** von euch kennt sie.

c) ¿Tienen ustedes un plano de la ciudad? Tengo uno aquí. — Ihr habt noch *(aún no)* **keinen** Stadtplan. Ihr bedankt euch.

d) ¿Alguna vez han visto las procesiones durante la Semana Santa*? — Nein, ihr habt sie (noch) **nie** gesehen.

e) El Viernes Santo *(Karfreitag)* siempre hay una gran procesión aquí en Cuenca. — Leider *(desafortunadamente)* seid ihr am Freitag **nicht mehr** *(ya no)* in Cuenca.

f) ¡Qué pena! ¿En Alemania hay también procesiones de Semana Santa? — Nein, in Deutschland gibt es normalerweise keinerlei Oster-Umzüge.

*Die **Semana Santa** ist die spanische Osterwoche (Palmsonntag bis Ostersonntag), die mit zahlreichen Prozessionen im ganzen Land gefeiert wird. Die Bruderschaften *(cofradías)*, die die Umzüge auch organisieren, sind dabei in lange Umhänge und spitze Hüte gekleidet (siehe Foto) und tragen große Marien- oder Christusbilder. Besonders bekannt sind z. B. die Umzüge im andalusischen Sevilla und im kastilischen Cuenca.

abe 176* **Ejercicio mixto:** Die spanische Nationalmannschaft hat gerade ein wichtiges Spiel verloren. Übersetze ins Spanische, was die Spieler nach der Partie sagen. Achte auf die richtige Verneinung.

a) Niemand ist schuld *(tener la culpa)*.

h) Ich will nichts sagen.

b) Kein Spieler *(jugador)* hat mir geholfen.

g) Ich habe wegen des Regens *(por la lluvia)* nichts gesehen.

c) Wir werden nie wieder *(nunca más)* so schlecht spielen.

f) Nichts hat geklappt *(funcionar)*.

e) Ich auch nicht.

d) Ich bin nicht in Form.

a) *Nadie tiene la culpa.*

# … rund um die Rechtschreibung

## 21 Das spanische Alphabet

**Wie lautet das spanische Alphabet?**

Das spanische Alphabet, das mit 29 Zeichen mehr hat als das deutsche mit 26, lautet folgendermaßen:

| | | | | | |
|---|---|---|---|---|---|
| **a** = a | **b** = be | **c** = ce | **ch** = che | **d** = de | **e** = e |
| **f** = efe | **g** = ge | **h** = hache | **i** = i | **j** = jota | **k** = ka |
| **l** = ele | **ll** = elle | **m** = eme | **n** = ene | **ñ** = eñe | **o** = o |
| **p** = pe | **q** = cu | **r** = ere | **s** = ese | **t** = te | **u** = u |
| **v** = uve | **w** = uve doble | **x** = equis | **y** = i griega | **z** = zeta | |

**Beachte:** Die Buchstaben (*las letras*) sind im Spanischen **weiblich**.

*Beispiele:* *la a, la b*

Aufgabe 177 Welche spanischen Städte sind hier – ohne Punkt und Komma – buchstabiert?

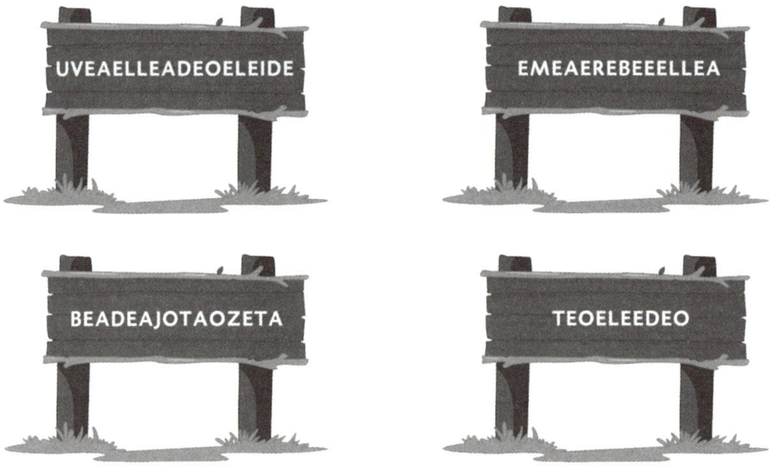


VALLADOLID,

Aufgabe 178 Buchstabiere auf Spanisch deinen eigenen Vor- und Nachnamen, die Vornamen deiner Eltern und Geschwister und die von drei Freunden deiner Wahl.

# 22 Besonderheiten bei der Rechtschreibung

**Was muss bei der spanischen Rechtschreibung beachtet werden?**

Bei der spanischen Rechtschreibung *(la ortografía)* gibt es u. a. folgende Besonderheiten:

- Nur **Eigennamen** sowie Wörter am **Satzanfang** werden **groß** geschrieben.

  *Beispiel:* Estoy en Sevilla, en la Plaza de España.

  **Beachte:** Die spanische Anrede *usted/ustedes* wird klein geschrieben, die Abkürzung *Ud/Uds* jedoch groß.

- Ein **Komma** steht z. B. nach der **Anrede** mit Namen, bei **Aufzählungen** und häufig nach **Adverbien** und **adverbialen Bestimmungen** (vor allem am Satzanfang).

  *Beispiele:* Luisa, ven aquí.
  Tengo un libro, un disco y una revista para ti.
  Francamente, no me gusta este postre.

- Vor **Nebensätzen** mit ***que*** steht in der Regel **kein Komma**.

  *Beispiel:* Creo que Isabel es muy simpática.

- Am Anfang des Fragesatzes steht ein **umgekehrtes Fragezeichen ¿**, am Anfang des Ausrufesatzes ein **umgekehrtes Ausrufezeichen ¡**.

  *Beispiele:* ¡Mira, qué coche!
  ¿De dónde eres?

**abe 179** Im folgenden Text fehlen Satzzeichen sowie die Unterscheidung zwischen Groß- und Kleinschreibung. Schreibe den Text, wie er korrekt lauten müsste.

**clara y salvador están en el restaurante**

**salvador:** francamente no me gusta esta comida en sevilla la comida es mucho mejor el gazpacho está salado *(versalzen)* y tengo que decir que la naranjada *(Orangenlimonade)* no está fría pienso que no es un buen restaurante aunque se llama «la cocina buena» qué piensas tú clara

**clara:** salvador no has olvidado una cosa es *tu* restaurante

*Clara y Salvador están en el restaurante.*

# 23 Betonung und grafischer Akzent

**Welche Silbe wird im Spanischen betont?**

- Bei Wörtern, die auf einen **Vokal** oder auf die Konsonanten ***-n*** oder ***-s*** enden, wird in der Regel die **vorletzte Silbe** betont.

  *Beispiele:* Granada, vivimos, compran

- Bei Wörtern, die auf einen **Konsonanten** (außer *-n* und *-s*) enden, wird in der Regel die **letzte Silbe** betont.

  *Beispiele:* abril, llevar

Aufgabe 180 Markiere die betonte Silbe der folgenden Wörter.

**Wann wird im Spanischen ein grafischer Akzent gesetzt?**

Ein grafischer Akzent (*el acento gráfico* oder *la tilde*) wird in der Regel gesetzt, wenn

- die Betonung eines Wortes von der Regel **abweicht**,

  *Beispiele:* Málaga, corazón

- so ein **Bedeutungsunterschied** zwischen zwei gleichlautenden Wörtern deutlich wird,

  *Beispiele:* el/él, tu/tú

- sich sonst in der Pluralform eines Substantivs oder Adjektivs die Betonung ändern würde. Dies gilt auch für Gerundium oder Imperativ, wenn ein Pronomen angehängt wird.

  *Beispiele:* examen/exámenes, escribiendo/escribiéndole, dame/dámela

**Beachte:** Umgekehrt kann in der Pluralform eines Substantivs oder Adjektivs der **grafische Akzent entfallen**, wenn durch das Anhängen der Plural-Endung die reguläre Betonung wieder gültig ist.

*Beispiele:* excursión/excursiones, alemán/alemanes

abe 181 Wo muss ein Akzent gesetzt werden und wo nicht? Die betonte Silbe des Wortes ist jeweils farbig markiert.

a)  el **pa**jaro los **pa**jaros

b) 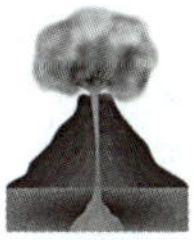 el vol**can** los vol**ca**nes

c)  el **jo**ven los **jo**venes

d)  el ra**ton** los ra**to**nes

be 182* Jan macht ein Auslandssemester in Salamanca und sucht ein WG-Zimmer. In seinem Aushang hat er aber alle Akzente vergessen. Setze sie ein.

¡Busco habitacion en piso compartido!

Me llamo Jan y tengo 21 años. Soy un estudiante aleman y participo en el programa Erasmus.
No fumo. Se cocinar un poquito y me gustan mucho las peliculas y el deporte, sobre todo las excursiones en bicicleta de montaña. Soy simpatico y responsable.
Busco una habitacion (si es posible, con balcon) en un piso compartido, preferiblemente con unos jovenes españoles para practicar el idioma.

Para obtener mas informacion, por favor contacteme por e-mail: janz1@nxu.de

# … rund um Zahlen und Zeitangaben

## 24 Kardinal- und Ordnungszahlen

**Wie lauten die spanischen Kardinalzahlen von 1 bis 15?**
Die spanischen Kardinalzahlen *(los números cardinales)* von **1 bis 15** lauten:

| | | | | | |
|---|---|---|---|---|---|
| 1 | **uno/una/un** | 6 | **seis** | 11 | **once** |
| 2 | **dos** | 7 | **siete** | 12 | **doce** |
| 3 | **tres** | 8 | **ocho** | 13 | **trece** |
| 4 | **cuatro** | 9 | **nueve** | 14 | **catorce** |
| 5 | **cinco** | 10 | **diez** | 15 | **quince** |

**Beachte:** Die Zahl „eins" ist im Spanischen veränderlich und richtet sich nach ihrem Bezugswort. Vor **weiblichem** Substantiv wird sie zu ***una***. Vor **männlichem** Substantiv (und vor weiblichem Substantiv mit betontem *a-/ha-* am Wortanfang) wird *uno* zu **un** verkürzt.

*Beispiel:* Juan tiene un hijo y una hija.

**Aufgabe 183** Zähle die Striche und notiere die jeweilige Zahl auf Spanisch.

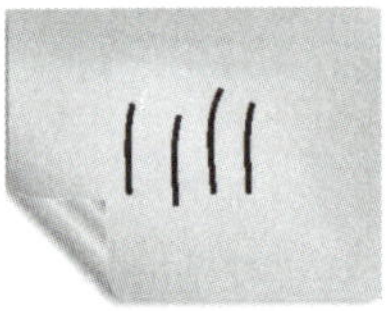

cuatro ____________

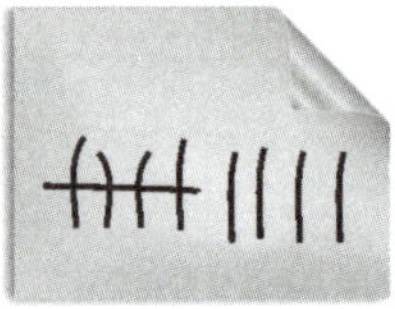

____________

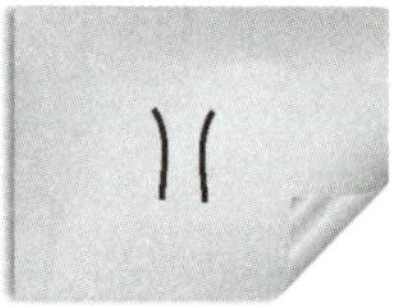

____________

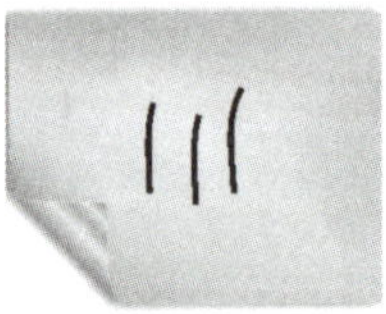

____________

____________

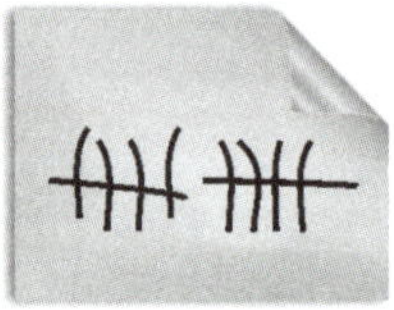

____________

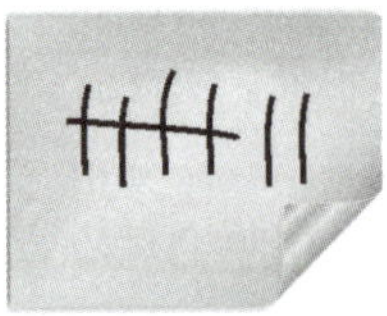

____________

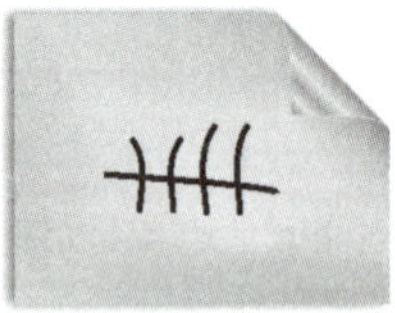

____________

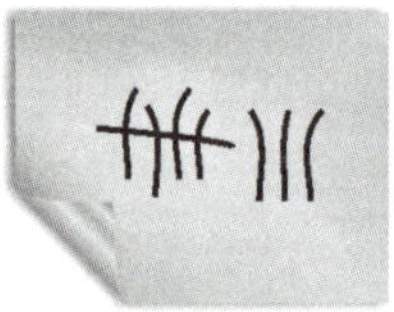

____________

Und welche Zahl zwischen eins und zehn fehlt noch? Auf Spanisch: ____________

abe 184 Im „Café Andaluz" hat der Ober einiges zu tun, um allen Wünschen nachzukommen. Notiere die Bestellungen, indem du die Zahlen ausschreibst

**13** zumos de naranja

**12** tasas de café

**15** limonadas

**1** botella de agua

**11** trozos *(Stück)* de pastel *(Kuchen)*

**14** bocadillos

**10** tapas del día

**Wie lauten die spanischen Kardinalzahlen von 16 bis 30?**

Bei den spanischen Kardinalzahlen von **16 bis 30** handelt es sich (mit Ausnahme der Zehner) um zusammengesetzte Zahlen. Die Einer werden mit ***i*** an die Zehner angefügt und die Zahlen werden **zusammengeschrieben**.

| | | | | | |
|---|---|---|---|---|---|
| 16 | **dieciséis** | 21 | **veintiuno/una/ún** | 26 | **veintiséis** |
| 17 | **diecisiete** | 22 | **veintidós** | 27 | **veintisiete** |
| 18 | **dieciocho** | 23 | **veintitrés** | 28 | **veintiocho** |
| 19 | **diecinueve** | 24 | **veinticuatro** | 29 | **veintinueve** |
| 20 | **veinte** | 25 | **veinticinco** | 30 | **treinta** |

**Beachte:**

- Bei den zusammengeschriebenen Zahlen tragen die **einsilbigen Einer** *un, dos, tres* und *seis* einen **Akzent: *-ún, -dós, -trés, -séis.***
- Auch bei zusammengesetzten Zahlen wird ***uno*** an das Substantiv **angeglichen.**

  *Beispiel:* En la clase de flamenco hay veintiún chicos y veintiuna chicas.

**Aufgabe 185** Schreibe die folgenden Zahlen aus.

a) 28 *veintiocho* ____________ b) 23 ____________

c) 19 ____________ d) 16 ____________

e) 30 ____________ f) 22 ____________

**Aufgabe 186** **Ejercicio mixto:** Und jetzt ein bisschen Mathematik! Schreibe die Rechenoperationen (mit Ergebnissen) auf Spanisch auf.

| | | |
|---|---|---|
| Kleine Hilfe: | X + Y ⇒ X ***más*** Y son | X - Y ⇒ X ***menos*** Y son |
| | X · Y ⇒ X ***por*** Y son | X : Y ⇒ X ***dividido por*** Y son |

a) 14 + 16 = ?
*Catorce más dieciséis son treinta.*

b) 28 : 7 = ?
____________

c) 22 - 13 = ?
____________

d) 5 · 3 = ?
____________

e) 9 + 11 = ?
____________

f) 18 : 2 + 12 = ?
____________
____________

g) 29 - 17 + 11 = ?
____________
____________

h) 9 · 3 - 10 + 2 = ?
____________
____________

**Wie lauten die spanischen Kardinalzahlen von 31 bis 100?**
Bei Zahlen von **31 bis 100** handelt es sich (mit Ausnahme der Zehner) ebenfalls um zusammengesetzte Zahlen. Sie werden mit **y** verbunden und **getrennt geschrieben**.

| | | | | | |
|---|---|---|---|---|---|
| 31 | **treinta y uno/una/un** | 40 | **cuarenta** | 80 | **ochenta** |
| 32 | **treinta y dos** | 50 | **cincuenta** | 90 | **noventa** |
| 33 | **treinta y tres** | 60 | **sesenta** | 100 | **cien** |
| 39 | **treinta y nueve** | 70 | **setenta** | | |

**Beachte:** Auch bei zusammengesetzten Zahlen wird *uno* an das Substantiv **angeglichen**.

abe 187 Schreibe die folgenden Zahlen aus.

a) 33 *treinta y tres* ______________________
b) 45 ______________________
c) 63 ______________________
d) 82 ______________________
e) 54 ______________________
f) 71 ______________________
g) 99 ______________________
h) 66 ______________________

abe 188 **Ejercicio mixto:** Die Boutique „¡Olé!" hat diese Woche einige gute Angebote. Formuliere Sätze nach dem Beispiel und schreibe dabei die Zahlen aus.

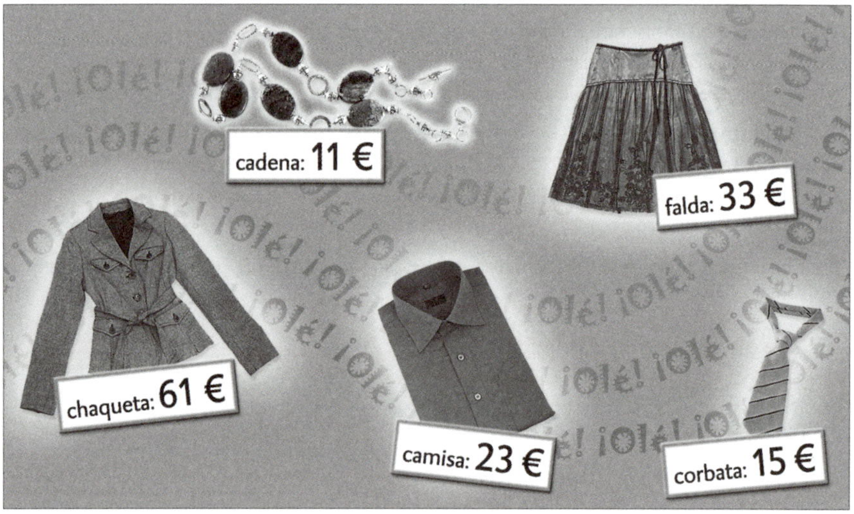


*Los pantalones cuestan cincuenta y nueve euros. La bufanda cuesta…*

Aufgabe 189 **Ejercicio mixto:** Welche Zahlen kannst du in der Buchstabensuppe finden? Notiere sie unten in Ziffern. Tipp: Es sind insgesamt zehn Zahlen.

| | | | | | | | | | | | | | | | |
|---|---|---|---|---|---|---|---|---|---|---|---|---|---|---|---|
| Q | Á | P | D | ~~V~~ | ~~E~~ | ~~I~~ | ~~N~~ | ~~T~~ | ~~I~~ | ~~U~~ | ~~N~~ | ~~O~~ | E | C | T |
| H | C | M | Q | B | D | R | J | R | P | U | E | T | R | O | L |
| E | L | A | S | D | I | E | Z | E | E | T | L | I | B | V | R |
| T | N | O | H | C | O | Y | A | T | N | E | R | A | U | C | E |
| E | C | T | U | I | N | C | E | R | P | D | S | O | M | Z | Q |
| I | F | X | C | A | T | O | R | C | E | I | E | V | E | U | N |
| S | E | N | J | O | J | I | E | Z | R | E | L | E | D | T | T |
| I | S | E | U | C | C | A | R | T | Q | X | O | N | U | B | T |
| C | W | I | G | V | I | O | S | N | I | A | S | T | M | D | Y |
| E | A | C | A | O | P | S | E | S | E | N | T | A | P | E | S |
| I | L | Y | S | I | W | A | Y | U | T | N | I | E | R | T | Z |
| D | W | E | S | O | D | Y | A | T | N | E | V | O | N | E | E |

*21*

**Wie lauten die spanischen Kardinalzahlen ab 101?**

- Aus *cien* (100) wird ***ciento***, wenn eine Einer- oder Zehnerzahl folgt.

| | | | |
|---|---|---|---|
| 101 | **ciento uno** | 199 | **ciento noventa y nueve** |

- Ab 200 wird die Mehrzahl ***cientos/as*** verwendet. Für die Zahlen **500, 700** und **900** gibt es Sonderformen, die du dir gut merken solltest.

| | | | | | |
|---|---|---|---|---|---|
| 200 | **doscientos/as** | 500 | **quinientos/as** | 800 | **ochocientos/as** |
| 300 | **trescientos/as** | 600 | **seiscientos/as** | 900 | **novecientos/as** |
| 400 | **cuatrocientos/as** | 700 | **setecientos/as** | | |

**Beachte:** Hunderterzahlen werden im **Genus** an ihr Bezugswort **angeglichen**.

*Beispiele:* En este colegio hay cuatrocientos chicos y seiscientas chicas.
El reloj ha costado quinientas treinta y tres pesetas.

- ***Mil*** (1 000) ist **unveränderlich**.

| | | | | | |
|---|---|---|---|---|---|
| 1 000 | **mil** | 1 001 | **mil uno** | 2 000 | **dos mil** |

**Beachte:** Jahreszahlen über 1 000 werden im Spanischen mit ***mil*** gebildet.

*Beispiel:* En el año mil novecientos noventa se reúnen las dos Alemanias.
(= Neunzehnhundertneunzig)

**…abe 190** Wie lauten die folgenden Zahlen in Ziffern geschrieben?

a) 842 ochocientos cuarenta y dos
b) ______ ciento veintisiete
c) ______ quinientos cincuenta y cinco
d) ______ mil setecientos noventa y nueve
e) ______ dos mil trescientos seis
f) ______ seiscientos sesenta y siete

**…abe 191** Wie lauten die folgenden Zahlen ausgeschrieben?

a) 1234 mil doscientos treinta y cuatro
b) 209 ______
c) 1999 ______
d) 564 ______
e) 715 ______
f) 103 ______

**Aufgabe 192*** Jede dieser Jahreszahlen gehört zu einem Ereignis aus der spanischen oder lateinamerikanischen Geschichte. Ordne die Zahlen den unten genannten Ereignissen zu und schreibe sie dabei aus!

| | |
|---|---|
| 2003 | En el año *dos mil tres* ______ hay un grave **atentado terrorista** en Madrid. |
| | En el año ____________________ ____________ muere **Francisco Franco**. |
| | En el año ____________________ ________ triunfa la **revolución cubana** contra el dictador Batista. |
| | En el año ____________________ la selección española de fútbol gana el **Campeonato Europeo**. |
| | En el año ____________________ empieza la **invasión de los musulmanes** en la Península Ibérica. |
| | En el año ____________________ ____________ Cristóbal **Colón** descubre **América** y los Reyes Católicos (Isabela y Fernando) terminan la **Reconquista** de los territorios musulmanes en la Península Ibérica. |

| | |
|---|---|
| | En el año ______________________ antes de Cristo empieza la **ocupación romana** de la Península Ibérica. |
| | En el año ______________________ ______________ tiene lugar el golpe de Estado *(Putsch)* de Augusto **Pinochet** en Chile contra el presidente Salvador **Allende**. |

Die Ordnungszahlen *(los números ordinales)* legen eine **Reihenfolge** fest. Im Spanischen werden meist von **1 bis 10** die **Ordnungszahlen**, ab **11** die **Kardinalzahlen** verwendet.

**Wie lauten die spanischen Ordnungszahlen von 1 bis 10?**

Die spanischen Ordnungszahlen, die an das Bezugswort **angeglichen** werden, lauten:

1. **primero/a**
2. **segundo/a**
3. **tercero/a**
4. **cuarto/a**
5. **quinto/a**
6. **sexto/a**
7. **séptimo/a**
8. **octavo/a**
9. **noveno/a**
10. **décimo/a**

*Beispiele:* Vivo en el octavo piso.
Mi casa es la quinta a la derecha.

**Beachte:** *Primero* und *tercero* werden vor einem **männlichen Substantiv** zu ***primer*** bzw. ***tercer*** verkürzt.

*Beispiel:* El primer chico gana el premio.

gabe 193 Lerne die Ordnungszahlen und zähle sie auswendig von 10 bis 1 rückwärts.

**Was muss bei der Schreibung der Ordnungszahlen beachtet werden?**

- Hinter den **Ziffern** steht ein **Punkt** und der **hochgestellte letzte Buchstabe** der Ordnungszahl (***o*** bzw. ***a***). Bei den Zahlen *primer* und *tercer* werden die beiden letzten Buchstaben hochgestellt (***er***).

  *Beispiele:* Hoy escribimos el $1.^{er}$ examen.
  Es la $3.^{a}$ clase.

- Bei Herrschern, Päpsten etc. werden **römische Zahlen** (ohne Punkt) verwendet.

  *Beispiel:* Carlos V (= Carlos Quinto)

**Aufgabe 194** Schreibe die Ordnungszahlen aus.

| | | | |
|---|---|---|---|
| el **7.º** piso | séptimo | María **VI** | _______ |
| la **4.ª** calle | _______ | el **3.$^{er}$** coche | _______ |
| el **1.$^{er}$** año | _______ | el **8.º** día | _______ |
| Felipe **II** | _______ | el **5.º** aniversario | _______ |
| la **9.ª** película | _______ | la **10.ª** vez | _______ |

**Aufgabe 195** Und jetzt anders herum: Schreibe die Ordnungszahlen als Ziffern.

| | | | |
|---|---|---|---|
| la **primera** vez | 1.ª | el **décimo** caso | _______ |
| el **tercer** hijo | _______ | la **cuarta** familia | _______ |
| el **noveno** mes | _______ | el **sexto** examen | _______ |
| la **segunda** playa | _______ | la **octava** canción | _______ |
| el **séptimo** texto | _______ | el **quinto** avión | _______ |

**Aufgabe 196*** **Ejercicio mixto:** Schreibe im folgenden Text über Amerika und Spanien die Zahlen in Klammern auf Spanisch aus.

# América y España

La conquista de América comienza con el descubrimiento del Nuevo Mundo por Cristóbal Colón en el siglo quince **(15)**. Colón navega desde España hacia el oeste para encontrar el camino más corto a la India. Isabel _______ **(I)** y Fernando _______ **(II)** le ayudan en este proyecto. Cuando Colón llega finalmente a una isla, cree que está en la India. Por eso, llama a los indígenas «indios». Hace un _______ **(2.)**, un _______ **(3.)** y un _______ **(4.)** viaje al nuevo continente para explorar la región caribeña. Toda su vida cree que ha encontrado un camino a Asia.

Pronto, otros exploradores como Hernán Cortés y Francisco Pizarro parten de España para conquistar el nuevo continente. Esperan encontrar riquezas, sobre todo en el famoso «El Dorado», un país con inmensas riquezas. Y de hecho encuentran materias primas *(Rohstoffe)* como la plata y el oro.

En el siglo ______________________ **(XVI)** los españoles llevan ______________________ **(17 000)** toneladas de plata a España. Descubren también otras cosas que no parecen tan importantes a primera vista, pero que hoy constituyen el ______________________ **(75)** por ciento *(Prozent)* de los alimentos consumidos en todo el mundo: la patata, el maíz, el tomate, etc.

Durante la conquista del Nuevo Mundo, los españoles extinguen *(auslöschen)* a las ______ **(2)** culturas más importantes de la América antes de Colón: la cultura de los aztecas en Norteamérica y la cultura de los incas en América del Sur.

En ______________________ **(1533)**, el último rey de los incas, Atahualpa, les ofrece a los españoles oro y plata con un valor de ______________________ **(35)** millones de euros para salvar su vida, pero los españoles lo matan y roban las riquezas. Los indígenas sufren mucho bajo el dominio español. Muchos tienen que trabajar como esclavos. La esclavitud existe hasta ______________________ **(1870)** en América Latina. Las enfermedades de los europeos también matan a un gran número de indios: se dice que un ______________________ **(90)** por ciento de ellos muere en esta época.

En el año ______________________ **(1808)** empiezan las guerras de independencia en Hispanoamérica. Los héroes de la independencia son, por ejemplo, Simón Bolívar (en Bolivia, Colombia, Ecuador, Panamá, Perú, Venezuela) y José de San Martín (en Argentina, Chile, Perú).

En ______________________ **(1898)** España pierde sus últimas colonias.

# 25 Wochentage, Monate und Datum

**Wie lauten die Wochentage im Spanischen?**

Die Wochentage *(los días de la semana)* lauten im Spanischen:

| | |
|---|---|
| ***lunes*** | Montag |
| ***martes*** | Dienstag |
| ***miércoles*** | Mittwoch |
| ***jueves*** | Donnerstag |
| ***viernes*** | Freitag |
| ***sábado*** | Samstag |
| ***domingo*** | Sonntag |

*Beispiel:* ¿Qué día tenemos hoy? – Hoy es miércoles.

**Beachte:**

- Die Wochentage sind im Spanischen **männlich** und werden **klein geschrieben**.

  *Beispiel:* El domingo es mi día favorito.

- „Am Montag/am Dienstag …" wird im Spanischen übersetzt mit ***el*** *lunes*/***el*** *martes* …
  „Montags/dienstags …" wird übersetzt mit ***los*** *lunes*/***los*** *martes* …

  *Beispiele:* El sábado visitamos a mis abuelos. (= am Samstag)
  Los sábados visitamos a mis abuelos. (= samstags)

Aufgabe 197 Heute ist Sonntag, der 1. Mai, und Merche hat eine anstrengende Woche vor sich. Was macht sie wann? Vom Datum kannst du auf den jeweiligen Wochentag schließen. Ordne die Tage und beschreibe so Merches Woche von Montag bis Sonntag. Bilde ganze Sätze wie im Beispiel.

7 de mayo
ir con sus amigas a la fiesta de Sergio

2 de mayo
ayudar a su madre a hacer las compras

4 de mayo
escribir el examen de historia… ¡uuf!

3 de mayo
estudiar para el examen de historia

8 de mayo
descansar en el jardín, ¡finalmente!

5 de mayo
trabajar en la biblioteca

6 de mayo
preparar un montón de tapas para la fiesta de su novio Sergio

El lunes, Merche ayuda a su madre a hacer las compras.

**Wie lauten die Monate im Spanischen?**
Die Monate (*los meses*) lauten im Spanischen:

| | | | |
|---|---|---|---|
| *enero* | Januar | *julio* | Juli |
| *febrero* | Februar | *agosto* | August |
| *marzo* | März | *septiembre* | September |
| *abril* | April | *octubre* | Oktober |
| *mayo* | Mai | *noviembre* | November |
| *junio* | Juni | *diciembre* | Dezember |

**Beachte:**
- Die Monate sind im Spanischen **männlich** und werden **klein geschrieben**.
  *Beispiel:* El agosto es muy cálido en esta región.
- „Im Januar/im Februar …" wird im Spanischen übersetzt mit ***en enero/en febrero*** …
  *Beispiel:* En abril llegan los turistas a Granada.

Aufgabe 198 Beantworte die folgenden Fragen, indem du den jeweiligen Monat nennst.

a) ¿Cuándo es tu cumpleaños?
Es en…

b) ¿Cuándo es el cumpleaños de tu madre?

c) ¿Cuándo es el cumpleaños de tu padre?

d) ¿Cuándo es el cumpleaños de tu mejor amigo/amiga?

e) ¿Cuándo es el cumpleaños de tu abuela?

Aufgabe 199 **Las cuatro estaciones.** Die vier Jahreszeiten. Welche Monate gehören in Europa zu Frühling, Sommer, Herbst und Winter?

La primavera

marzo

## El verano

_______________

_______________

_______________

## El otoño

_______________

_______________

_______________

## El invierno

_______________

_______________

_______________

**Wie wird im Spanischen das Datum ausgedrückt?**

- Zwischen Tag und Monat sowie Monat und Jahr wird die Präposition ***de*** eingefügt.

  *Beispiel:* ¿A cuánto estamos hoy? – Hoy es el doce de mayo de dos mil nueve.

- **Tag** und **Jahr** werden als **Kardinalzahl** gesprochen. Für den **Monatsersten** wird oft die Ordnungszahl ***primero*** verwendet.

  *Beispiel:* Hoy es el primero de octubre y mañana es el dos de octubre.

- **Jahrhunderte** werden in Spanien in der Regel mit **römischen** Zahlen geschrieben und als **Kardinalzahl** gesprochen.

  *Beispiel:* Estamos en el siglo XXI. (= el siglo veintiuno)

- Zwischen den Ziffern des Datums stehen im Spanischen **Binde-** oder **Schrägstriche**.

  *Beispiel:* 5-2-10 = 5/2/10 (= cinco de febrero de dos mil diez)

**Beachte:** „Am" wird mit dem bestimmten Artikel ***el*** ausgedrückt.

*Beispiel:* El 22 de mayo tengo mi cumpleaños.

**Aufgabe 200** **¿A cuánto estamos hoy?** Den Wievielten haben wir heute? Beantworte diese Frage wie im Beispiel.

a) **13-2:** *Hoy es el trece de febrero.*

b) **12-3:** ______

c) **29-6:** ______

d) **17-11:** ______

e) **30-9:** ______

f) **8-8:** ______

g) **1-4:** ______

**Aufgabe 201** In diesem Kalender ist etwas durcheinandergeraten. Welches Datum gehört wirklich zu welchem spanischen Feiertag *(el día festivo)*? Schreibe einen vollständigen Satz nach dem Muster im Beispielsatz.

*El Día de los Reyes Magos se celebra el 6 de enero. Navidad se celebra…*

______

______

______

______

abe 202* **Ejercicio mixto:** Übersetze folgende Sätze ins Spanische und schreibe die Zahlen der Zeitangaben dabei aus.

a) Ich komme in Madrid am 21. Oktober an.

____________________________________________

b) In den 50er-Jahren *(los años cincuenta)* des 20. Jahrhunderts gibt es viel Armut in Spanien.

____________________________________________

____________________________________________

c) Am 18. 7. ist der Tag des Staatsstreichs *(el golpe de Estado)* durch Franco*.

____________________________________________

____________________________________________

d) Am Dienstag habe ich eine wichtige Prüfung.

____________________________________________

e) Dieser Sonntag gefällt mir nicht, weil ich früh aufstehen muss.

____________________________________________

f) Welchen Tag haben wir heute? – Heute ist Freitag.

____________________________________________

g) Der Wievielte ist heute? – Heute ist der 16.

____________________________________________

h) Montags treffe ich immer meine Freunde auf der Plaza de Mayo.

____________________________________________

* Mit einem Militärputsch gegen die demokratisch gewählte Regierung der spanischen Republik begann im Juli 1936 der drei Jahre dauernde Bürgerkrieg in Spanien. Er endete offiziell am 1. April 1939 mit der Niederlage der Republikaner. **Francisco Franco** errichtete daraufhin eine Militärdiktatur. Erst nach seinem Tod im Jahre 1975 wurde aus Spanien unter König Juan Carlos II wieder eine Demokratie.
Auf dem Bild ist das zerstörte Dorf Belchite in Aragón zu sehen, das nach dem Krieg als Mahnmal nicht mehr aufgebaut wurde.

# 26 Uhrzeit und Tageszeit

**Wie wird im Spanischen die Uhrzeit ausgedrückt?**

- Die **volle Stunde** wird durch ***son* + *las* + Kardinalzahl** ausgedrückt. Für „ein Uhr“ wird ***es* + *la una*** verwendet. Der weibliche Artikel bezieht sich auf *la hora* (die Stunde), im Spanischen nur „mitgedacht“, aber nicht geschrieben oder gesprochen.

  *Beispiele:* Son las once. *(Es ist elf Uhr.)*
  Es la una. *(Es ist ein Uhr.)*

- **Bis einschließlich „halb“** werden die Minuten durch **y** zur vollen Stunde **dazugezählt.**

  *Beispiele:* Son las tres y cinco. *(Es ist fünf nach drei.)*
  Es la una y cuarto. *(Es ist viertel nach eins.)*
  Son las seis y media. *(Es ist halb sieben.)*

- **Nach „halb“** werden die Minuten durch ***menos*** von der nächsten vollen Stunde **abgezogen.**

  *Beispiele:* Son las cuatro menos diez. *(Es ist zehn vor vier.)*
  Son las siete menos cuarto. *(Es ist viertel vor sieben.)*

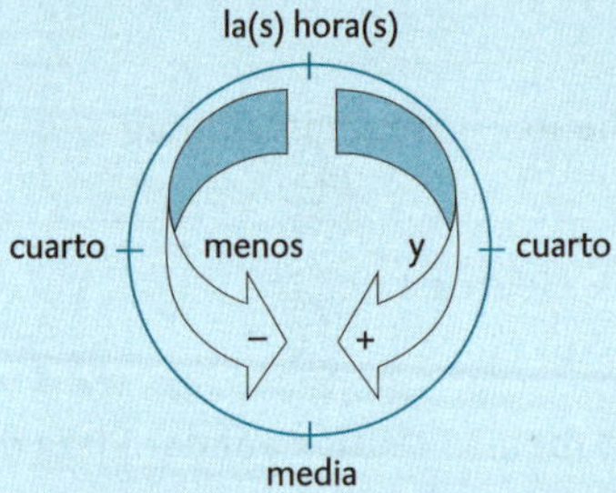


**Beachte:** Bei offiziellen Zeitangaben wird die **24-Stunden-Uhr** verwendet.

*Beispiel:* El vuelo de Valencia llega a las diecisiete y cuarenta y tres. (= 17:43)

Aufgabe 203 **¿Qué hora es?** Wie spät ist es? Schreibe die Uhrzeit aus.

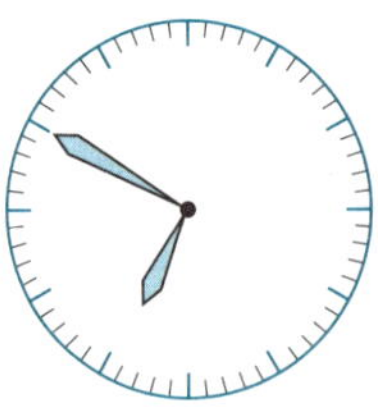

Son las siete menos diez.

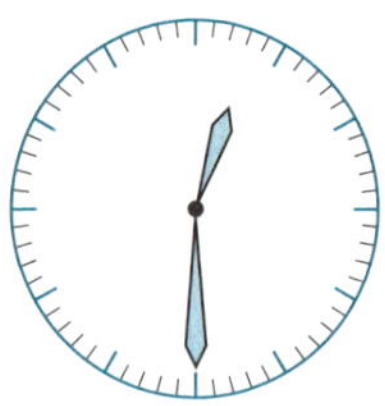

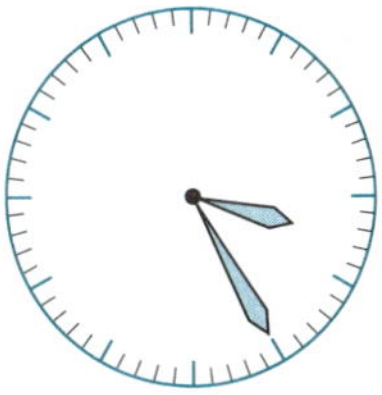 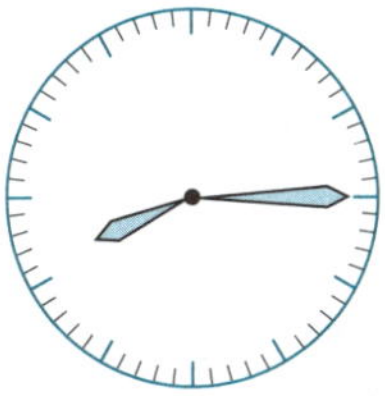 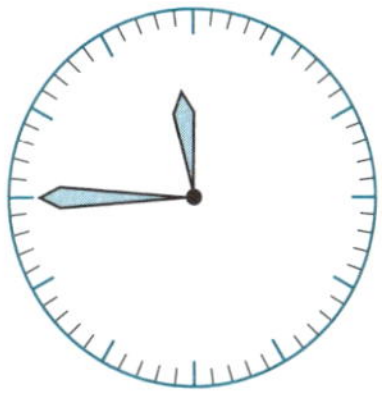

gabe 204 Wann geht welcher Flug? Schreibe die Ziele und Abflugzeiten auf und benutze dazu die offizielle 24-Stunden-Angabe.

| Hora<br>Time | Destino<br>Destination | Vuelo<br>Flight |
|---|---|---|
| 09:50 | Roma | AZ 0541 |
| 10:23 | Las Palmas | IB 9547 |
| 11:45 | Buenos Aires | AR 4672 |
| 12:15 | Londres | BA 3330 |
| 13:34 | Berlín | LH 2975 |
| 15:08 | Los Ángeles | AA 4830 |
| 22:20 | Estocolmo | SK 6543 |
| 01:30 | Moscú | SU 9231 |

*El vuelo AZ 0541 con destino a Roma sale a las nueve y cincuenta.*

**Aufgabe 205** Hier siehst du das Ausflugsprogramm für einen Tag in Madrid. Beschreibe, was ihr den ganzen Tag über macht und schreibe dabei die Uhrzeiten aus.

## ¡Un día en Madrid!

| | |
|---|---|
| **7.30** | desayunar en un bar, probar churros |
| **8.15** | sacar fotografías del Palacio Real y de la Catedral de la Almudena |
| **9.05** | dar un paseo por el centro, ver la Plaza Mayor, la Puerta del Sol y la Calle Alcalá |
| **11.00** | ir a Las Ventas, la famosa plaza de toros |
| **12.20** | almorzar en un pequeño restaurante con un patio muy bonito |
| **13.50** | hacer una visita guiada al Museo del Prado |
| **15:30** | descansar en el Parque del Buen Retiro |
| **16:45** | caminar por la Calle de las Huertas |
| **18:15** | volver al hotel para tomar una ducha |
| **19:30** | probar algunas tapas en los bares |
| **20:30** | cenar |

*A las siete y media desayunamos en un bar y probamos churros.*

**Wie wird im Spanischen die Tageszeit ausgedrückt?**

- ***la madrugada*** (früher Morgen, ca. drei bis sechs Uhr)
  *Beispiel:* Por la madrugada cantan los pájaros.
- ***la mañana*** (Morgen, Vormittag)
  *Beispiel:* Tomo un café con leche por la mañana.
- ***el mediodía*** (Mittag)
  *Beispiel:* Comemos en casa al mediodía.
- ***la tarde*** (Nachmittag, Abend)
  *Beispiel:* Por la tarde tengo que estudiar.
- ***la noche*** (Nacht)
  *Beispiel:* No hace tanto calor por la noche.
- ***la medianoche*** (Mitternacht)
  *Beispiel:* El concierto termina a medianoche.

**Beachte:** Um die Uhrzeit bei einer 12-Stunden-Angabe zu präzisieren, kann die **Tageszeit** mit der **Präposition *de*** angehängt werden.

*Beispiel:* Trabaja desde las siete de la mañana hasta las siete de la tarde.

gabe 206 Bilde sinnvolle Sätze aus den einzelnen Satzgliedern.

| | |
|---|---|
| a) Siempre va al trabajo → | a medianoche. |
| b) Me gusta hacer una siesta | a las siete de la mañana. |
| c) La cenicienta (*Aschenputtel*) tiene que volver a casa | por la noche. |
| d) Toda la familia está en casa para comer juntos | al mediodía. |
| e) Siempre nos levantamos tarde | a las tres de la madrugada. |
| f) No sé por qué el bebé no duerme bien | por la tarde. |
| g) Esta discoteca cierra | por la mañana. |

gabe 207 Wie sagst du auf Spanisch, dass ...

a) ... du um sechs Uhr morgens aufstehst?
b) ... es jetzt fünf vor eins ist?
c) ... die Reise um acht Uhr abends beginnt?
d) ... dass der Bus nach Málaga um 16:32 fährt?
e) ... du dich nachts in diesem Viertel nicht wohlfühlst?

a) *Me levanto a las seis de la mañana.*

# Lösungen

ufgabe 1

| | | | |
|---|---|---|---|
| Pacífico | → **Gewässer (3)** | problema | → **Substantiv auf -ma (6)** |
| viernes | → **Wochentag (5)** | norte | → **Himmelsrichtung (2)** |
| Fiat | → **Automarke (4)** | Alpes | → **Gebirge (1)** |

ufgabe 2

**masculino**
profesor, tema, amor, viaje, día, sábado

**femenino**
casa, libertad, mano, Ibiza, Italia, paz, pasión, hermana

ufgabe 3

a) alumno – libro – tío – ~~radio~~
b) Canarias – ~~Amazonas~~ – Italia – Habana
c) ~~mapa~~ – hermana – playa – isla
d) perro – abuelo – ~~moto~~ – chico
e) noviembre – oeste – miércoles – ~~Tenerife~~

ufgabe 4

| | | | |
|---|---|---|---|
| perra | **perro** | turista | **turista** |
| niña | **niño** | catalán | **catalana**[1] |
| jefa | **jefe** | pintor | **pintora** |
| inglesa | **inglés**[2] | señor | **señora** |
| cantante | **cantante** | ruso | **rusa** |
| alumna | **alumno** | estudiante | **estudiante** |

**Hinweise:**

1 Beachte, dass der grafische Akzent in der weiblichen Form entfällt.
2 Beachte, dass die männliche Form einen grafischen Akzent trägt.

ufgabe 5

a) Rosario es la madre y Daniel es el **padre**.
b) El hijo se llama Benjamín y la **hija** se llama Gabriela.
c) Benjamín es el hermano de Gabriela. Gabriela es la **hermana** de Benjamín.
d) Eduardo es el abuelo de Benjamín y Gabriela; Paula es la **abuela**.
e) Gabriela es la nieta de Eduardo y Paula. Benjamín es el **nieto**.

f) En la foto no están la tía y el **tío** de Benjamín y Gabriela. Se llaman Pilar y Enrique.

g) Faltan también los hijos de Pilar y Enrique. Son Rico y Clara. Rico es el primo, Clara es la **prima** de Benjamín y Gabriela.

Aufgabe 6

| | | | | | | | | | | | | | |
|---|---|---|---|---|---|---|---|---|---|---|---|---|---|
| | P | R | O | B | L | E | M | A | | S | | | |
| | | | | | | X | | C | I | U | D | A | D |
| | F | | H | | | C | | T | | E | | | Í |
| C | O | L | O | R | | U | | R | | R | | | A |
| | T | | M | | | R | | I | | T | | | |
| | O | | B | | | S | | Z | | E | | | |
| | | C | R | I | S | I | S | | | | | | |
| | | | E | | | Ó | | | | | N | | N |
| | | | | L | E | N | G | U | A | | O | | I |
| | | | | U | | | | | C | O | C | H | E |
| | | S | | N | | | M | | T | | H | | T |
| | J | E | F | E | | M | A | N | O | | E | | A |
| | | A | | S | | | P | | R | | | | |
| | | T | | | | | A | | | | | | |

Aufgabe 7

**sustantivo masculino**

problema, color, coche, jefe, día, hombre, lunes, actor, Seat, mapa

**sustantivo femenino**

ciudad, crisis, lengua, mano, excursión, actriz, suerte, foto, noche, nieta

Aufgabe 8

a) abuelo – abuelo**s**

b) sillón – sill**ones**[1]

c) coche – coche**s**

d) niña – niña**s**

e) nariz – nari**ces**[2]

f) reloj – reloj**es**

**Hinweise:**

1 Beachte, dass der grafische Akzent in der Pluralform entfällt, da er nicht mehr notwendig ist (siehe auch Kapitel 23, Betonung).

2 Beachte, dass Substantive auf *-z* den Plural auf *-ces* bilden.

ufgabe 9

| | | | | | | | | | | | | | |
|---|---|---|---|---|---|---|---|---|---|---|---|---|---|
| | | | M | U | R | O | S | | | | | | |
| | | | | N | | | | M | U | S | E | O | S |
| | R | A | D | I | O | S | | U | | | | R | |
| | | | | V | | | | J | | | | D | |
| | I | | R | E | L | O | J | E | S | | | E | |
| | S | | | R | | | | R | | | | N | |
| | R | | | S | | | | E | | | | A | |
| C | A | N | C | I | O | N | E | S | | S | | D | |
| | E | | | D | | | | | T | O | R | O | S |
| A | L | E | M | A | N | E | S | | | L | | R | |
| | Í | | | D | | | | | | E | | E | |
| | E | | | E | | V | E | C | E | S | | S | |
| | S | | | S | | I | | | | | | | |
| | | | | | | A | V | I | O | N | E | S | |
| | | | | | | J | | | | | | | |
| | | | | | | E | R | R | O | R | E | S | |
| P | U | E | R | T | A | S | | | | | | | |

fgabe 10

**una** noche
**un** libro
**unos** hermanos
**una** casa
**unas** chicas
**unos** hombres
**un** niño
**unos** gatos
**una** montaña

fgabe 11

Individuelle Antwort

En la cocina hay **una** mesa, **unas** sillas, **un** horno y **una** ventana.
En la sala de dormir hay **un** armario y **una** cama.
En el cuarto de baño hay **un** lavabo y **una** bañera.
En el pasillo hay **una** estantería y **unos** cuadros.
En el salón hay **unos** cuadros, **un** sofá, **un** sillón y **una** mesa.

fgabe 12

a) **las** playas
b) **las** fotografías
c) **la** explosión
d) **el** hambre[1]
e) **el** problema
f) **los** días

| | |
|---|---|
| g) **el** balcón | h) **la** abuela |
| i) **la** solución | j) **los** colores |

**Hinweis:**

1 Vor weiblichen Substantiven, die mit betontem *a*- oder *ha*- beginnen, steht der bestimmte Artikel *el*.

**Aufgabe 13**

| | incorrecto | correcto |
|---|---|---|
| a) El profesor es simpático. | ☐ | ☒ |
| b) **El** agua mineral[1] no me gusta. | ☒ | ☐ |
| c) Busco los libros. | ☐ | ☒ |
| d) ¿Dónde están **las** chicas? | ☒ | ☐ |
| e) La isla es bonita. | ☐ | ☒ |

**Hinweis:**

1 Vor weiblichen Substantiven, die mit betontem *a*- oder *ha*- beginnen, steht der bestimmte Artikel *el*.

**Aufgabe 14**

| | |
|---|---|
| a) María y Juan salen juntos **el** martes. | **Wochentag** |
| b) Quedan en la Plaza Mayor a **las** ocho. | **Uhrzeit** |
| c) Este día casi todo **el** mundo va al cine porque es más barato. | **todo, a + best. Artikel** |
| d) Pero María y Juan van al restaurante «El gato negro». Abre a **las** siete y media. | **Uhrzeit** |
| e) En el restaurante encuentran a **la** profesora Sánchez y a su marido. | **Titel** |
| f) ¡Siempre salen **los** martes! | **Wochentag** |

**Aufgabe 15**

¡Es increíble! En **la** habitación de mi hermano siempre hay caos. Por ejemplo, todos **los** libros están en **la** cama, **un** lápiz está en **el** armario, **unas** camisetas están en **la** silla y **el** móvil está debajo del sofá. Así son **los** chicos, ¿verdad? Mamá dice que ahora mi hermano aprende también a limpiar su habitación, porque no puede escuchar **la** radio, no puede conducir **la** moto, no puede ver **la** tele y no puede leer en **el** salón, sino que limpia toda **la** habitación.

gabe 16 Schau/Sieh mal, das Hotel ist ungefähr/etwa 300 Meter vom Zentrum entfernt. Außerdem hat es einen fantastischen Blick zu den Bergen/eine fantastische Aussicht auf die Berge. Am Strand sind/gibt es immer einige/ein paar Jugendliche. Sie essen ein paar/einige Tapas oder trinken einen Kaffee in der Bar. Du kannst im Meer oder im Schwimmbad des Hotels schwimmen. Nachts kannst du in einem der Restaurants/Lokale im Zentrum essen (gehen). Sonntags/Jeden Sonntag gibt es ein Konzert im Hotelgarten/Garten des Hotels. Mit Sicherheit/Sicherlich ist es eine positive Erfahrung!

gabe 17

ELENA: ¡Finalmente, el fin de semana! ¿Quedamos en la calle Ávila, delante **del** monumento?

SUSANA: Vale, ¿y qué hacemos? ¿Vamos **al** cine?

ELENA: De acuerdo. Me interesa mucho la nueva película **del** agente secreto James Bond.

SUSANA: Oye, invito también a Carla, una amiga **de los** Rodríguez. Es **de El** Salvador[1]. Carla adora a James Bond...

ELENA: No hay problema. Y el domingo, ¿qué hacemos?

SUSANA: Me gustaría ir **a la** playa. ¿Qué te parece?

ELENA: Bah, en la playa hay mucha gente. ¿Por qué no vamos **al** parque? Es un lugar tranquilo y podemos buscar un banco en la sombra **de los** árboles y escuchar música. Tengo un nuevo CD **del** grupo Maná, me gusta mucho.

SUSANA: Vale, pues, ¡hasta mañana!

**Hinweis:**

1 Wenn der Artikel Teil des Namens ist, wird er nicht mit *de* zusammengezogen.

gabe 18 La madre de Pablo:

En el supermercado compras una **botella de** agua mineral y un **litro de** leche. Además, necesito dos **kilos de** patatas, medio **kilo de** manzanas y tres **latas de** atún. Después, vas al Corte Inglés. Allí, compras un **frasco de** champú, un **paquete de** detergente y un **tubo de** pasta dentífrica. Para ti, puedes comprar una **tableta de** chocolate. ¿Vale? ¡Y vuelve en el bus, porque tienes un montón de cosas!

**Aufgabe 19**

¿Cómo se llama **ella**?

Se llama Lindsey. Vive en Estados Unidos, en Nueva York.

¿Quién eres **tú**?

**Yo** soy Julio de Brasil.

¿De dónde son **ellas**?

Yumiko, Sayuri y Reika son de Japón. Son chicas muy divertidas.

Y **vosotros**, ¿dónde vivís?

**Nosotros** vivimos en Londres.

**Aufgabe 20**

a) ¿**Vosotros/vosotras**[1] sois de España?
b) **Nosotros/nosotras**[1] somos de Ulm.
c) **Yo** soy de Madrid.
d) ¿**Tú** eres francés?
e) **Ellas** son María y Ana.
f) ¿**Usted** es el Sr. Delgado?
g) **Ella** es Tina y **él**[2] es Pablo.
h) **Ellos** son Verónica y Manuel de Perú.

**Hinweise:**

1 Auch die weibliche Form ist hier theoretisch möglich, da es keinen Hinweis auf das Geschlecht gibt.

2 Vergiss nicht den Akzent, der das Subjektpronomen *él* vom Artikel *el* unterscheidet.

**Aufgabe 21**

Individuelle Antwort

Vigo: Es ist schlechtes Wetter/Das Wetter ist schlecht. Es weht der Wind/Der Wind weht und es ist kalt.
Salamanca: Es ist schlechtes Wetter/Das Wetter ist schlecht. Es regnet.
Mérida: Es ist gutes Wetter/Das Wetter ist gut. Es scheint die Sonne/Die Sonne scheint. Es ist warm.

gabe 22 Individuelle Antwort

Pamplona: Hace mal tiempo. Nieva y hace frío.
Cádiz: Hace buen tiempo. Hace sol y hace calor.
Zaragoza: Hace mal tiempo. Llueve.

gabe 23
a) ¿Quién quiere una limonada – ¡**Yo**!
b) ¿Y **él**? – **Él** quiere un vaso de agua.
c) ¿Y de dónde sois **vosotros**? – **Nosotras**, las chicas, somos de Madrid y **ellos**, los chicos, son turistas de México.
d) **Tú** eres Don Quijote, **ella** es Dulcinea y **usted**, señor profesor, es Sancho Panza.
e) ¿Sois de Alemania? – **Yo** soy de Alemania, pero **él** es de Austria.

gabe 24
a) Este libro es para **ti**.
b) Me gusta charlar con **ellos/as**.
c) Compro unas bebidas para **vosotros/as**.[1]
d) Mi hermana siempre sale sin **mí**.
e) Voy con **usted/ustedes**.[2]
f) ¿Quieres jugar **conmigo**?
g) La familia es muy importante para **él**.

**Hinweise:**

1 Da es keine näheren Angaben zum Geschlecht gibt, sind theoretisch beide Formen möglich.
2 Aus dem Deutschen geht hier nicht klar hervor, ob es sich um Ein- oder Mehrzahl handelt.

gabe 25
a) ¿Conoces a Frida Kahlo? – Sí, **la** conozco.
b) ¿Conoces a Diego Rivera, el marido de Frida? – Sí, **lo** conozco.
c) ¿Conoces también los cuadros de Frida? – Sí, **los** conozco.
d) ¿Conoces la Casa Azul? – Sí, **la** conozco.
e) ¿Conoces las dos películas sobre la vida de Frida? – Sí, **las** conozco.
f) ¿Conoces los artículos y las biografías sobre Frida? – Sí, **los** conozco.

**Aufgabe 26**

a)

CHARO: ¿Dónde preparamos la exposición? ¿**La** preparamos en tu casa?

VICENTE: ¿Por qué no vamos a la biblioteca? Charo, **te** llevo en la moto, ¿vale?

b)

CHARO: A ver, aquí hay unos libros sobre la pintora. Creo que **nos** pueden ayudar.

VICENTE: Entonces tú buscas la información en los libros y yo **la** busco en Internet.

c)

CHARO: Mira, este cuadro es muy interesante. ¿**Lo** ves? Se llama «Las dos Fridas».

VICENTE: Sí, **lo** conozco, es extraordinario. Oye, ¿**me** ayudas a preparar el material de información?

d)

CHARO: ¡Con esta exposición, somos expertas en Frida Kahlo!

VICENTE: Y podemos ver la película «Frida» con Salma Hayek esta noche. **La** tengo en DVD.

**Aufgabe 27**

| | |
|---|---|
| ELENA: | Paqui, ¿**me** das la muñeca? |
| PAQUI: | No, no **te** doy la muñeca. |
| LA MADRE: | Paqui, ¿le das los lápices de color a Rico? |
| PAQUI: | No, no **le** doy los lápices de color. |
| LEO Y ANA: | Paqui, ¿**nos** das el libro? |
| PAQUI: | No, no **os** doy el libro. |
| LA MADRE: | Paqui, ¿les das el osito de peluche a Pepita y Cecilia? |
| PAQUI: | No, no **les** doy el osito de peluche. |
| LA MADRE: | Entonces, Paqui, tú juegas sola con esas cosas. Vamos, niños, **os** compro un helado. |

**Aufgabe 28**

a) Los veo en el colegio.
Ich sehe sie in der Schule.
**direktes Objektpronomen**

b) Le gusta mucho Madrid.
Madrid gefällt ihr sehr (gut).
**indirektes Objektpronomen**

c) La ayudo siempre. **direktes Objektpronomen**
Ich helfe ihr immer.[1]

d) ¿Te importa la moda? **indirektes Objektpronomen**
Ist dir (die) Mode wichtig?

e) Os buscamos por todas partes. **direktes Objektpronomen**
Wir suchen euch überall.

f) El texto, lo escribo mañana. **direktes Objektpronomen**
Den Text schreibe ich morgen.

g) Les pregunto después de la clase. **indirektes Objektpronomen**
Ich frage sie nach dem Unterricht.[1]

**Hinweis:**

1 Einige Verben, die im Deutschen mit indirektem Objekt konstruiert werden, werden im Spanischen mit direktem Objekt konstruiert und umgekehrt.

gabe 29 **Nos** llamamos Antonio, Vanesa y Pablito y vivimos en Almería. Por la mañana, Vanesa y yo **nos** levantamos casi siempre a las seis y media. Yo **me** lavo y **me** afeito. Después, Vanesa **se** ducha. Pablito **se** queda en su cama hasta las siete. Nunca **se** despierta sin nosotros. Después, él **se** lava también y desayunamos juntos. A las siete y media yo **me** voy. **Me** despido de ellos. Vanesa y Pablito **se** quedan hasta las ocho, entonces **se** van: el niño va al instituto, Vanesa va al trabajo. Y, por fin, a las siete de la tarde, ¡**nos** vemos todos en casa!

gabe 30
a) CRISTINA: Diego y Pablito, ¿os **laváis** las manos, por favor?
b) PABLITO: ¡Mirad, el gatito se **esconde** debajo de la mesa!
c) DIEGO: Penélope, dime, ¿por qué te **maquillas**? ¡Pareces un payaso!
d) PENÉLOPE: Y tú, Diego, ¿por qué siempre te **vistes** la misma camiseta estúpida?
e) VANESA: Niños, ¿os **comportáis**, por favor?
f) ABUELA: Pero ¿dónde están mis gafas? No me **acuerdo**.
g) ABUELO: ¡Qué ruido! ¿Por qué no se **callan** todos un momento?
h) DIEGO Y PABLITO: Pero, abuelo, nosotros nos **divertimos** mucho.

gabe 31
a) ¿Usted la ayuda con los deberes?
b) Os compro los libros en Zaragoza.

c) ¿Me prestas la bicicleta?
d) ¿No le regalas las flores a tu novia?

Aufgabe 32
a) Juan **le** explica todo **a su novia**.
b) ¿Qué **les** decimos **a nuestros padres**?
c) Muchos amigos **me** ayudan.
d) Esta historia **le** interesa **a Sofía**.
e) ¡**Os** escribo un e-mail desde Madrid!

Aufgabe 33
¡Hola desde Gijón!
¡Estamos muy bien aquí en España! Solamente estamos un poco cansados, porque los españoles **se** acuestan tarde. Hoy hacemos una excursión al puerto con la profesora española. **Se** llama Laura Ferrer y es muy simpática. Quedamos con ella todos los días y ella **nos** muestra la ciudad. Mañana vamos al Jardín Botánico y **nos** quedamos allí toda la tarde.
En la primera foto veis la playa. El mar todavía está muy frío y no **nos** hemos bañado. En la segunda foto veis el municipio de Gijón. **Lo** hemos visitado hoy. ¡Mañana **os** contamos más!

Aufgabe 34
a) ¡Tr**á**eme un balón!
b) ¡Ay**ú**dame con mis zapatos!
c) ¡L**é**eme un cuento!
d) ¡C**ó**mprame algo!
e) ¡Prep**á**rame un bocadillo!
f) ¡D**é**jame en paz!

Aufgabe 35
**Los niños**
a) ¡Escuchadnos!
b) ¡Traednos más comida!
c) ¡Preparadnos una pizza!
d) ¡Ayudadnos con los pijamas!
e) ¡Leednos el libro!

**Los padres**
f) ¡Dadnos el libro!
g) ¡Lav**aos**[1] las manos y la cara!
h) ¡Acost**aos**[1]!
i) ¡Y ahora call**aos**[1]! ¡Buenas noches!

**Hinweis:**
1 Beachte, dass das auslautende *-d* entfällt, wenn bei reflexiven Verben das Pronomen *os* angehängt wird.

gabe 36 ¡En la Plaza Real siempre hay mucha gente y mucho que ver! Unos señores **están tomando** su desayuno en el Café Central, otros **lo están tomando/están tomándolo** en el Café Lisboa. Una camarera **está sirviendo** tostadas, otra **la está ayudando/está ayudándola**. Una paloma blanca **está huyendo** de un perro, otra **está comiendo** un poco de pan que **le está dando/está dándole** una señora. Un gato **se está limpiando/está limpiándose**, su hermano **está durmiendo** en el sol. En el centro de la plaza dos hombres **están construyendo** una rampa para la fiesta de esta tarde y unos ancianos **los están observando/ están observándolos**. ¡Y toda la noche vemos a mucha gente que **se está divirtiendo/está divirtiéndose**!

gabe 37

a) PATI: Miguel, ¿**te estás duchando/estás duchándote**?

MIGUEL: Sí, Pati, **me estoy duchando/estoy duchándome**.

b) PATI: ¿**Estás escuchando** el nuevo disco?

MIGUEL: Sí, **lo estoy escuchando/estoy escuchándolo**.

c) PATI: ¿**Estás comiendo** la pizza?

MIGUEL: Sí, **la estoy comiendo/estoy comiéndola**.

d) PATI: ¿**Estás haciendo** los deberes?

MIGUEL: Sí, **los estoy haciendo/estoy haciéndolos**.

e) PATI: ¿**Estás llamando** a Antonio?

MIGUEL: Sí, Pati, **lo estoy llamando/estoy llamándolo**. Y ahora **cállate**, por favor, ¡y **déjame** telefonear!

**Aufgabe 38**

MACA: Javi, ¿qué tal tus planes de pasar seis meses en Irlanda?
JAVI: **Quiero hacerlo/lo quiero hacer**. Pero no sé si mis padres **lo van a permitir/van a permitirlo**.
PEPE: Oye, ¿por qué no **les preguntas**? Es una buena ocasión de aprender inglés y de hacer muchas nuevas experiencias.
JAVI: Vale, **voy a preguntarles/les voy a preguntar**. Pero ¿qué **le puedo decir a Nuria/puedo decirle a Nuria**?
MACA: Bueno, **puedes explicarle/le puedes explicar** por qué quieres ir a Irlanda. **Va a comprenderlo/Lo va a comprender.**
PEPE: Y, por fin, Irlanda no está tan lejos. **Nuria puede visitarte/Nuria te puede visitar** en Irlanda durante las vacaciones.
JAVI: Tienes razón. Y **puedo escribirle/le puedo escribir** muchos e-mails y **puedo llamarla/la puedo llamar** por Internet.
MACA: ¡Venga, todo está bien!

**Aufgabe 39**

PEPE: ¡Hola, Javi! ¿Qué tal Irlanda? ¿Qué estás haciendo? ¡**Cuéntame**!
JAVI: En la tele ponen una serie de amor, **estoy viéndola/la estoy viendo** ahora. Así, el inglés, **puedo aprenderlo/lo puedo aprender** mejor.
PEPE: ¿Y tu vida en Irlanda?
JAVI: Está bien. Hay muchos bares en Dublín, se llaman *pubs*, ¡no **puedes visitarlos/los puedes visitar** todos en un año! Y es verdad, hay mucha gente divertida; **puedes encontrarla/la puedes encontrar** allí en los *pubs*.
PEPE: ¿Y qué vas a hacer este fin de semana?
JAVI: Este fin de semana, **voy a pasarlo/lo voy a pasar** con una chica de Belfast. **Quiero enseñarle/Le quiero enseñar** un poquito de español. Es una chica simpática, pero no es como Nuria… ¿Sabes que la relación, nosotros **acabamos de terminarla/la acabamos de terminar** hace poco?
PEPE: ¡Qué dices! ¿Ya no es tu novia? ¡**No puedo creerlo/lo puedo creer**!
JAVI: Es verdad. La distancia… y habla de otro chico, ya sabes… ¡es difícil! No **puedo olvidarla/la puedo olvidar**.
PEPE: Hombre, ¡pero ahora estás en Irlanda! ¡**Disfrútalo**!
JAVI: Sí, **voy a hacerlo/lo voy a hacer**.

gabe 40

*La Malinche*

*La Malinche, una azteca, nace en Coatzacoalcos en México en el año 1502. Su pueblo pierde una guerra con los mayas y tiene que darles/les tiene que dar un tributo. La Malinche es parte del tributo. Más tarde, los mayas la regalan como esclava al conquistador español Hernán Cortés. La Malinche lo ayuda a cerrar contratos con los aztecas y mayas porque Cortés necesita un traductor para los idiomas indígenas. La Malinche los habla con fluidez y aprende rápidamente a hablar castellano. Además, para Cortés, la Malinche es muy útil porque puede explicarle/le puede explicar las tradiciones de los aztecas y mayas.*
*Mucha gente piensa que la Malinche es una traidora porque ayuda a los españoles. Incluso tiene un hijo de Cortés (lo llama Martín) y se casa con un hidalgo español. Otros, sin embargo, la consideran como la fundadora de México.*

gabe 41

Individuelle Antwort

a) La Malinche es una azteca y la traductora de Hernán Cortes.
b) Hernán Cortés es un conquistador español.
c) La Malinche habla dos idiomas indígenas y aprende a hablar español.
d) Hay gente que piensa que la Malinche es una traidora porque ayuda a los españoles.
e) Los otros piensan que la Malinche es la fundadora de México.

gabe 42

a) ¿Ves **este** animal de Gaudí?
Se encuentra en la entrada del Parque Güell. Es casi un símbolo de la ciudad de Barcelona. Muchos turistas toman fotografías de **este** dragón.
b) ¿Ves **estos** bancos de Gaudí?
c) ¿Ves **esta** casa de Gaudí?
d) ¿Ves **estas** torres de la catedral de Gaudí?

gabe 43

a)
- ☐ ¡Me gustan esas zapatos!
- ☒ ¡Me gustan **esos** zapatos!

b)
- ☒ Laura vive en **esa** casa.
- ☐ Laura vive en ese casa.

c)
- ☒ **Ese** chico es su hermano,
- ☐ Eso chico es su hermano.

d)
- ☐ ¿Nos das esos tazas?
- ☒ ¿Nos das **esas** tazas?

Aufgabe 44

**aquel** disco de Juanes
**aquella** falda negra
**aquel** libro de Manuel Rivas
**aquellos** pantalones de Zara
**aquellas** sandalias
**aquel** perfume de Loewe

Aufgabe 45

a) En la playa hay tres casas. **Esta** es verde, **esa** es roja y **aquella** es blanca.
b) Me gustan los zapatos. – ¿Cuáles? ¿**Estos** de aquí, **esos** de ahí o **aquellos** de allí?
c) En las fotos ves a mis tres hermanos: **este** chico de aquí, **ese** chico de ahí y **aquel** chico de allí.

Aufgabe 46

Hay un tesoro al lado de **ese** monte con palmeras, ahí.
Hay un tesoro debajo de **estas** hierbas de aquí.
Hay un tesoro delante de **aquella** montaña de allí.
Hay un tesoro detrás de **esa** pequeña montaña de ahí.
Hay un tesoro delante de **este** pequeño lago con el cocodrilo, aquí.

Aufgabe 47

| | LA MADRE | FERNANDO Y ALBA |
|---|---|---|
| a) | ¿Tenéis **nuestros** números de teléfono? | Sí, tenemos **vuestros** números de teléfono. |
| b) | ¿Tenéis la dirección de **vuestros** abuelos? | Sí, tenemos **su** dirección. |
| c) | Fernando, ¿tienes **tu** carné de identidad? | Sí, tengo **mi** carné de identidad. |
| d) | Alba, ¿tienes las guías turísticas de **tus** tíos? | Sí, tengo **sus** guías turísticas. |
| e) | ¿Y tenéis **vuestras** cámaras digitales? | Sí, tenemos **nuestras** cámaras digitales. |
| f) | Entonces, aquí están los regalos para **vuestros** abuelos. ¡Saludadlos de mi parte! | Claro, mamá. Te vas a aburrir sin nosotros y **nuestro** caos, ¿verdad? |

gabe 48 Mi hermano tiene ocho años y se llama **Alejandro**. Nuestros padres son **Juan** y **Nieves**. Los padres de nuestra mamá, o sea, nuestros abuelos, son **Carlos** y **Sofía**. Su hijo, nuestro tío, se llama **José**. Su esposa se llama **Catalina** y su hijo se llama **Rafael**.

Los padres de nuestro papá son **Francisco** y **María**. Tienen otro hijo: **Jorge**. Este y su esposa **Trinidad** tienen dos hijas, se llaman **Patricia** y **Soledad**. Son nuestras primas.

gabe 49 ¿Cómo se llaman los miembros de **tu** familia? ¿Tienes hermanos? ¿Cómo se llaman **tus** tíos y **tus** primos?

Individuelle Antwort

gabe 50
a) Miguel **López** Grandes – Carmen **Castro** Gutiérrez
b) Enrique **Vargas Ramos**
c) Diego **Ortega** Silva – Dolores **Aguirre** Cruz

gabe 51
a) Soledad siempre lleva **muchos** bolis en su bolsillo.
b) Alberto tiene **pocos** problemas en el instituto.
c) ¿No hay **otra** solución?
d) Te deseo **mucha** suerte en los exámenes.
e) En la fiesta del barrio hay **pocos** visitantes.
f) En la playa siempre hay **mucha** gente.

gabe 52
a) **Otro** zumo, por favor.
b) Tiene **poco** tiempo y **mucho** trabajo.
c) Los **otros** no están.
d) Angélica tiene **muchas** amigas.
e) ¿Quieres **otra** silla?
f) Jaime gana **mucho** dinero.

gabe 53
a) ¿Ya has estado en España **alguna** vez?
b) **Ninguna** de mis amigas va a la fiesta de Pablo.
c) ¿Hay **algún**[1] quiosco por aquí?

d) Está de viaje por **algunos** días.
e) Tengo **algunos** libros para ti.
f) **Ninguna** chica es como tú.
g) ¿**Ninguna** llamada para mí?
h) Quiero ver las cataratas del Iguazú **algún**[1] día.

**Hinweis:**

1 Steht *ninguno* vor einem männlichen Substantiv im Singular, so entfällt die Endung *-o*. Die letzte Silbe erhält einen grafischen Akzent.

Aufgabe 54 Maca, ¡la vida aquí en Irlanda me gusta! Me encuentro con **mucha** gente simpática. Sólo tengo **pocos** problemas con el inglés. **Ninguno** de los irlandeses se ríe cuando una frase no es correcta. En los cafés siempre hay **algunas** personas interesantes. En las calles siempre hay **algún** grupo que hace música o teatro. **Muchos** de los otros estudiantes son muy simpáticos/majos. Todos son como una familia. Pero no tengo novia aquí en Irlanda. **Ninguna** es como Nuria. Pero Nuria está en España y está/sale con Pepe ahora. No quiero **otra** novia de momento. Dentro de **poco** (tiempo) voy a volver a España. Quizás **algún** día me va a gustar **otra** chica.

Aufgabe 55

| | | |
|---|---|---|
| a) | un hermano pequeño | una hermana **pequeña** |
| b) | un chico tranquilo | una chica **tranquila** |
| c) | un profesor inglés | una profesora **inglesa** |
| d) | un padre contento | una madre **contenta** |
| e) | un niño llorón | una niña **llorona** |
| f) | un secretario trabajador | una secretaria **trabajadora** |
| g) | un médico simpático | una médica **simpática** |
| h) | un abuelo divertido | una abuela **divertida** |
| i) | un camarero rápido | una camarera **rápida** |
| j) | director conocido | una directora **conocida** |
| k) | un tío hablador | una tía **habladora** |
| l) | un primo italiano | una prima **italiana** |
| m) | un alumno irlandés | una alumna **irlandesa** |

Aufgabe 56 a) Gema es amable. Jorge también es **amable**.
b) Mi bicicleta es naranja. El coche de mi padre también es **naranja**.

c) Su jardín es bonito. Su casa también es **bonita**.
d) Carlos es muy feliz. María Teresa también es muy **feliz**.
e) Ahmed es marroquí. Layla también es **marroquí**.
f) Este libro es francés. La revista también es **francesa**.
g) El ejercicio es fácil. La traducción también es **fácil**.
h) Esta chica es complicada. Su hermano también es **complicado**.

fgabe 57

- [x] el móvil viejo
- [x] el chaleco rosa
- [x] la chaqueta nueva
- [x] el libro interesante
- [ ] la falda elegante
- [x] el bolso gris
- [ ] el regalo caro
- [x] el paraguas pequeño

fgabe 58

| | |
|---|---|
| a) una chica rusa | dos chicas **rusas** |
| b) un chico japonés | dos chicos **japoneses** |
| c) una chica israelí | dos chicas **israelíes** |
| d) un chico irlandés | dos chicos **irlandeses** |
| e) una chica francesa | dos chicas **francesas** |
| f) un chico vietnamita | dos chicos **vietnamitas** |

fgabe 59

a) Rusia
b) Japón
c) Israel
d) Irlanda
e) Francia
f) Vietnam

**Aufgabe 60** Música **hispánica** en el mundo

El flamenco es una música muy **conocida** del sur de España. Mucha gente escucha sus canciones **serias y tristes** cada día. Sus orígenes **árabes** se mezclan con la cultura **gitana** y la cultura **judía**. Tiene tres elementos **centrales:** el cante, la guitarra y el baile.

El tango es un baile **famoso** de Argentina. Viene de los inmigrantes **europeos** y tiene elementos **diferentes:** instrumentos **alemanes**, melodías **españolas**, ¡e incluso aspectos **africanos**! Son bailes **elegantes y difíciles**.

En Cuba y otros países **caribeños** encontramos, entre otros, la salsa, una música **rápida y popular**. También en Europa hay fiestas **populares** de salsa en muchas ciudades. Una cantante **famosa** es, por ejemplo, Gloria Estefan.

**Aufgabe 61**

a) Para nosotros Juanito es un **gran** amigo.
b) Iker es un chico **grande** por su edad.
c) Teresa es una **buena** chica.
d) El Sr. Menéndez está enfermo desde hace dos años. – ¡El **pobre** hombre!
e) En este barrio vive la gente **pobre**. Los ricos viven en los barrios cerca del mar.
f) Argentina es un país **grande**: tiene más de 40 millones de habitantes.
g) «La tierra de las papas» es un **buen** libro.
h) Mis padres quieren comprar una casa **antigua** en el campo.

**Aufgabe 62**

Querida Isabel:

¿Sabes que Mallorca es una isla muy bonita? Muchos turistas se interesan sólo por las playas, pero hay también paisajes fascinantes y ciudades con un centro histórico. En Palma, por ejemplo, se encuentra la catedral más alta de España, la catedral de Santa María. En la Sierra de Tramontana, una montaña grande, tienes unas vistas maravillosas a montes y valles. En la llanura en el centro de la isla hay muchos molinos y ciudades pequeñas. En verano hace mucho calor, pero en las calas y en las playas siempre hace viento. La gente aquí es (muy) simpática y la comida está (muy) rica. Naturalmente hay también marisco fresco!

Muchos saludos

Julia

fgabe 63 a) Shakira es **más famosa que** Rosanna.
b) María y Gema son **tan guapas como** las hermanas González.
c) Galicia es **menos cara que** Madrid.
d) Nicaragua es **tan interesante como** Guatemala.
e) Las fiestas de Maite son **más marchosas que** las fiestas de Juan.

fgabe 64 Individuelle Antwort

Yo pienso que Barcelona es tan bonita como/más bonita que/menos bonita que Sevilla.
Yo pienso que la montaña es tan hermosa como/más hermosa que/menos hermosa que el mar.
Yo pienso que Salma Hayek es tan linda como/más linda que/menos linda que Penélope Cruz.
Yo pienso que la televisión es tan interesante como/más interesante que/menos interesante que los libros.
Yo pienso que Benicio del Toro es tan atractivo como/más atractivo que/menos atractivo que Javier Bardem.
Yo pienso que los amigos son tan importantes como/más importantes que/menos importantes que la familia.
Yo pienso que ir en avión es tan confortable como/más confortable que/menos confortable que ir en tren.

fgabe 65 a) Diego es **el chico menos simpático** del barrio.
b) El AVE es **el tren más rápido** de España.
c) Lionel Messi es **el jugador más famoso** del FC Barcelona.
d) Penélope y Maribel son **las chicas más guapas** de la familia.
e) Este coche es **el menos moderno** de todos.
f) «El Lobo» es **la película más interesante** de Miguel Courtois.
g) Extremadura es **la Comunidad menos rica** de España.

fgabe 66

| | |
|---|---|
| a) María es **la hermana mayor**. | María ist die größere/ältere Schwester. |
| b) Paquito es **el hermano menor**. | Paquito ist der kleinere/ jüngere Bruder. |

| | | |
|---|---|---|
| c) | El Atlético de Granada es **peor que** el Real Madrid. | Atlético Granada ist schlechter als Real Madrid. |
| d) | Para muchos, Iker Casillas del Real Madrid es **el mejor**. | Für viele ist Iker Casillas von Real Madrid der Beste/der Allerbeste. |
| e) | Malta es **el país más pequeño** de la Unión Europea. | Malta ist das kleinste Land der/in der Europäischen Union. |
| f) | Mallorca es **más grande que** Menorca. | Mallorca ist größer als Menorca. |

Aufgabe 67

| | |
|---|---|
| a) ¿CUÁL ES **EL PAÍS MÁS GRANDE** DE LATINOAMÉRICA? | ☐ Argentina<br>☐ Colombia<br>☒ Brasil |
| b) ¿CUÁL ES **EL IDIOMA MÁS VIEJO** DE ESPAÑA? | ☒ vasco<br>☐ catalán<br>☐ gallego |
| c) ¿CUÁL ES **LA MONTAÑA MÁS ALTA** DE LATINOAMÉRICA? | ☐ Cerro Torre<br>☒ Aconcagua<br>☐ pico Bolívar |
| d) ¿CUÁL ES **LA COMUNIDAD AUTÓNOMA MÁS GRANDE** DE ESPAÑA? | ☐ el País Vasco<br>☒ Castilla y León<br>☐ las Islas Baleares |
| e) ¿CUÁL ES **EL PAÍS MÁS PEQUEÑO** DE CENTROAMÉRICA? | ☐ Honduras<br>☐ Costa Rica<br>☒ El Salvador |
| f) ¿CUÁL ES **LA SELECCIÓN DE FÚTBOL MÁS EXITOSA** DE TODO EL MUNDO? | ☐ Argentina<br>☐ España<br>☒ Brasil |

| | |
|---|---|
| g) ¿QUIÉN ES EL AUTOR DE «DON QUIJOTE», **EL LIBRO EN ESPAÑOL MÁS IMPORTANTE**? | ☐ Gabriel García Márquez<br>☒ Miguel Cervantes<br>☐ Juan Ramón Jiménez |
| h) ¿CUÁL ES **LA ISLA CANARIA MÁS SECA**? | ☒ Lanzarote<br>☐ Gran Canaria<br>☐ Las Palmas |
| i) ¿CUÁL ES **LA REGIÓN MÁS AUSTRAL** DE LATINO-AMÉRICA? | ☐ La Pampa<br>☐ El Desierto del Atacama<br>☒ La Patagonia |
| j) ¿QUIÉN ES EN ESTE MOMENTO **EL MEJOR DIRECTOR DE CINE** DE ESPAÑA? | ☐ Alejandro Amenábar<br>☒ Pedro Almodóvar<br>☐ Fernando Trueba |
| k) ¿CUÁL ES **EL RÍO MÁS LARGO** DE LATINOAMÉRICA? | ☐ Río Grande<br>☒ Río Amazonas<br>☐ Río Orinoco |
| l) ¿CUÁL ES EL **VINO MÁS TÍPICO DE ANDALUCÍA**? | ☐ el freixenet<br>☐ el champán<br>☒ el jerez |
| m) ¿QUIÉN ES EN ESTE MOMENTO LA **ACTRIZ MÁS CONOCIDA** DE ESPAÑA? | ☐ Victoria Abril<br>☒ Penélope Cruz<br>☐ Marisa Paredes |

**fgabe 68**

| | | |
|---|---|---|
| a) | ¿Usted estudi**a** medicina? | – Sí, estudi**o** medicina. |
| b) | ¡Manuela siempre compr**a** demasiado! | – Es verdad, Manuela gast**a** mucho. |
| c) | ¿Habl**áis** vosotros español? | – Sí, habl**amos** español. |
| d) | Las chicas viaj**an** mucho. | – Sí, pero también trabaj**an** mucho. |
| e) | ¿Tú escuch**as** la música de Shakira? | – Sí, escuch**o** la música de Shakira. |
| f) | ¿Bail**an** ustedes? | – No, nosotros no bail**amos**. |

**fgabe 69** estudiar, comprar, gastar, hablar, viajar, trabajar, escuchar, bailar

Aufgabe 70

La Sra. Delgado limpia la cocina.
Nosotros viajamos a Guatemala.
Los alumnos cantan «La Guantanamera».
Vosotros llegáis puntualmente.
Yo hablo italiano.
¿Tú compras este DVD?

Aufgabe 71

TOMÁS:
- ¿**Usas** el ordenador todos los días?
- Sí, **uso** el ordenador todos los días. **Surfeo** en la red, **busco** información, **preparo** exposiciones para el colegio... Y a veces, mis amigos y yo **chateamos** toda la tarde.

MARTA:
- ¿**Usáis** el ordenador en tu familia también?
- **Usamos** el ordenador a veces, pero no todos los días. Mi madre **llama** a su hermano en Chile por Internet y mis hermanas **compran** ropa. A veces yo **escucho** música en la red.

Aufgabe 72

a) Jorge, ¿l**ees** mucho? – Sí, le**o** mucho.
b) ¿Cre**en** ustedes que es verdad? – Sí, cre**emos** que es verdad.
c) ¿Vosotros com**éis** en casa? – Sí, com**emos** en casa.
d) ¿Vend**e** Ana su viejo móvil? – No. Yo vend**o** mi viejo móvil.
e) Raquel y Lisa aprend**en** a cocinar. – Javi también aprend**e** a cocinar.

Aufgabe 73

a) Los españoles **comen** mucho turrón en Navidad.
b) Marisol siempre **lee** novelas muy sentimentales.
c) ¿**Creen** ustedes que esto es importante?
d) ¿Qué **escondes** en la mano, Miguelito?
e) Yo no **bebo** café.
f) ¿Vosotros **aprendéis** alemán en el colegio?

fgabe 74

| | | | | | | | | | | | | | |
|---|---|---|---|---|---|---|---|---|---|---|---|---|---|
| | V | I | A | J | Á | I | S | | T | | | | |
| | | | P | | | | | T | O | M | A | N | |
| | | | R | | | C | | | M | | P | | |
| | C | R | E | E | M | O | S | | O | | R | | |
| H | | | N | | | M | | | | | E | | C |
| A | | | D | | C | O | M | P | R | E | N | D | O |
| B | | L | E | O | | | I | | | | D | | R |
| L | | | | | | | R | | | | E | | T |
| A | M | A | M | O | S | | A | | G | A | S | T | A |
| N | | | | | | | S | | | | | | S |

fgabe 75

a) ¿Dónde viv**en** ustedes? – Nosotros viv**imos** en Vigo.
b) Pepe, ¿compart**es** un piso? – No, no compart**o** un piso.
c) Eva y José escrib**en** muchos e-mails. – Sí, yo recib**o** muchos e-mails de ellos.
d) ¿Discut**ís** mucho en clase? – Sí, discut**imos** mucho.
e) ¿Sub**e** usted al Chimborazo? – No, mi hermano sub**e** al Chimborazo.

fgabe 76

a) La Sra. Martín **escribe** muchas cartas a sus hijas en la ciudad.
b) Yo **vivo** cerca del centro.
c) ¿Vosotros **escribís** el texto conmigo?
d) ¿Cuándo **parten** ustedes?
e) Andrés y Sofía a menudo **discuten** con su padre.
f) Siempre está muy contento cuando **recibe** un e-mail de su novia.
g) **Sube** usted al segundo piso, ¿por favor?
h) Nosotros **vivimos** en San Sebastián, ¿y ustedes?
i) ¿Por qué **discutes** conmigo, Marta?
j) Los visitantes **suben** en ascensor a la torre de la catedral de Valladolid.

fgabe 77

Este fin de semana Ana y Merche **planean** una excursión a los Pirineos. Antes **compran** comida y bebida en una tienda.

ANA: **Tomo** pan y limonada, siempre **bebo** limonada. Además, **llevo** tomates y queso. No me **gusta** la carne.

MERCHE: ¡Pero **olvidas** el chocolate! ¡Y yo siempre **como** chorizo!

PEPE: Venga, ¿qué **hacéis** aquí? ¿Y por qué **compráis** todas estas cosas?

| | |
|---|---|
| ANA: | **Hacemos** una excursión a la montaña y por eso **necesitamos** muchas cosas. |
| MERCHE: | **Pasamos** la noche en un refugio y **caminamos** hasta el Lago Negro en el Valle de Boí. Y quizás **escalamos** un poquito también. |
| PEPE: | Creo que es una buena idea. ¿Cuándo **partís**? |
| ANA: | **Partimos** mañana a las seis. **Subimos** al bus y **viajamos** hasta Erill, después **andamos**. |
| PEPE: | ¡Qué bien! ¿Y cuánto tiempo **dura** la excursión? |
| MERCHE: | Tres días más o menos, por eso no **charlamos** más, pero **terminamos** ahora y **salimos**. Merche, ¿**pagas** tú o **pago** yo? |
| ANA: | Yo **llevo** el dinero, ¿**coges** tú la comida? Yo me **ocupo** del resto. ¡Adiós, Pepe! |
| PEPE: | Adiós, ¡y que lo paséis bien! |

**Aufgabe 78**

a) No **entiendo** casi nada cuando hablan los andaluces.
b) Pero **entendemos**[1] mucho más en clase.
c) ¿Qué **quieren** hacer esta tarde?
d) ¿En qué **piensa** usted?
e) La fiesta **empieza** a las ocho.
f) ¿**Tienes** un móvil con cámara?
g) ¿Cuando **comenzáis**[1] a trabajar?

**Hinweis:**

1 Beachte, dass sich der Stammvokal in der 1. und 2. Person Plural nicht verändert.

**Aufgabe 79** Individuelle Antwort

Luis y Sonia **quieren** hacer un viaje. Nosotros **queremos** cocinar una paella. El perro **quiere** pasear. Tú **quieres** ir al cine. Yo **quiero** escuchar música. Vosotros **queréis** nadar en el mar.

**Aufgabe 80**

| | |
|---|---|
| ANITA: | Un momento, **pienso** que están en la mochila... No, no están (aquí). |
| MANUEL: | ¡Siempre **pierdes** las llaves! ¿Qué **quieres** hacer ahora? |
| ANITA: | ¡Buscar! Tú **empiezas/comienzas** por allí y yo por allá. |
| MANUEL: | Fantástico. Ahora **comienza/empieza** a llover. Anita, no **quiero** esperar aquí. **Prefiero** la biblioteca. |

ANITA: Pero la biblioteca **cierra** a las cinco. ¿Por qué no nos **sentamos** en un café?
MANUEL: De acuerdo… ¡si **quieres** invitarme/si me **quieres** invitar!

**[Auf]gabe 81**

a) Juan está enfermo, no **puede** ir al colegio hoy.
b) ¿Tú nos **cuentas** una historia?
c) ¿**Duermen** ustedes bien en nuestro hotel?
d) En las guerras **muere** mucha gente.
e) ¿Cuándo **volvéis** vosotros del viaje?
f) Y usted, ¿**sueña** con[1] una vida mejor?
g) En España, yo siempre **pruebo** una nueva comida.
h) En esta temporada **llueve** mucho.
i) **Devuelvo** el libro mañana, ¿vale?
j) ¡Me **duelen** tanto los pies!
k) Este perro no se **mueve**, es muy perezoso.
l) Nosotros no **podemos** participar.

**Hinweis:**

1 *Soñar con algo* bedeutet „von etwas träumen".

**[Auf]gabe 82**

a) Los niños **juegan** al escondite.
b) ¿Tú **juegas** al tenis?
c) Nosotras **jugamos** al fútbol.
d) El Sr. Bernardo **juega** a la lotería.
e) ¿Vosotros **jugáis** al ajedrez?
f) Yo **juego** al tenis/al voleibol/al baloncesto… (individuelle Antwort)

**[Auf]gabe 83**

a) En carnaval yo me **visto** de pirata.
b) ¿Por qué **repite** el curso? ¡Ya habla muy bien español!
c) ¿**Pedís** vosotros la información a la profesora?
d) Sara, **sirves** tú los postres, ¿por favor?
e) Estos chicos son muy alegres, siempre **sonríen**.
f) Ahora nosotros **repetimos** la conjugación.
g) Esto no **sirve** para nada.
h) Daniel siempre se **viste** de negro.
i) Para hoy nosotros nos **despedimos** de ustedes. ¡Buenas noches!

j) Mi hermano se **ríe** de mí porque me gustan las películas románticas.
k) Chicos, ¿por qué no **sonreís** en esta foto?

**Aufgabe 84**

| | | | | | | | | | | | | | | | | | | | | |
|---|---|---|---|---|---|---|---|---|---|---|---|---|---|---|---|---|---|---|---|---|
| | | | | | | | 4 | | | | | | | | | | | | 9 | |
| | | | | | | | H | | | | | | | 8 | | | | | R | |
| | | | | | | | A | | | 6 | | 7 | | E | | | | | E | |
| | | 2 | | | 3 | | B | | 5 | R | O | B | A | M | O | S | | | P | |
| | | D | | | E | | L | | | E | | E | | P | | | | | I | |
| 1 | C | O | M | E | N | Z | A | M | O | S | | B | 10 | I | N | T | E | N | T | O |
| | | R | | | T | | N | | | P | | O | | E | | | | | E | |
| | | M | | | I | | | | | E | | | | Z | | | | | N | |
| | | Í | | | E | | | | | T | | 11 | C | A | N | T | A | | | |
| | | S | | | N | | | | | Á | | | | S | | | | | | |
| | | | | | D | | | 12 | V | I | V | E | | | | | | | | |
| 13 | V | I | S | T | O | | | | | S | | | | | | | | | | |

**Aufgabe 85** Cuando **llegan** a Erill, Ana **quiere** comprar queso de la región.

– Ana, **pienso** que ya **tienes** bastante queso.
– Sí, pero el queso de aquí es muy especial, no **puedes** encontrarlo en la ciudad. Por eso, **quiero** ver si **tienen** algo en el mercado de allí.

La tienda es bonita, pero las dos **pierden** mucho tiempo porque **prueban** también el jamón y el pan… Después de comprar queso y algunas cosas más, las chicas **empiezan** el camino, pero pronto se **sienten** bastante cansadas. Ana **comienza** a pensar que no está en forma. Finalmente, le **dice** a Merche:

– Merche, ¡espera, por favor! Me **duelen** mucho los pies y la espalda. No **quiero** llevar mi mochila ni un metro más. **Pienso** que es mejor volver a Erill.
– Ana, ¿estás loca? **Sueño** todo el tiempo con esta excursión a las montañas y ahora tú **quieres** volver. Escucha, ¿por qué no **pruebas** de hacer un descanso? **Dormimos** un ratito y después **empezamos** de nuevo.
– No, esto no **sirve** para nada, Merche. Ya no **puedo**, lo siento mucho. **Vuelvo** a Erill. Y tú, ¿**quieres** volver conmigo?
– Bueno, ¿qué **puedo** hacer? **Prefiero** no caminar sola. Entonces, **volvemos** juntas.

Las dos regresan a Erill. Ana tiene mala conciencia y le pregunta a Merche:

– Merche, ¿por qué no **repites** la excursión con Pepe? Le gustan las montañas. Seguro que **quiere** ir contigo.

fgabe 86 Individuelle Antwort

**Merche a Pepe:**
Hola Pepe, ¿puedes ir al Lago Negro conmigo? El Parque Nacional es precioso, pero Ana (ya) no quiere. Saludos, Merche

**Pepe a Merche:**
Hola, sí, quiero hacer la excursión, pero juego al fútbol los fines de semana. Voy a preguntar a Rico si puede jugar por mí. :) Pepe

**Merche a Pepe:**
Pepe, si llegas, puedes ir en bus hasta Erill. Te espero en la parada. Podemos partir enseguida. Saludos, Merche

**Pepe an Merche:**
Merchita, todo bien, vengo a Erill. El pronóstico dice que hace buen tiempo. ¡Hasta luego!

fgabe 87

| | tener | dar | hacer | conocer |
|---|---|---|---|---|
| (yo) | tengo | doy | hago | conozco |
| (tú) | tienes | das | haces | conoces |
| (él/ella, usted) | tiene | da | hace | conoce |
| (nosotros/as) | tenemos | damos | hacemos | conocemos |
| (vosotros/as) | tenéis | dais | hacéis | conocéis |
| (ellos/as, ustedes) | tienen | dan | hacen | conocen |

| | decir | saber | venir | poner |
|---|---|---|---|---|
| (yo) | digo | sé | vengo | pongo |
| (tú) | dices | sabes | vienes | pones |
| (él/ella, usted) | dice | sabe | viene | pone |
| (nosotros/as) | decimos | sabemos | venimos | ponemos |
| (vosotros/as) | decís | sabéis | venís | ponéis |
| (ellos/as, ustedes) | dicen | saben | vienen | ponen |

**Aufgabe 88**

a) Un momento, **tengo** el nombre en la punta de la lengua.
b) **Tienes** la cabeza dura. Si quieres hacer algo, lo haces.
c) No podemos ir al cine, no **tenemos** ni cinco.
d) **Tenéis** buena estrella, todo va muy bien.
e) Lina siempre convence a su hermano, **tiene** un pico de oro.
f) Nunca dan dinero a los pobres. **Tienen** un corazón de piedra.

**Aufgabe 89**

a) auf der Zunge liegen
b) stur sein/starrköpfig sein/einen Dickschädel haben
c) vom Glück begünstigt sein/ein Glückskind sein
d) pleite sein
e) sehr überzeugend sein
f) ein Herz aus Stein haben

**Aufgabe 90**

a) persi**go**
b) co**jo**
c) consi**go**
d) prote**jo**
e) eli**jo**
f) corri**jo**

**Aufgabe 91**

¡Hola Martina!
Me **llamo** Laura, **tengo** 15 años y **vivo** en el centro de Cádiz. Siempre **digo** que Andalucía es una parte muy especial de España. **Tengo** muchos amigos y **salgo** con ellos los fines de semana, al cine, a los cafés... ¡**Hago** mucho deporte también! **Sé** hablar inglés y un poco de alemán.
¡Adiós de Laura!

**Aufgabe 92**

¡Hola Laura!
**Tengo** también 15 años y **vivo** en Berlín. Todavía no **conozco** España. Te **traigo** unas fotos de Berlín, si **quieres**. Te **doy** mi número de teléfono; **podemos** hablar antes del viaje y organizar todo. Y ahora **sigo** con mis deberes de español...
Saludos, Martina

**fgabe 93** a) ¿Adónde **vais**?
b) ¡Usted **es** muy amable!
c) ¿Dónde **están**?
d) Y tú, ¿**eres** chileno?
e) Nosotros **vamos** a la playa.
f) ¿Ustedes **van** al centro?
g) **Voy** al teatro con Ceci.
h) **Está** en casa.

**fgabe 94** Yo **soy** de Costa Rica, un país centroamericano. **Está** situado entre Nicaragua y Panamá. Costa Rica **es** un país pequeño, pero hermoso y nosotros, los ticos, **somos** hospitalarios. ¡Hay mucho que ver en Costa Rica! Por ejemplo, hay volcanes activos. ¡**Son** muy impresionantes! Muchos turistas **van** al Parque Nacional Tortuguero. **Está** en la costa caribeña y **es** famoso por las tortugas marinas. En San José, la capital, nosotros **vamos**, por ejemplo, a bailar salsa. ¡**Es** muy divertido!
El fin de semana, yo siempre **voy** a las playas. ¡Tanto las playas pacíficas como las playas caribeñas **son** maravillosas! Entonces, en las vacaciones tú **vas** a Costa Rica, ¿verdad?

**fgabe 95** ¡Hola a todos! Yo me **llamo** Jordi y **soy** de Girona, **está** en el norte de Barcelona. Yo **escribo** muchos emilios cada día, pero también **leo** libros y revistas. Mi familia **viaja** mucho, en verano nosotros siempre **vamos** a la Costa Tropical en Andalucía. La gente allí **es** muy marchosa. Hay muchas fiestas y todos **bailan. Creo** que el flamenco **es** un baile maravilloso.
Después de las clases, me gusta hacer deporte. **Juego** al voleibol. ¿**Jugáis** también a algo? ¿Cómo os **llamáis** y qué **hacéis** todo el día?

Hola, **soy** Monika y **vivo** desde hace una semana en Granada. Mi familia y yo **venimos** de Alemania, de Hamburgo. **Aprendo** español y **paso** mucho tiempo en clase cada día. A veces **hacemos** excursiones a Sierra Nevada o **probamos** comida española. Mis padres todavía no **saben** hablar español, siempre **hablan** con sus manos :) ¡**Pienso** que es muy difícil entender a los andaluces!

Os **digo** ¡hola! de Sevilla. **Soy** Inma. Monika, **entiendo** bien tu problema, la gente andaluza **habla** muy rápido. **Sé** hablar alemán un poquito, **tenemos** clases en el cole. También **hago** deporte y **bailo** flamenco, Jordi…

**Aufgabe 96**

| | El Turista | Tú |
|---|---|---|
| a) | Disculpa, estoy completamente perdido. ¿Dónde estamos? | Estamos en la Klenzestraße. ¿Adónde quiere ir/quieres ir? |
| b) | Busco el ayuntamiento. Unos amigos me esperan allí. | El ayuntamiento no está lejos. Puede/puedes ir en bus. |
| c) | Ah, pero no sé dónde está la parada del autobús. | Voy a la parada del autobús con usted/contigo. |
| d) | Muchas gracias. ¡Hablas muy bien español! | Gracias. Aprendo español en el colegio y tengo unos amigos españoles. |

**Hinweis:**

Wenn der spanische Tourist in deinem Alter ist, kannst du ihn duzen; ist er älter als du, so ist die Anrede mit *usted* vorzuziehen.

**Aufgabe 97**

Madre: Toñito, ¿ayudas **a** la abuela con la bolsa, por favor?
Toñito: Sí, mamá. ¿Podemos comprar una chirimoya?
Madre: Hoy no, Toñito. Vamos a ver… Necesito una papaya, una sandía, tres manzanas, dos plátanos, unas fresas, dos limones, una granada…
Puestero: Señoras, ¿quieren ustedes probar las uvas?
Madre: Sí, gracias. Pero, no veo **a** Sonia, ¿dónde está ella? ¡Siempre hay que buscar **a** los niños!
Abuela: Puedo ver **a** Sonia. Ha encontrado **a** una amiga.
Puestero: ¡Ay, los niños! Tengo cinco hijos, señora… Amo mucho **a** mis hijos, pero ¡nunca hay un día normal!

**Aufgabe 98**

MANZANA

UVAS

CHIRIMOYA

FRESA

SANDÍA

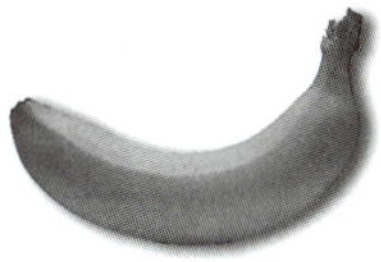

PLÁTANO

GRANADA

LIMÓN

PAPAYA

Lösung: UNA **MACEDONIA**

fgabe 99

**09.45**
Muy sospechoso. Veo a un hombre. El hombre trae (unas) cartas. Lleva un uniforme. Falsa alarma. Sólo es el cartero.

**11.00**
Muy sospechoso. Una mujer entra en la casa. Saluda a la[1] Sra. Sanz. Oh. Es una amiga. Sólo visita a la familia.

**14.30**
Muy sospechoso. Veo a dos personas pequeñas. Juegan al fútbol. Hm. Son los hijos de los Sanz.

**18.00**
Muy sospechoso. El Sr. Sanz sale de la casa. Llama al perro. El perro es enorme. ¡Me voy!

**Hinweis:**

1 Vor Titeln steht der bestimmte Artikel (vgl. Kapitel 2, Artikel und Mengenangaben).

**Aufgabe 100**

TÚ: ¿De dónde **sois** vosotros?

ELENA Y JAIME: Nosotros **somos** de Barcelona. Y tú, ¿de dónde **eres**?

TÚ: Yo **soy** de Hamburgo.

ELENA: Ah, Hamburgo, ¡qué interesante! ¿Y estos chicos **son** tus hermanos?

TÚ: Sí, **son** mis hermanos y esta señora **es** mi madre. No hablan español.

JAIME: ¡Qué pena!

**Aufgabe 101**

a) **Estoy** bien.
b) ¿Dónde **estamos**? ¿En la calle Colón?
c) Los niños **están** en su habitación.
d) ¿Dónde **estáis**?
e) ¿Cómo **estás**?
f) Usted **está** en La Concha, la playa de San Sebastián.
g) María tiene malas notas. **Está** muy triste.
h) Madrid **está** en el centro de España.
i) Ustedes **están** en Alcalá de Henares, ¡la ciudad de Cervantes!

**Aufgabe 102**

| | |
|---|---|
| a) **Somos** de España. | HERKUNFT |
| b) Lima **es** la capital de Perú. | FESTE EIGENSCHAFT |
| c) **Son** Miguel y Juan. | NAME |
| d) El Dr. González **es** médico. | BERUF |
| e) **Es** muy tarde. | ZEITANGABE |
| f) Anita **es** de Valparaíso. | HERKUNFT |
| g) Montse y tú, **sois** chicas guapas. | FESTE EIGENSCHAFT |
| h) El Papa **es** católico. | RELIGIONSZUGEHÖRIGKEIT |

gabe 103

| | |
|---|---|
| **Estamos** en Barcelona. | **ORTSANGABE** |
| María **está** deprimida. | **SEELISCHER ZUSTAND** |
| ¿Dónde **estáis**? | **ORTSANGABE** |
| Perú **está** en América Latina. | **ORTSANGABE** |
| **Estoy** muy feliz. | **SEELISCHER ZUSTAND** |
| Nieves **está** enferma. | **KÖRPERLICHER ZUSTAND** |

gabe 104

Mi familia y yo **estamos** en el aeropuerto: mi padre José, mi madre Ana, mi hermana Isabel y yo, Rafa. Esperamos a Maite, la amiga de mi madre. **Es** de México y **está** en el avión que llega a las 12.05.
Ya **es** tarde, ¿pero dónde **está** Maite? Ah, aquí viene. Parece que Maite **es** una mujer muy simpática. Después de 10 horas en el avión, **está** un poco cansada, pero contenta de vernos. «Ah, ¡aquí **estáis/están** todos, incluso los hijos!» dice. Después, busca algo en su gran bolso. «¿**Estás** bien, Maite?» le pregunta mi madre. «Sí, claro, **estoy** muy bien, es que no encuentro mi pasaporte, ¿dónde **está**? **Es** un gran problema no tener pasaporte, ¿verdad? Ah, ¡ya **está** en mi mano!» Mi padre dice: «Nuestra habitación no **está** muy lejos, sólo a una hora de aquí. Puedes descansar un poquito, Maite. ¿Vámonos?»

abe 105

Individuelle Antwort

a) Estos **son** mis hijos. Son dos chicos muy vivos. En medio de ellos **está** nuestro perro. ¡Es un perro listo!
b) A la izquierda **está** mi marido, a la derecha **estoy** yo. Mi marido **es** empleado en un banco. Aquí, **estamos** en el parque.
c) Esto **es** nuestra casa. **Está** en un barrio tranquilo.
d) En esta foto **está** mi hija. **Es** una chica muy amable. Aquí, **está** en la playa de Acapulco.

abe 106

Al teléfono:

LAURA: Hola, ¿**está** Diego?
MADRE: Sí, **está**, un momento.
LAURA: Oye, Diego, hoy **hay** una fiesta en casa de Marta, ¿vamos?
DIEGO: ¡Claro que sí!

En casa de Marta:

DIEGO: Es una fiesta fantástica, ¡**hay** un montón de gente!

LAURA: ¡Y aquí **está** Marta! Marta, ¿dónde **están** tus padres y tus hermanos?

MARTA: **Están** de vacaciones en Berlín. Dicen que la ciudad es alucinante, pero que **hay** muchos turistas y demasiado tráfico.

DIEGO: Entonces, ¿no **está** tu familia toda la semana?

MARTA: Ya ves, por eso invito a mis amigos. Vamos al salón, allí **hay** música, ¡a bailar!

**Aufgabe 107**

¡Se vende sofá!
Se vende este sofá. No **es** nuevo, pero **está** en perfecto estado. Su color **es** azul. El sofá es muy cómodo. También **hay** una mesa que va muy bien con el sofá.
Llamar al número 00568-84999033, por favor. **Estoy** en casa a partir de las seis de la tarde.

¡Se comparte piso!
Comparto mi piso con una estudiante. Si tú **eres** alegre, ordenada y simpática, ¡escríbeme! El piso **está** en el barrio de Atocha, cerca de la estación de trenes. En tu futuro cuarto ya **hay** un armario, un escritorio y una cama. **Hay** también una terraza para todos los que viven en la casa.
Contacto: elpisodejosefa@ete.es

¿Dónde **está** Leo?
Desde el viernes pasado nuestro gato está desaparecido. Se llama Leo. Su pelaje **es** blanco y gris. Leo **es** tímido, pero en general **es** un gato amable. Probablemente **está** todavía en el barrio. ¿Alguien ha visto a nuestro gato? ¡**Hay** una recompensa!
Familia Sánchez, calle Garcilaso de la Vega 23

abe 108

En Valencia **hay** muchas cosas interesantes y muchos turistas. Los visitantes **están** por todas partes, **están** en las calles, en las playas o en la plaza de toros, porque Valencia **es** una ciudad atractiva/alucinante y **está** directamente en la costa.

En esta ciudad **está** también el famoso «Oceanogràfic», donde puedes sentirte como en el mar. ¡**Es** fantástico!

Cada jueves más de 100 personas **están** en la Plaza de la Virgen y ven el Tribunal de las Aguas. Y en Valencia **hay** edificios modernos (por ejemplo de Santiago Calatrava), edificios viejos (por ejemplo las Torres de Quart) y grandes parques.

Muchas comidas allí **están** riquísimas[1], por ejemplo la paella valenciana.

Entonces, ¡**hay** muchas razones para viajar a Valencia! Allí nunca **estás** solo/sola porque **hay** muchos cafés y bares...

**Hinweis:**

1 *Ser rico* bedeutet „reich sein"; *estar rico* bedeutet „gut schmecken", „lecker sein".

abe 109

| | | | |
|---|---|---|---|
| hablar | **hablado** | venir | **venido** |
| comprender | **comprendido** | correr | **corrido** |
| salir | **salido** | llamar | **llamado** |
| beber | **bebido** | dar | **dado** |
| estudiar | **estudiado** | aprender | **aprendido** |

abe 110

| | | | |
|---|---|---|---|
| morir | **muerto** | poner | **puesto** |
| hacer | **hecho** | abrir | **abierto** |
| romper | **roto** | escribir | **escrito** |

abe 111

ser – **sido**
decir – **dicho**
poder – **podido**
estar – **estado**
ir – **ido**
volver – **vuelto**

decidir – **decidido**
dormir – **dormido**
ver – **visto**
nacer – **nacido**
vivir – **vivido**

**Aufgabe 112**
a) Hoy ya **he** comprado dos libros.
b) ¡**Han** comido mucho esta tarde!
c) ¿Ya **han** vivido en muchos países?
d) ¿**Habéis** encontrado las llaves ya?
e) Esta semana **hemos** trabajado mucho.
f) ¿Ya **has** escuchado el nuevo disco de Shakira?
g) Hoy **ha** tenido mucho éxito en el colegio.

**Aufgabe 113**
a) Carla **ha roto** su móvil.
b) ¿**Habéis visto** esto?
c) Los chicos ya **han comido**.
d) **Hemos escrito** muchas tarjetas.
e) ¿Cuándo **ha vuelto** usted a casa hoy?
f) ¿Ustedes **han comprado** los zapatos aquí?
g) ¿Qué **has hecho** tú esta tarde?
h) ¡Yo no **he dicho** nada!
i) ¿Quién **ha abierto** la puerta?
j) Este año **has viajado** mucho.

**Aufgabe 114**
Hoy **me he levantado** muy tarde porque el despertador no **ha sonado. Me he duchado** deprisa y **he salido** sin desayuno. El profesor **me ha reñido** por llegar tarde. **Le he explicado** todo, pero no **lo ha entendido**.
Pepe está de mala leche porque yo no **le he devuelto** el disco de Ska-P. **Lo he olvidado** en casa esta mañana. Y Yola no me habla. Alguien **le ha contado** que **me ha visto** en el cine con Teresa. ¡Pero Teresa y yo nunca **hemos salido** juntos!
Por fin, he llegado a casa, pero no **he encontrado** la llave. **He llamado** a mamá con el móvil y después **la he esperado** media hora bajo la lluvia. Creo que **me he resfriado** porque me duele la garganta. Además, los profesores **nos han dado** un montón de deberes. ¡Qué día más tonto!

**Aufgabe 115**
**He ido** por la montaña a regresar a mi pueblo. Mi rebaño de llamas **me ha seguido**, como siempre. De repente, **me he dado** cuenta: ¡faltan dos llamas! **Las he buscado**, pero no **las he encontrado.** La noche **ha venido** pronto. **He decidido** quedarme aquí, al pie de la montaña llamada Sumaq Urqu. **He encendido** un fuego y **me he dormido**. Al próximo día, **me he despertado** pronto.

Al salir el sol, **he visto** algo muy raro: algunos objetos brillantes en los restos del fuego. **Los he mirado** y **los he tocado**. Por fin, me **he llevado** algunos de los objetos. **Los he mostrado** a algunas personas de mi pueblo. Los españoles, que **se han enterado** de mi hallazgo, **me han dicho** que los objetos son valiosos. **Se han ido** ellos mismos al Sumaq Urqu y **han encontrado** mucha más plata. Este día **ha empezado** una época sombría para mi gente.

abe 116

a) unbestimmter Zeitpunkt

Sr. Sánchez, ¿usted ha estado en México alguna vez?

b) Ereignis mit Folgen bis in die Gegenwart

He perdido mi móvil. ¿Sabes (tú) dónde está?

c) noch nicht abgeschlossene Handlung

¿Dónde están Maite y Alejandro? ¿Han salido?

d) unbestimmter Zeitpunkt

¿Ya habéis visto «Volver» con Penélope Cruz?

abe 117

Santiago, 2. Mai

Die letzte Etappe! Heute sind wir von Rúa nach Santiago de Compostela gegangen/gelaufen. Wir sind um vier Uhr zur Herberge gekommen/an der Herberge angekommen und sie haben uns die letzten freien Betten gegeben. Danach haben wir die Kathedrale besucht/besichtigt und das Grab des Apostels Santiago/Jakobus gesehen. Dieser Tag war wunderbar/fantastisch, aber jetzt bin ich sehr müde …

abe 118

Primero, nos hemos perdido en el aeropuerto. Allí, he visto muchas tiendas con nombres alemanes. Una señora española muy simpática/amable nos ha ayudado. La señora nos ha invitado a cenar. ¡La cena ha sido riquísima! Ya hemos viajado mucho por la isla. Hemos estado en la playa y nos hemos bañado mucho en el mar. Ya he escrito diez postales. Y he salido dos veces con la guapa/linda hija de la señora española.

**Aufgabe 119**

a) ¡**Empieza** tu trabajo!
b) ¡**Pon** el plato en la mesa!
c) ¡**Di** la verdad!
d) ¡**Ven** aquí!
e) ¡**Repite** la pregunta!
f) ¡**Toma** el gazpacho!
g) ¡**Ten** cuidado!
h) ¡**Ve** a la panadería!
i) ¡**Haz** tus deberes!
j) ¡**Sé** puntual!

**Aufgabe 120**

a) ¡**Canta** una canción!
b) ¡**Prepara** un bocadillo!
c) ¡**Juega** al beisbol conmigo!
d) ¡**Escucha** el CD conmigo!
e) ¡**Ven** al parque conmigo!
f) ¡**Cuenta** una historia!
g) ¡**Lee** el libro!

**Aufgabe 121**

¡**Venid** a América Latina!
¡**Haced** una experiencia inolvidable!

¡**Tomad** un baño en el mar!
¡**Bebed** un mate!
¡**Dormid** en una hamaca!
¡**Comed** frutas tropicales!
¡**Aprended** español!
¡**Nadad** en el Caribe!
¡**Montad** a caballo!
¡**Charlad** con gente simpática!

¡**Caminad** por los Parques Nacionales!
¡**Ved** el Desierto de Atacama!
¡**Bailad** la salsa!
¡**Visitad** Chichén Itzá!
¡**Admirad** los Andes!
¡**Sentid** el viento de Patagonia!
¡**Id** en el Tren a las Nubes!
¡**Probad** comida criolla!

**Aufgabe 122**

¡**Ven** a América Latina!
¡**Haz** una experiencia inolvidable!

¡**Toma** un baño en el mar!
¡**Bebe** un mate!
¡**Duerme** en una hamaca!

¡**Camina** por los Parques Nacionales!
¡**Ve** el Desierto de Atacama!
¡**Baila** la salsa!

¡**Come** frutas tropicales!
¡**Aprende** español!
¡**Nada** en el Caribe!
¡**Monta** a caballo!
¡**Charla** con gente simpática!
¡**Visita** Chichén Itzá!
¡**Admira** los Andes!
¡**Siente** el viento de Patagonia!
¡**Ve** en el Tren a las Nubes!
¡**Prueba** comida criolla!

abe 123
a) ¡Ábrelo[1]!
b) ¡Vístete[1]!
c) ¡Devolvedlas!
d) ¡Ordenadla!
e) ¡Calmaos!
f) ¡Escuchadnos!
g) ¡Ponlo!
h) ¡Animaos!

**Hinweis:**

1 Beachte, dass hier (wegen des angehängten Pronomens, das die Betonung des Wortes verändern würde) ein grafischer Akzent gesetzt werden muss.

abe 124
a) ¡Comedlos!
b) ¡Tómalo[1]!
c) ¡Acuéstate[1]!
d) ¡Lavaos!
e) ¡Contadlo!
f) ¡Ciérrala[1]!
g) ¡Mírame[1]!
h) ¡Levantaos!

**Hinweis:**

1 Beachte, dass hier (wegen des angehängten Pronomens, das die Betonung des Wortes verändern würde) ein grafischer Akzent gesetzt werden muss.

abe 125
Los consejos de Clara:

¡**Dile** que te gusta! – No, no quiero decirle que me gusta.
¡**Pregúntale**[1] si va a la fiesta! – No, no quiero preguntarle si va a la fiesta.
¡**Escríbele**[1] un e-mail! – No, no puedo escribirle un e-mail.
¡**Hazlo**! – No, de verdad que no puedo hacerlo.
¡**Cuéntame**[1] por qué! – No, no puedo contarte por qué.
¡**Invítala**[1]! – No, no puedo invitarla.
¡**Relájate**[1]! – No, no puedo relajarme.

**Hinweis:**

1 Beachte, dass hier (wegen des angehängten Pronomens, das die Betonung des Wortes verändern würde) ein grafischer Akzent gesetzt werden muss.

Aufgabe 126 Alejandro, ¡**ten** paciencia! **Intenta** hablarle a/hablar con la hermana de Marta. **Pídele**[1] un consejo. O bien… ¡**id** al cine! Hay una nueva película de Icíar Bollaín, ¡**vedla**! Creo que a Marta le gusta ir al cine. O bien, **déjame**[1] pensar… ¡**quedaos** en la ciudad después y **dad** un paseo por la Calle del León, siempre hay música allí! O quizás otra cosa… ¡**Probad** el helado en la nueva heladería en la Plaza Velázquez! Ah, tengo otra idea: **Llámala**[1] y **pregúntale**[1] si te ayuda con tu exposición!

**Hinweis:**

1 Beachte, dass hier (wegen des angehängten Pronomens, das die Betonung des Wortes verändern würde) ein grafischer Akzent gesetzt werden muss.

Aufgabe 127

a) Juan, **dame** un poco de pan, por favor.
b) Eh, María, ¡**ve** a quiosco y **compra** limonadas!
c) **Di** «por favor», Juan.
d) Por favor, María, ¡**date** prisa!
e) **Cállate**[1].
f) ¡**Probad** los bocadillos!
g) María, ¡**anímate**[1]!
h) **Quedaos** aquí, yo voy al quiosco con María.
i) ¡Eh, **esperadme**!
j) María, **perdona**, lo siento.

**Hinweis:**

1 Beachte, dass hier (wegen des angehängten Pronomens, das die Betonung des Wortes verändern würde) ein grafischer Akzent gesetzt werden muss.

Aufgabe 128

a) No **podemos** comer en este restaurante hoy. Está cerrado.
b) Nuria no **puede** irse de viaje, sus padres no lo permiten.
c) ¿**Puedes** ayudarme un momentito, por favor?
d) No **sé** bailar muy bien.
e) María viene del dentista y no **puede** hablar ahora.
f) ¿**Podéis** venir a la fiesta de Pilar?
g) Xavier no **sabe** nadar. Nunca lo ha aprendido.

gabe 129

a) Los Sánchez no **pueden** comprar la casa porque no tienen suficiente dinero.
b) ¡Vosotros **sabéis** jugar al fútbol muy bien!
c) Gabriel normalmente **sabe** cantar muy bien, pero tiene la gripe, hoy no **puede** cantar.
d) Yo no **sé** conducir un coche.
e) Ángel, ¿**puedes** ayudarme con mis deberes, por favor?
f) No **puedo** verte, ¿dónde estás?
g) Su abuela le ha enseñado a cocinar y ahora **sabe** cocinar muy bien.

gabe 130

a) Los chicos **tienen que** jugar muy bien si quieren ganar.
b) María **tiene que** trabajar más para el colegio.
c) Normalmente no **hay que** trabajar los domingos.
d) ¡En Valencia **hay que** probar una paella!
e) **Hay que** estar un tiempo en un país para aprender su idioma de verdad.
f) Hoy **tengo que** volver a casa muy pronto.

gabe 131

Tarragona, el 12 de marzo

Querida abuela:

**Tengo que** escribirte una carta porque no **puedo** ir a tu cumpleaños. ¡Lo siento mucho! Pero **tengo que** preparar mi examen de inglés. Por lo general no **hay que** estudiar mucho para aprobar, porque no es muy difícil. ¡Pero esta vez **tengo/tenemos que** aprender toda la gramática de este año! Claro, yo **sé** hablar inglés bastante bien, pero de momento no **puedo** practicar mucho porque me falta tiempo. **Tengo que** ir a mis clases de flamenco por la tarde, y para bailar bien, ¡**hay que** entrenar por lo menos una hora cada día!
Pero **puedo** visitarte en las vacaciones de verano. ¿Todavía **sabes** preparar esa fideuà que me gusta tanto? ¡**Tienes que** escribirme pronto, porque quiero saber si estás bien! ¿Vale?

Un abrazo,
Montse

Aufgabe 132

Unbenannt - Nachricht (Rich-Text)

Datei Bearbeiten Ansicht Einfügen Format Extras Aktionen ?

Senden Optionen...

An... celi17@emanet.es

Cc...

Betreff: vacaciones

Hola Araceli,

¿qué tal? ¿Tienes que aprender mucho? ¿Qué quieres hacer este verano?

Mi amigo Alex y yo queremos viajar por América después de la selectividad. Alex sabe hablar inglés muy bien, yo sé hablar español y así podemos charlar con mucha gente/muchas personas.

Pero antes del viaje tengo que ganar dinero porque los vuelos son caros. Actualmente no puedo jugar al fútbol y no puedo salir porque trabajo mucho. ¡A veces hay que hacer sacrificios!

¡Hasta luego!
Saludos
Julius

Aufgabe 133

| | Fernando | Nadia |
|---|---|---|
| a) | ¿Adónde **vas a viajar** este año? | **Voy a pasar** dos semanas con mis padres en Andalucía. |
| b) | Ah, me gusta mucho Andalucía. ¿**Vais a visitar** la Alhambra en Granada? | Claro, **vamos a hacer** una visita guiada. |
| c) | ¿**Vais a ir** también a Sevilla? | Sí. En Sevilla **voy a visitar** a una amiga. ¡**Voy a ver** todos los lugares interesantes! |
| d) | Seguro que **vas a disfrutar** mucho de tu visita en Sevilla. ¿Y después? | Después, mis padres **van a ver** una corrida de toros en Ronda, pero yo no quiero. |
| e) | Y tú, ¿que **vas a hacer** en Ronda? ¿**Vas a sacar** fotografías de El Tajo y comer tapas? | Sí, ¡y **voy a escribir** muchas postales! |

;abe 134 Individuelle Antwort

*Beispiel 1:* En las vacaciones voy a ir con mi familia a Galicia. Vamos a hacer algunas excursiones, pero vamos también a nadar en el mar, si no hace demasiado frío. Mis padres van a leer mucho y yo voy a escuchar música en mi iPod.
*Beispiel 2:* En las vacaciones yo no voy a ir al extranjero. Voy a visitar a mis abuelos en Mannheim. Mis amigos y yo vamos a pasar mucho tiempo juntos. Quizás vamos a hacer camping en el jardín de Lukas, si hace buen tiempo.

;abe 135
a) Vero **acaba de encontrar** la última palabra del crucigrama.
b) Los niños **acaban de jugar** en el jardín, ahora están sucios.
c) Nosotros **acabamos de celebrar** el quinto aniversario de nuestra boda.
d) **Acabo de hacer** mis deberes.
e) ¿Usted **acaba de terminar** la universidad?
f) ¿Y vosotros **acabáis de volver** de un viaje a la India? ¡Qué interesante!

'abe 136

a)

| Linda/ir a ponerse/su nueva falda para la fiesta. | |
|---|---|
| Linda **se va a poner** su nueva falda para la fiesta. | Linda **va a ponerse** su nueva falda para la fiesta. |

b)

| Los niños/los ir a ayudar/más tarde | |
|---|---|
| Los niños **los van a ayudar** más tarde | Los niños **van a ayudarlos** más tarde. |

c)

| La película es buena. Nosotros/la acabar de ver. | |
|---|---|
| **La** acabamos de ver. | Acabamos de **verla**. |

d)

| Sergio/les acabar de dar/la llave para el piso. | |
|---|---|
| Sergio **les acaba de dar** la llave para el piso. | Sergio **acaba de darles** la llave para el piso. |

Aufgabe 137

| Cuestionario de la Asociación de Turismo del País Vasco<br>¡Muchas gracias por su ayuda! |
|---|
| 1. ¿De dónde son ustedes?<br>Nosotros somos de Alemania, de Bonn.<br>2. ¿Han visto ustedes Bilbao, la capital de la provincia de Vizcaya?<br>Sí, **acabamos de verla./La acabamos de ver**.<br>3. ¿Conocen ustedes al escultor vasco Eduardo Chillida?<br>Sí, lo conocemos. **Acabamos de visitar** el Museo Guggenheim donde hay algunas esculturas de Chillida.<br>4. ¿Qué quieren hacer los próximos días?<br>**Vamos a hacer** una excursión al Parque Nacional Urkiola. Después, **vamos a ir** a San Sebastián. **Vamos a pasar** allí tres días.<br>5. ¿Dónde **se van a quedar/van a quedarse**, en un hotel, un camping o un albergue?<br>**Nos vamos a quedar/vamos a quedarnos** en un albergue. |

Aufgabe 138

a) ¿**Te vas a levantar/ Vas a levantarte** temprano mañana?
b) **Le acabo de comprar/acabo de comprarle** una camisa.
c) ¿También **vais a jugar** a la pelota vasca mañana?
d) **Acabamos de regresar/de llegar** a casa.
e) **Lo acabo de llamar/acabo de llamarlo**.
f) La semana que viene **van a dar** un concierto.

Aufgabe 139

| | | | |
|---|---|---|---|
| cantar | **cantando** | servir | **sirviendo** |
| vivir | **viviendo** | huir | **huyendo** |
| decir | **diciendo** | venir | **viniendo** |
| hacer | **haciendo** | recibir | **recibiendo** |
| pintar | **pintando** | volver | **volviendo** |
| dormir | **durmiendo** | aprender | **aprendiendo** |
| beber | **bebiendo** | pedir | **pidiendo** |
| leer | **leyendo** | poder | **pudiendo** |

gabe 140

a) Las chicas **están bailando** en la discoteca.
b) Isabel **está leyendo** una novela.
c) Jorge **está escuchando** música.
d) El bebé **está durmiendo** en la cama.
e) Felipe y Charo **están viendo** la televisión.
f) Yo **estoy haciendo** el ejercicio.

gabe 141

a) [X] Los niños **están jugando** en el jardín ahora.
[ ] Los niños juegan en el jardín ahora.

b) [ ] Caracas está siendo la capital de Venezuela.
[X] Caracas **es** la capital de Venezuela.

c) [ ] Por la mañana, Blanca siempre está preparando el desayuno.
[X] Por la mañana, Blanca **prepara** el desayuno.

d) [X] Mira, ¡Rosa y Pedro **están bailando** en la sala!
[ ] Mira, ¡Rosa y Pedro bailan en la sala!

e) [ ] Luis está adorando a su esposa.
[X] Luis **adora** a su esposa.

abe 142

Nunca tienes tiempo para mí. Siempre tienes estrés. O estás ordenando/limpiando o estás duchándote/te estás duchando. Una vez acabas de volver del trabajo y dices que estás cansada, otra vez te vas a ir/vas a irte al tenis. Ahora acabas de telefonear una hora con tía Rosa y pronto Beatriz va a regresar del colegio/de la escuela y tú vas a preparar la comida. ¡Y yo te he preguntado hace ya dos horas si puedes jugar al fútbol conmigo!

abe 143

| | |
|---|---|
| Julio va a la oficina. | RICHTUNGSANGABE |
| No veo a Alejandro. | DIREKTES PERSÖNL. OBJEKT |
| Catalina escribe un e-mail a Miguel. | INDIREKTES OBJEKT |
| Quedamos en el cine a las ocho. | ZEITANGABE |
| El hotel está a un kilómetro de aquí. | ENTFERNUNGSANGABE |
| A los seis años los niños van a la escuela. | ALTERSANGABE |
| Viajamos a Grecia en verano. | RICHTUNGSANGABE |

**Aufgabe 144**

| | |
|---|---|
| Esta es la familia de Antonio. | **Genitiv** |
| Sonia es de Madrid. | **Herkunft** |
| En la región de Figueres hay muchos turistas. | **Bestimmung d. Substantivs** |
| Son los libros de Carmen. | **Genitiv** |
| Este coche de color rojo me gusta. | **Bestimmung d. Substantivs** |

**Aufgabe 145**

a) Camila y Sebastián son **de** México.
b) Me levanto **a** las seis y media.
c) La playa está **a** 200 metros del centro.
d) Siempre ayudo **a** mi madre en casa.
e) ¿Conoces **a** este chico de la chaqueta negra?
f) Vamos **a** Toledo por la Ruta de Don Quijote.
g) El novio **de** Fernanda es muy alto.
h) **A** los 3 años terminas la guardería.
i) Asunción es la capital **de** Paraguay.

**Aufgabe 146**

a) El móvil de Paquita está **en** la estantería.
b) El suéter está **encima del** escritorio/de la mesa.
c) La mochila está **entre** el escritorio y la estantería.
d) Las chanclas están **debajo de** la cama.
e) Las llaves están **detrás de** la estantería.
f) El traje de baño está **delante del** escritorio/de la cama.

**Aufgabe 147**

Gloria, de 11 años, nos cuenta su vida de gamina

**Durante** el día nos quedamos en la Avenida Brasil con las tiendas. A veces la gente nos da comida o un poco de dinero. Allí estamos **hasta** la medianoche. Algunos inhalan pegamento para sentirse mejor. Dormimos en un parque, en cajas de cartón, sobre todo **durante** el invierno. Pero tenemos que irnos **hasta** las ocho, porque a las ocho viene la policía.

Por la mañana, buscamos sitios para lavarnos. **Después de** lavarnos, buscamos algo para comer. Andamos por La Costanera, la playa de Lima, y les pedimos dinero a los turistas **hasta** mediodía. Volvemos a la Avenida Brasil **antes de** la una, porque a la una normalmente llega la policía a La Costanera para ahuyentarnos.

Es una vida durísima y no me gusta. Por lo menos, tengo mis amigos. ¡Un día, voy a aprender a escribir y leer y voy a vivir en un apartamento!

abe 148 La vida **del** Señor Pérez, un profesor **de** Toledo, es normal y **sin** complicaciones. Vive **con** su gato Negrito **en** un pequeño apartamento. Por la mañana, se levanta **a** las seis. **Después de** tomar un café, prepara sus clases. Como siempre, un montón de libros está **en** su escritorio. Negrito está sentado **debajo de** la mesa y observa **al** señor Pérez. Así sigue **hasta** las ocho. **A** las ocho y cuarto va **a** la parada **del** autobús donde ya está esperando mucha gente. **A** las 8.45 llega **a** su instituto y charla un rato **con** sus colegas **sobre** el trabajo.
Pero hoy, todo es diferente: cuando llega **a** su instituto, está completamente solo, ¡ **sin** colegas y **sin** alumnos! Incluso busca **entre** las estanterías de la biblioteca y **debajo de** las mesas, pero ¡no hay nadie! ¡Todos se han quedado **en** casa!
No sabe qué hacer. No es fin de semana, ¿verdad? Pero **en** este momento ve la fecha **en** el calendario: es el 6 **de** diciembre. Hoy es día festivo, ¡el Día **de** la Constitución!
Claro que no hay nadie. El señor Pérez se ríe y vuelve **a** su piso donde ya lo está esperando Negrito.

abe 149
a) **Desde** 2008 hablan mucho sobre la crisis global.
b) ¡**Desde hace** dos semanas hace mucho calor aquí!
c) **Desde** el primero de octubre tiene un nuevo coche.
d) Juan y yo somos amigos **desde hace** mucho tiempo.
e) **Desde** aquel día Sandra y Verónica no se hablan.

abe 150
a) **Desde hace** dos días tengo un perro.
b) Mis abuelos viven en Mallorca **desde hace** diez años.
c) **Desde** (el) 2004 el presidente español se llama José Luis Zapatero.
d) Conozco a mi amiga Olivia **desde hace** mucho tiempo.
e) **Desde hace** dos semanas mi padre está de viaje.

abe 151
a) He comprado los pantalones por 49 euros.
**Preisangabe**

b) Te llamo por el móvil más tarde, ¿vale?
**Mittel**

c) Está en Madrid por dos días.
**Zeitangabe**

d) Nos pasamos por tu casa a las seis.
**Richtungs-/Ortsangabe**

e) Me intereso mucho por Chile.
**interesarse + por**

f) ¡Gracias por el regalo!
**Grund**

g) No puede venir por el mal tiempo.
**Grund**

h) Nos han saludado por teléfono.
**Mittel**

Aufgabe 152

a) ¡Hoy empezamos **por** el capítulo número dos!
b) Nos vamos a Valencia **para** pasar el verano allí.
c) Hoy no hay una fiesta en la plaza **por** el mal tiempo.
d) Lo hace sólo **por** el dinero.
e) Siempre se levanta tarde **por** la mañana.
f) Hablo **por** Internet con mi amiga Marcela de Guatemala.
g) No, no, este libro es **para** tu hermana, no es **para** ti.
h) ¿Hay una discoteca **por** aquí?
i) Me intereso mucho **por** España.
j) Tiene un talento **para** las matemáticas.
k) Los futbolistas entrenan mucho **para** ganar.
l) Este CD es **para** Manuel.
m) ¡Muchas gracias **por** las flores!
n) ¿Puedes comprar una tableta de chocolate **para** mí?
o) He comprado un ordenador **para** mi hija **por** 200 euros. Está usado, pero funciona bien.

Aufgabe 153

HÉROES DEL SILENCIO: **Entre** dos tierras estás y no dejas aire para respirar

FITO Y FITIPALDIS: Todo el día de aquí para allá, **sin** comer, **sin** dormir y además **sin** dejar de fumar, yo no sé por qué el rock'n roll me quiere matar

CARLOS VIVES: Y hablo contigo **hasta** la alborada, y me imagino que eres mi almohada, y sigo hablando y no pasa el tiempo

SHAKIRA: Cada día pienso **en** ti, pienso un poco más **en** ti

JUANES: **Para** mí, ya no existes, tiempo; **para** mí, ya no existes; **para** mí, ya no queda nada

MANÁ: Hermanos y hermanas de otras razas, de otro color y un mismo corazón, rezas y rezas y nada enderezas, **por** eso hacemos la revolución, de amor, oye

MANU CHAO: Solo voy con mi pena, sola va mi condena, correr es mi destino, **para** burlar la ley, perdido en el corazón de la grande Babilón, me dicen el clandestino por no llevar papel

LA OREJA DE VAN GOGH: Vuelve a llover **sobre** Manhattan, el contador del taxi para, alguien de pie limpia sus gafas junto a mí, me recuerda mucho a ti

gabe 154

| Du sagst/fragst ... | Sie sagt/fragt ... |
|---|---|
| *... wie sie heißt und ob sie auch im Hotel El Moro wohnt?*<br>¿Cómo te llamas? ¿Estás también **en** el Hotel El Moro? | No, estamos **en** El Mirador. Me llamo Gema.<br>*Sie wohnt im Hotel El Mirador und heißt Gema.* |
| *... dass ihr aus Deutschland und seit zwei Tagen in Córdoba seid.*<br>Somos **de** Alemania y estamos en Córdoba **desde hace** dos días. | Yo soy **de** Valladolid. He venido aquí **para** visitar a mis abuelos.<br>*Sie ist aus Valladolid und ist hierher gekommen, um ihre Großeltern zu besuchen.* |
| *... dass du, ehrlich gesagt, nichts über Valladolid weißt.*<br>Francamente, no sé nada **sobre** Valladolid. | Vale, Valladolid está al noroeste **de** Madrid. Es una ciudad grande y vieja, **con** parques románticos.<br>*Valladolid liegt nordöstlich von Madrid. Es ist eine große, alte Stadt, mit romantischen Parks.* |
| *... was man auf dem Foto, das hinter ihrer Zeitung liegt, sehen kann? Ihre Familie?*<br>Gema, ¿qué se puede ver en la foto (que está) **detrás de** tu periódico? ¿(Es) Tu familia? | ¡Sí, es mi familia! Aquí, **entre** mi abuelo y mi abuela, estoy yo.<br>*Ja, das ist ihre Familie. Hier, zwischen ihrem Großvater und ihrer Großmutter, ist sie selbst.* |
| *... ob sie jetzt ohne ihre Großeltern hier ist?*<br>¿Y ahora estás aquí **sin** tus abuelos? | Mis abuelos están **en** el Centro de Cultura escuchando un concierto.<br>*Ihre Großeltern sind gerade im Centro de Cultura und hören ein Konzert an.* |

*... ob sie weiß, wie die Brücke vor der Mezquita heißt? Du hast die Brücke auf einer Postkarte gesehen.*
¿Sabes tú cómo se llama el puente **delante de** la Mezquita? Lo he visto **en** una postal.

Sí, claro, ¡es el Puente Romano! **Debajo del** puente corre el Guadalquivir.
*Das ist die Puente Romano. Unter ihr fließt der Guadalquivir.*

Dein kleiner Bruder läuft weg und du musst schnell hinterher.
*... Tut mir leid, auf Wiedersehen!*
Lo siento, ¡adiós!

Oye, ¿por qué no quedamos aquí **en** el café mañana? Adiós, ¡y **hasta** luego!
*Sie fragt, ob wir uns morgen treffen können und sagt: „Auf bald!"*

**Aufgabe 155** El perro duerme en un rincón. Valeria trabaja en el jardín. Julio la quiere mucho. Pienso que Paco tiene un coche.

**Aufgabe 156**
a) ¿**Por qué** no te gusta el gazpacho?
b) ¿**Adónde** viajáis en julio?
c) ¿**Qué** quieres hacer hoy?
d) ¿**Cuánto** cuesta el libro?
e) ¿**Dónde** están mis zapatos?
f) ¿**De dónde** es Yuri, de Rusia?
g) ¿**Cuándo** regresa Juan?
h) ¿**Por qué** no estás en clase?

**Aufgabe 157**
a) ¿**Cuántas** amigas vienen a tu fiesta?
b) ¿**Quiénes** son estas personas?
c) ¿**Cuántos** coches ves?
d) ¿**Quién** quiere ir a la piscina?
e) Queremos dos de estas pizzas. – ¿**Cuáles** quieren ustedes?
f) Necesito uno de tus libros. – ¿**Cuál** necesitas?

**Aufgabe 158**
DEPENDIENTE: Buenos días, señor, ¿En **qué** puedo ayudarle?
ANTONIO: Quiero comprar una bicicleta.
DEPENDIENTE: ¿**Qué** tipo de bicicleta quiere?

| | |
|---|---|
| ANTONIO: | Una bicicleta de montaña. |
| DEPENDIENTE: | Bueno, tenemos varios modelos. Aquí usted puede ver la selección de bicicletas. ¿**Cuáles** le gustan? |
| ANTONIO: | Me gustan esta a la derecha y aquella al fondo. ¿De **qué** marca son? |
| DEPENDIENTE: | Son de Iberciclo, una marca española. ¿**Cuál** de las dos quiere probar primero? |
| ANTONIO: | Esta, la negra. No pesa mucho, ¿verdad? De **qué** material es? |
| DEPENDIENTE: | Es de carbono. Pero tengo que decirle que el precio es bastante alto. ¿**Qué** cantidad de dinero quiere gastar? |
| ANTONIO: | Bueno, no puedo gastar tanto, soy estudiante. Voy a probar la otra. ¿Es más barata? |
| DEPENDIENTE: | Sí, pero es también de alta calidad. ¿**Cuál** prefiere? |
| ANTONIO: | La segunda. En todo caso, tengo que pensar un rato sobre esto. Voy a volver más tarde, ¿vale? |
| DEPENDIENTE: | Por supuesto. Voy a reservar la bicicleta para usted. |

abe 159

a) ¿**Cuándo** llega Daniel al aeropuerto de La Paz?
b) ¿**Cuánto** tiempo pasa Daniel en Bolivia?
c) ¿**Qué** hace Daniel en La Paz?
d) ¿Visita Daniel/Daniel visita también otras partes de Bolivia?
e) ¿Va Daniel/Daniel va al lago de Titicaca?

abe 160

*Deine Eltern wollen den genauen Namen des Herren und der Dame wissen.*
DU: ¿Cómo se llaman ustedes?

Somos Miguel Herrera y Natalia Andrade. Pero podemos tratarnos de «tú», ¿no?
DU: Sie heißen Miguel Herrera und Natalia Andrade. Sie schlagen vor, dass wir uns duzen.

*Deine Eltern bejahen und stellen sich als Martin und Elke vor. Du bist Michael/a.*
DU: De acuerdo. Mi padre se llama Martin y mi madre se llama Elke. Yo soy Michael/a.

*Deine Eltern wollen den Herkunftsort der Gäste wissen und welcher von den beiden der Chef ist.*
DU: ¿De dónde sois? ¿Y quién de vosotros es el jefe?

Yo soy de Madrid y Natalia es catalana, de Lérida. ¡Ella es la jefa!
DU: Miguel ist aus Madrid und Natalia ist Katalanin, aus Lérida. Sie ist die Chefin.

*Jetzt sollst du fragen, ob die beiden das erste Mal in Deutschland sind.*
DU: ¿Estáis en Alemania por primera vez?

Para mí es la primera vez, pero Miguel ya ha estado aquí. Le gusta Alemania.
DU: Natalia ist zum ersten Mal hier, aber Miguel ist schon da gewesen. Ihm gefällt Deutschland.

*Und wie viele Male und wo ist Miguel in Deutschland schon gewesen?*
DU: Miguel, ¿cuántas veces has estado ya en Alemania y dónde?

Ah, muchas veces y sobre todo en Múnich, porque nuestra empresa tiene muchos clientes allí.
DU: Er war schon öfters da, vor allem in München, weil ihre Firma dort viele Kunden hat.

*Deine Eltern fragen, was Miguel in Deutschland besonders gefällt.*
DU: ¿Y qué te gusta (más) aquí en Alemania?

Muchísimo, la gente, la puntualidad y, claro, ¡la fiesta de la cerveza *(Oktoberfest)*!
DU: Ihm gefällt sehr viel, die Menschen, die Pünktlichkeit und natürlich das Oktoberfest!

**Aufgabe 161**

a) ¿**Adónde** vais hoy?
b) ¿**Cuánto** cuestan los billetes?
c) ¿**Cuántas** personas participan en la visita guiada?
d) ¿**Quién** es el arquitecto del museo?
e) ¿Te interesa la arquitectura?
f) ¿**Desde cuándo** existe el museo?
g) ¿**Qué** cuadros te gustan?
h) ¿**Cómo** se llama el río al lado del museo?
i) ¿**Dónde** está el restaurante?

**Aufgabe 162**

a) ¡Qué calor!
b) ¡Qué día!
c) ¡Qué bonito!
d) ¡Qué suerte!
e) ¡Qué triste!

gabe 163

## Sprachen Mittel- und Südamerikas

Weißt du, **dass** es in Mittel- und Südamerika einige Länder gibt, die Spanisch nicht als offizielle Sprache haben? Zum Beispiel:

1 Brasilien (portugiesisch)
2 Französisch-Guyana (französisch)
3 Surinam (niederländisch)
4 Guyana (englisch)
5 Haiti und andere Karibik-Inseln (französisch)
6 Jamaica und andere Karibik-Inseln (englisch)
7 Belize (englisch)

Außerdem gibt es in einigen Anden-Ländern indigene Sprachen/Sprachen der Indios wie Quechua und Aymara, **die** neben dem Spanischen offizielle Sprachen sind. Und vielleicht hast du einmal gelesen, **dass** die Puerto-Ricaner Staatsbürger der Vereinigen Staaten sind? Aber in Puerto Rico gibt es mehr Menschen, **die** Spanisch sprechen **als** Englisch. Wenn wir, die Deutschen, nach Amerika fahren möchten, können wir an/in einigen Stellen/Orten des Kontinents unsere Sprache sprechen. Unter anderem in Chile, Argentinien und Brasilien. Es gibt dort viele europäische Einwanderer/Immigranten, **die** ihre Sprache und ihre Bräuche in der neuen Heimat bewahrt haben.

abe 164

a) **No** puedo venir.
b) **No** hay una cafetería por aquí.
c) **No** voy a salir esta tarde.
d) Este hombre **no** es Antonio.
e) **No** tengo un boli conmigo.
f) **No** te ayudo.

abe 165

| | |
|---|---|
| a) Los españoles no han inventado la corrida de toros… | … existe desde la antigüedad. |
| b) Rio de Janeiro no es la capital de Brasil… | … la capital de Brasil es Brasilia. |
| c) El color rojo no es importante, los toros no lo pueden ver/no pueden verlo… | … ven solamente que la capa se mueve y eso los pone furiosos. |

| | |
|---|---|
| d) La pirámide más grande no está/no se encuentra en Egipto… | … sino en México (la pirámide de Tepanapa). |
| e) Mucha gente piensa que en España no se puede esquiar, pero… | … se puede esquiar en la Sierra Nevada (Andalucía) y en los Pirineos. |
| f) Che Guevara no es de Cuba… | … sino de Argentina. |
| g) La cultura de los maya no ha muerto… | … los descendientes de los maya todavía viven en Centroamérica. |

**Aufgabe 166**

a) Marisa no vive en Guardalavaca. Vive en Guadalajara.
b) Es verdad.
c) Marisa no ha bailado un tango con su papá. Ha bailado un vals con su papá/con él.
d) Los últimos invitados no se han ido a medianoche. Se han ido a la primera luz del día.
e) La fiesta no ha sido aburrida. La fiesta ha sido maravillosa.
f) A Marisa no le duelen las manos. Le duelen los pies.
g) Es verdad.

**Aufgabe 167**

a) **Nunca** robo./**No** robo **nunca**.
b) **Nunca** llega a tiempo./**No** llega **nunca** a tiempo.
c) **Nunca** va al teatro./**No** va **nunca** al teatro.
d) **Nunca** le gusta caminar./**No** le gusta **nunca** caminar.
e) **Nunca** he estado en Cuenca./**No** he estado **nunca** en Cuenca.
f) **Nunca** quieres ir al fútbol./No quieres ir **nunca** al fútbol.

**Aufgabe 168**

No sé por qué, pero hoy, nada es bueno/no es bueno nada.
Nada parece interesante./No parece interesante nada.
No puedo hacer nada.
Nada me gusta en el cine./No me gusta nada en el cine.
No quiero leer nada.
Los amigos no me escriben nada por Internet.
Nada pasa en esta aburrida ciudad./No pasa nada en esta aburrida ciudad.

gabe 169

a) **Nadie** compra fruta.
b) **No** viajo con **nadie**.
c) ¡**Nadie** me ayuda!/¡**No** me ayuda **nadie**!
d) **No** pienso en **nadie**.
e) **Nadie** es responsable./**No** es responsable **nadie**.
f) **Nadie** vive en este desierto./En este desierto **no** vive **nadie**.

gabe 170

- Carlos **nunca** va a la discoteca los sábados./Carlos **no** va **nunca** a la discoteca los sábados.
- Carlos **no** necesita a **nadie** para reparar su moto.
- Carlos **nunca** está de mal humor./Carlos **no** está **nunca** de mal humor.
- Carlos **no** sabe **nada** sobre las telenovelas.
- Carlos **no** quiere encontrar a **nadie** de «Yo soy Bea».
- Carlos **no** cuenta **ningún** cotilleo.
- A Carlos **no** le gusta (nada) cocinar.

gabe 171

a) Yo tampoco como en casa hoy.
b) Los profesores tampoco están.
c) Teresa tampoco toca el piano.
d) Ellos tampoco están contentos.
e) Yo tampoco sé cocinar.

**Hinweis:**
Meist wird das vorangestellte *tampoco* verwendet.

abe 172

a) No quiero leer este periódico. – Yo tampoco quiero leer este periódico.
b) Mis hermanos no me ayudan. – Mis hermanos tampoco me ayudan.
c) No he cerrado la ventana. – Yo tampoco he cerrado la ventana.
d) No tengo tiempo para ir al concierto. – Yo tampoco tengo tiempo para ir al concierto.

abe 173

VECINO 1: No he visto a nadie.
VECINO 2: Mi novia y yo no hemos oído nada.
VECINO 3: Yo no estoy en casa por la noche. Mi mujer y mis hijos tampoco han visto al ladrón.

| | |
|---|---|
| VECINO 4: | ¿Un robo, dice usted? No, yo nunca salgo/no salgo nunca por la noche. No sé nada. |
| VECINO 5: | Nadie de nosotros conoce al ladrón. |

Aufgabe 174

a) **No** sé **ningún** poema de memoria.
b) **No** conozco a[1] **ninguna** chica chilena.
c) **No** me interesa **ninguno** de los coches.
d) **No** me ayuda **ningún** amigo./**Ningún** amigo me ayuda.
e) **No** veo a[1] **ninguna** de las niñas.

**Hinweis:**

1 Vergiss nicht das *a* vor direktem persönlichem Objekt.

Aufgabe 175

| | DUEÑA | TÚ |
|---|---|---|
| a) | Sie fragt, ob wir Hunger haben und etwas zu Mittag essen möchten. | Muchas gracias, pero no queremos comer nada ahora. |
| b) | Sie fragt, ob wir die Stadt schon kennen. | Nadie de nosotros la conoce./No la conoce nadie de nosotros. |
| c) | Sie fragt, ob wir einen Stadtplan haben und sagt, dass sie einen (hier/da) hat. | Aún no tenemos un plano de la ciudad. Muchas gracias. |
| d) | Sie fragt, ob wir die Umzüge/Prozessionen während der Semana Santa schon einmal gesehen haben. | Nunca las hemos visto./No las hemos visto nunca. |
| e) | Sie sagt, dass es am Karfreitag hier in Cuenca einen großen Umzug/eine große Prozession gibt. | Desafortunadamente, el viernes ya no estamos en Cuenca. |
| f) | Sie sagt, dass das schade ist und fragt, ob es in Deutschland auch Osterumzüge/-prozessionen gibt. | No, normalmente no hay ningunas procesiones de Semana Santa en Alemania. |

Aufgabe 176

a) Nadie tiene la culpa./No tiene la culpa nadie.
b) Ningún jugador me ha ayudado./No me ha ayudado ningún jugador.
c) No vamos a jugar tan mal nunca más./Nunca más vamos a jugar tan mal.

d) No estoy en forma.
e) Yo tampoco.
f) Nada ha funcionado./No ha funcionado nada.
g) No he visto nada por la lluvia.
h) No quiero decir nada.

gabe 177 Valladolid Marbella
Badajoz Toledo

gabe 178 Individuelle Antwort

gabe 179 Clara y Salvador están en el restaurante.

Salvador: Francamente, no me gusta esta comida. En Sevilla la comida es mucho mejor. El gazpacho está salado y tengo que decir que la naranjada no está fría. Pienso que no es un buen restaurante aunque se llama «La Cocina Buena». ¿Qué piensas tú, Clara?
Clara: Salvador, ¿no has olvidado una cosa? ¡Es *tu* restaurante!

abe 180 empe**zar** – orde**na****dor** – Se**vi**lla
mu**jer** – **quie**ro – cas**ti**llo
a**zul** – vi**vi**mos – **pe**rro

abe 181 a) el p**á**jaro – los p**á**jaros
Erklärung: Der grafische Akzent wird benötigt, da das Wort auf einen Vokal endet und die Betonung sonst „pa**ja**ro" lauten würde.

b) el volc**á**n – los volcanes
Erklärung: Der grafische Akzent wird im Singular benötigt, da das Wort auf *-n* endet und die Betonung sonst „**vol**can" lauten würde.

c) el joven – los j**ó**venes
Erklärung: Der grafische Akzent wird im Plural benötigt, da das Wort auf *-s* endet und die Betonung sonst „jo**ve**nes" lauten würde.

d) el rat**ó**n – los ratones
Erklärung: Der grafische Akzent wird im Singular benötigt, da das Wort auf *-n* endet und die Betonung sonst „**ra**ton" lauten würde.

**Aufgabe 182**

¡Busco habitación en piso compartido!

Me llamo Jan y tengo 21 años. Soy un estudiante alemán y participo en el programa Erasmus.
No fumo. Sé cocinar un poquito y me gustan mucho las películas y el deporte, sobre todo las excursiones en bicicleta de montaña. Soy simpático y responsable.
Busco una habitación (si es posible, con balcón) en un piso compartido, preferiblemente con unos jóvenes españoles para practicar el idioma.

Para obtener más información, por favor contácteme por e-mail: janz1@nxu.de

**Aufgabe 183**

| | | |
|---|---|---|
| **cuatro** | **nueve** | **dos** |
| **tres** | **seis** | **diez** |
| **siete** | **cinco** | **ocho** |

Welche Zahl zwischen eins und zehn fehlt noch? Auf Spanisch: **uno**

**Aufgabe 184**

**trece** zumos de naranja
**once** trozos de pastel
**doce** tazas de café
**catorce** bocadillos
**una** botella de agua
**diez** tapas del día
**quince** limonadas

**Aufgabe 185**

a) veintiocho
b) veintitrés[1]
c) diecinueve
d) dieciséis[1]
e) treinta
f) veintidós[1]

**Hinweis:**

1 Vergiss nicht den Akzent auf den einsilbigen Einern, wenn die Zahlen zusammengeschrieben werden.

**Aufgabe 186**

a) Catorce más dieciséis son treinta.
b) Veintiocho dividido por siete son cuatro.
c) Veintidós menos trece son nueve.

d) Cinco por tres son quince.
e) Nueve más once son veinte.
f) Dieciocho dividido por dos más doce son veintiuno.
g) Veintinueve menos diecisiete más once son veintitrés.
h) Nueve por tres menos diez más dos son diecinueve.

gabe 187

a) treinta y tres
b) cuarenta y cinco
c) sesenta y tres
d) ochenta y dos
e) cincuenta y cuatro
f) setenta y uno
g) noventa y nueve
h) sesenta y seis

gabe 188

Los pantalones cuestan **cincuenta y nueve** euros. La bufanda cuesta **dieci-ocho** euros. Los zapatos cuestan **cuarenta y seis** euros. La cadena cuesta **once** euros. La chaqueta cuesta **sesenta y un** euros. La falda cuesta **treinta y tres** euros. La camisa cuesta **veintitrés** euros. La corbata cuesta **quince** euros.

gabe 189

| | | | | | | | | | | | | | | | |
|---|---|---|---|---|---|---|---|---|---|---|---|---|---|---|---|
| Q | Á | P | D | **V** | **E** | **I** | **N** | **T** | **I** | **U** | **N** | **O** | E | C | T |
| H | C | M | Q | B | D | R | J | R | P | U | E | T | R | O | L |
| **E** | L | A | S | **D** | **I** | **E** | **Z** | E | E | T | L | I | B | V | R |
| **T** | N | **O** | **H** | **C** | **O** | **Y** | **A** | **T** | **N** | **E** | **R** | **A** | **U** | **C** | E |
| **E** | C | T | U | I | N | C | E | R | P | D | S | O | M | Z | Q |
| **I** | F | X | **C** | **A** | **T** | **O** | **R** | **C** | **E** | I | **E** | **V** | **E** | **U** | **N** |
| **S** | E | **N** | J | O | J | I | E | Z | R | E | L | E | D | T | T |
| **I** | S | **E** | U | C | C | A | R | T | Q | X | **O** | **N** | **U** | B | T |
| **C** | W | **I** | G | V | I | O | S | N | I | A | S | T | M | D | Y |
| **E** | A | **C** | A | O | P | **S** | **E** | **S** | **E** | **N** | **T** | **A** | P | E | S |
| **I** | L | Y | S | I | W | A | Y | U | T | N | I | E | R | T | Z |
| **D** | W | E | **S** | **O** | **D** | **Y** | **A** | **T** | **N** | **E** | **V** | **O** | **N** | E | E |

1, 9, 10, 14, 17, 21, 48, 60, 92, 100

Aufgabe 190

| | | |
|---|---|---|
| a) | **842** | ochocientos cuarenta y dos |
| b) | **127** | ciento veintisiete |
| c) | **555** | quinientos cincuenta y cinco |
| d) | **1799** | mil setecientos noventa y nueve |
| e) | **2306** | dos mil trescientos seis |
| f) | **667** | seiscientos sesenta y siete |

Aufgabe 191

| | | |
|---|---|---|
| a) | 1234 | **mil doscientos treinta y cuatro** |
| b) | 209 | **doscientos nueve** |
| c) | 1999 | **mil novecientos noventa y nueve** |
| d) | 564 | **quinientos sesenta y cuatro** |
| e) | 715 | **setecientos quince** |
| f) | 103 | **ciento tres** |

Aufgabe 192*

| | |
|---|---|
| **2003** | En el año **dos mil tres** hay un grave atentado terrorista en Madrid. |
| **1975** | En el año **mil novecientos setenta y cinco** muere Francisco Franco. |
| **1959** | En el año **mil novecientos cincuenta y nueve** triunfa la revolución cubana contra el dictador Fulgencio Batista. |
| **2008** | En el año **dos mil ocho** la selección española de fútbol gana el Campeonato Europeo. |
| **711** | En el año **setecientos once** empieza la invasión de los musulmanes en la Península Ibérica. |
| **1492** | En el año **mil cuatrocientos noventa y dos** Cristóbal Colón descubre América y los Reyes Católicos (Isabela y Fernando) terminan la Reconquista de los territorios musulmanes en la Península Ibérica. |
| **218** | En el año **doscientos dieciocho** antes de Cristo empieza la ocupación romana de la Península Ibérica. |
| **1973** | En el año **mil novecientos setenta y tres** tiene lugar el golpe de Estado de Augusto Pinochet en Chile contra el presidente Salvador Allende. |

gabe 193 Individuelle Antwort

gabe 194

| | | | |
|---|---|---|---|
| el 7.º piso | **séptimo** | María VI | **Sexta** |
| la 4.ª calle | **cuarta** | el 3.$^{er}$ coche | **tercer** |
| el 1.$^{er}$ año | **primer** | el 8.º día | **octavo** |
| Felipe II | **Segundo** | el 5.º aniversario | **quinto** |
| la 9.ª película | **novena** | la 10.ª vez | **décima** |

gabe 195

| | | | |
|---|---|---|---|
| la primera vez | **1.ª** | el décimo caso | **10.º** |
| el tercer hijo | **3.$^{er}$** | la cuarta familia | **4.ª** |
| el noveno mes | **9.º** | el sexto examen | **6.º** |
| la segunda playa | **2.ª** | la octava canción | **8.ª** |
| el séptimo texto | **7.º** | el quinto avión | **5.º** |

gabe 196

La conquista de América comienza con el descubrimiento del Nuevo Mundo por Cristóbal Colón en el siglo **quince**. Colón navega desde España hacia el oeste para encontrar el camino más corto a la India. Isabel **Primera** y Fernando **Segundo** le ayudan en este proyecto.
Cuando Colón llega finalmente a una isla, cree que está en la India. Por eso, llama a los indígenas «indios». Hace un **segundo**, un **tercer** y un **cuarto** viaje al nuevo continente para explorar la región caribeña. Toda su vida cree que ha encontrado un camino a Asia.
Pronto, otros exploradores como Hernán Cortés y Francisco Pizarro parten de España para conquistar el nuevo continente. Esperan encontrar riquezas, sobre todo en el famoso «El Dorado», un país con inmensas riquezas. Y de hecho encuentran materias primas como la plata y el oro.
En el siglo **dieciséis** los españoles llevan **diecisiete mil** toneladas de plata a España. Descubren también otras cosas que no parecen tan importantes a primera vista, pero que hoy constituyen el **setenta y cinco** por ciento de los alimentos consumidos en todo el mundo: la patata, el maíz, el tomate, etc.
Durante la conquista del Nuevo Mundo, los españoles extinguen a las **dos** culturas más importantes de la América antes de Colón: la cultura de los aztecas en Norteamérica y la cultura de los incas en América del Sur.
En **mil quinientos treinta y tres**, el último rey de los incas, Atahualpa, les ofrece a los españoles oro y plata con

un valor de **treinta y cinco** millones de euros para salvar su vida, pero los españoles lo matan y roban las riquezas.
Los indígenas sufren mucho bajo el dominio español. Muchos tienen que trabajar como esclavos. La esclavitud existe hasta **mil ochocientos setenta** en América Latina. Las enfermedades de los europeos también matan a un gran número de indios: se dice que un **noventa** por ciento de ellos muere en esta época.
En el año **mil ochocientos ocho** empiezan las guerras de independencia en Hispanoamérica. Los héroes de la independencia son, por ejemplo, Simón Bolívar (en Bolivia, Colombia, Ecuador, Panamá, Perú, Venezuela) y José de San Martín (en Argentina, Chile, Perú).
En **mil ochocientos noventa y ocho** España pierde sus últimas colonias.

**Aufgabe 197** El **lunes**, Merche ayuda a su madre a hacer las compras. El **martes**, Merche estudia para el examen de historia. El **miércoles**, Merche escribe el examen de historia... ¡uuf! El **jueves**, Merche trabaja en la biblioteca. El **viernes**, Merche prepara un montón de tapas para la fiesta de su novio Sergio. El **sábado**, Merche va con sus amigas a la fiesta de Sergio. Y el **domingo**, Merche descansa en el jardín, ¡finalmente!

**Aufgabe 198** Individuelle Antwort

**Aufgabe 199** la primavera: **marzo, abril, mayo**
el verano: **junio, julio, agosto**
el otoño: **septiembre, octubre, noviembre**
el invierno: **diciembre, enero, febrero**

**Aufgabe 200**
a) Hoy es el **trece de febrero**.
b) Hoy es el **doce de marzo**.
c) Hoy es el **veintinueve de junio**.
d) Hoy es el **diecisiete de noviembre**.
e) Hoy es el **treinta de septiembre**.
f) Hoy es el **ocho de agosto**.
g) Hoy es el **primero/uno de abril**.

gabe 201 El Día de los Reyes Magos se celebra el **seis de enero**. La Navidad se celebra el **veinticinco de diciembre**. El Día de la Hispanidad se celebra el **doce de octubre**. El Año Nuevo se celebra el **primero/uno de enero**. La Asunción (de María) se celebra el **quince de agosto**. El Día del Trabajo se celebra el **primer/uno de mayo**.

gabe 202

a) Llego a Madrid el veintiuno de octubre.
b) En los años cincuenta del siglo veinte hay mucha pobreza en España.
c) El dieciocho de julio es el día del golpe de Estado de/por Franco.
d) El martes tengo un examen importante.
e) Este domingo no me gusta, porque tengo que levantarme temprano.
f) ¿Qué día tenemos hoy? – Hoy es viernes.
g) ¿A cuánto estamos hoy? – Hoy es el dieciséis.
h) Los lunes (siempre) quedo con mis amigos en la Plaza de Mayo.

gabe 203

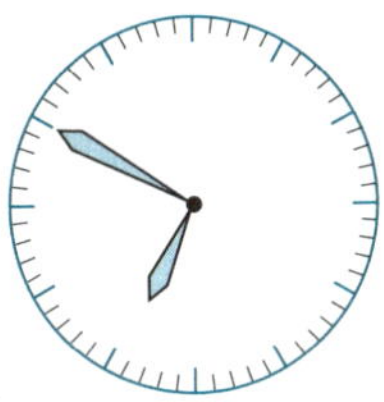
Son las siete menos diez.

Son las nueve y diez.

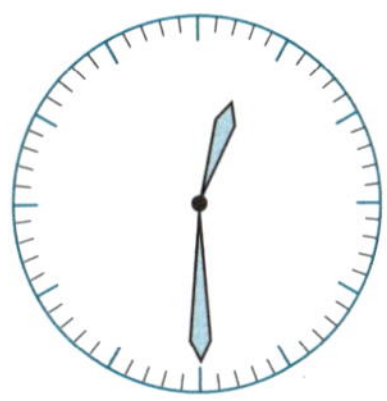
Son las doce y media.

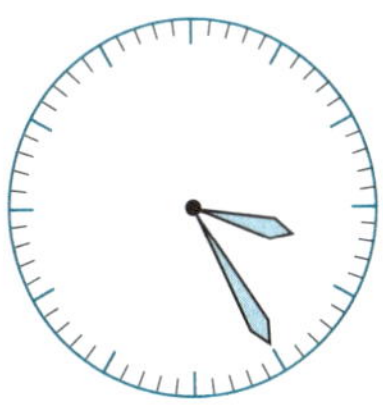
Son las tres y veinticinco.

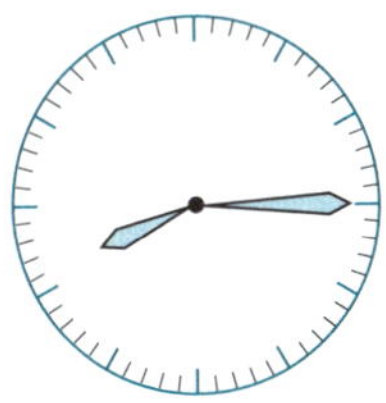
Son las ocho y cuarto.

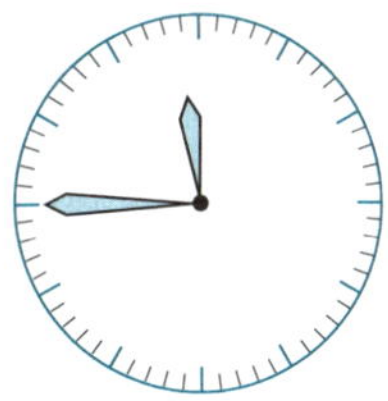
Son las doce menos cuarto.

**Aufgabe 204** El vuelo AZ 0541 con destino a Roma sale **a las nueve y cincuenta**. El vuelo IB 9547 con destino a Las Palmas sale **a las diez y veintitrés**. El vuelo AR 4672 con destino a Buenos Aires sale **a las once y cuarenta y cinco**. El vuelo BA 3330 con destino a Londres sale **a las doce y quince**. El vuelo LH 2975 con destino a Berlín sale **a las trece y treinta y cuatro**. El vuelo AA 4830 con destino a Los Ángeles sale **a las quince y ocho**. El vuelo SK 6543 con destino a Estocolmo **sale a las veintidós y veinte**. El vuelo SU 9231 con destino a Moscú sale **a la una y treinta**.

**Aufgabe 205** **A las siete y media** desayunamos en un bar y probamos churros. **A las ocho y cuarto** sacamos fotografías del Palacio Real y de la Catedral de la Almudena. **A las nueve y cinco** damos un paseo por el centro, vemos la Plaza Mayor, la Puerta del Sol y la Calle Alcalá. **A las once** vamos a Las Ventas, la famosa plaza de toros. **A las doce y veinte** almorzamos en un pequeño restaurante con un patio muy bonito. **A las dos menos diez** hacemos una visita guiada al Museo del Prado. **A las tres y media** descansamos en el Parque del Buen Retiro. **A las cinco menos cuarto** caminamos por la Calle de las Huertas. **A las seis y cuarto** volvemos al hotel para tomar una ducha. **A las siete y media** probamos algunas tapas en los bares. **A las ocho y media** cenamos.

**Aufgabe 206**

| | |
|---|---|
| a) Siempre va al trabajo | **a las siete de la mañana.** |
| b) Me gusta hacer una siesta | **por la tarde.** |
| c) La cenicienta tiene que volver a casa | **a medianoche.** |
| d) Toda la familia está en casa para comer juntos | **al mediodía.** |
| e) Siempre nos levantamos tarde | **por la mañana.** |
| f) No sé por qué el bebé no duerme bien | **por la noche.** |
| g) Esta discoteca cierra | **a las tres de la madrugada.** |

**Aufgabe 207**

a) Me levanto a las seis de la mañana.
b) Es la una menos cinco.
c) El viaje comienza a las ocho de la tarde.
d) El bus a Málaga sale a las dieciséis y treinta y dos.
e) Por la noche no me siento bien en este barrio.

# Anhang

## 27 Abkürzungen

| | | |
|---|---|---|
| adj. | adjetivo | Adjektiv |
| adv. | adverbio | Adverb |
| art. | artículo | Artikel |
| col. | coloquial | umgangssprachlich |
| f. | femenino | weiblich |
| LAm | Latinoamérica | Lateinamerika |
| m. | masculino | männlich |
| part. | participio | Partizip |
| pl. | plural | Plural |
| pron. | pronombre | Pronomen |

Bei Verben mit unregelmäßiger 1. Person Singular (Indikativ Präsens) ist diese in Klammern angegeben.

## 28 Vokabelverzeichnis

### Aa

| | |
|---|---|
| a la derecha | rechts |
| a la izquierda | links |
| a menudo | häufig |
| a veces | manchmal |
| a ver | mal sehen |
| a | nach, zu |
| abierto/a | offen |
| abrazo (m.) | Umarmung |
| abril (m.) | April |
| abrir | öffnen |
| abuelo (m.), abuela (f.) | Großvater, Großmutter |
| aburrido/a | langweilig |
| acabar de hacer algo | gerade etwas getan haben |
| acordarse (o>ue) de | sich erinnern an |
| acostarse (o>ue) | ins Bett gehen |
| activo/a | aktiv |
| actor (m.), actriz (f.) | Schauspieler, Schauspielerin |

| | |
|---|---|
| actualmente | momentan |
| además | außerdem |
| adiós | tschüss, auf Wiedersehen |
| ¿adónde? | wohin? |
| adorar | anbeten, verehren |
| aeropuerto (m.) | Flughafen |
| afeitarse | sich rasieren |
| africano/a | afrikanisch |
| agente secreto (m.) | Geheimagent |
| agosto (m.) | August |
| agua (f.) | Wasser |
| ahí | da, dort |
| ahora | jetzt, nun |
| ahuyentar | verscheuchen, vertreiben |
| aire (m.) | Luft |
| ajedrez (m.) | Schach |
| al fondo | hinten, im Hintergrund |
| al lado de | neben |
| alarma (f.) | Alarm |
| albergue (m.) | Herberge |
| alborada (f.) | Morgendämmerung |
| alegre | fröhlich |
| alemán/a | deutsch |
| Alemania (f.) | Deutschland |
| algo | etwas |
| alguien | irgendjemand, irgendwer |
| alguno/a | irgendein, irgendeine |
| algunos/as | einige |
| almohada (f.) | Kissen |
| alimento (m.) | Nahrungsmittel, Lebensmittel |
| allí | dort |
| almorzar (o>ue) | Mittag essen |
| Alpes (m.) | Alpen |
| alto/a | groß, hoch |
| alucinante | erstaunlich |
| alumno (m.), alumna (f.) | Schüler, Schülerin |
| amable | liebenswürdig |
| amar | lieben |
| América del Sur (f.) | Südamerika |

| | |
|---|---|
| amigo (m.), amiga (f.) | Freund, Freundin |
| amor (m.) | Liebe |
| anciano (m.), anciana (f.) | Senior, Seniorin |
| Andalucía (f.) | Andalusien |
| andaluz/a | andalusisch |
| andar | zu Fuß gehen, laufen |
| andino/a | Anden- |
| animal (m.) | Tier |
| animarse | den Kopf nicht hängen lassen |
| aniversario (m.) | Jahrestag |
| año (m.) | Jahr |
| Año Nuevo (m.) | Neujahr |
| antes | zuvor, bevor |
| antes de Cristo | vor Christus |
| antigüedad (f.) | Antike |
| apartamento (m.) | Wohnung |
| apóstol (m.) | Apostel |
| aprender | lernen |
| aprobar (o>ue) | bestehen |
| aquel, aquella, aquello | jener, jene, jenes |
| aquí | hier |
| árabe | arabisch |
| árbol (m.) | Baum |
| Argentina (f.) | Argentinien |
| armario (m.) | Schrank |
| arquitecto (m.) | Architekt |
| arquitectura (f.) | Architektur |
| artículo (m.) | Artikel |
| ascensor (m.) | Aufzug, Lift |
| así | so |
| asociación (f.) | Verein, Verband |
| aspecto (m.) | Aspekt |
| Asunción (f.) | Maria Himmelfahrt |
| atentado (m.) | Attentat |
| atún (m.) | Thunfisch |
| aún | noch |
| austral | südlich |
| Austria (f.) | Österreich |
| autobús (m.) | Bus |

| | | |
|---|---|---|
| | autor (m.), autora (f.) | Autor, Autorin |
| | avión (m.) | Flugzeug |
| | ayudar | helfen |
| | ayuntamiento (m.) | Rathaus |
| | azteca | aztekisch |
| | azul | blau |
| **Bb** | Babilón | Babylon |
| | bailar | tanzen |
| | baile (m.) | Tanz |
| | bajo | unter |
| | balcón (m.) | Balkon |
| | Baleares (f.) | Balearen |
| | balón (m.) | Ball, Ballon |
| | baloncesto (m.) | Basketball |
| | bañarse | baden |
| | banco (m.) | Bank |
| | bar (m.) | Bar |
| | barato/a | billig |
| | barrio (m.) | Viertel |
| | bastante | genug |
| | bebida (f.) | Getränk |
| | beisbol (m.) | Baseball |
| | bello/a | schön |
| | biblioteca (f.) | Bibliothek |
| | bicicleta (f.) | Fahrrad |
| | bicicleta de montaña (f.) | Mountainbike |
| | bien | gut |
| | billete (m.) | Ticket, Eintrittskarte |
| | biografía (f.) | Biografie |
| | blanco/a | weiß |
| | bocadillo (m.) | belegtes Brot, Sandwich |
| | boda (f.) | Hochzeit |
| | boli (bolígrafo) (m.) (col.) | Kuli (Kugelschreiber) |
| | Bolivia (f.) | Bolivien |
| | bolsa (f.) | Tüte |
| | bolso (m.) (de mano) | Handtasche |
| | bonito/a | hübsch |
| | botella (f.) | Flasche |

| | | |
|---|---|---|
| | Brasil (m.) | Brasilien |
| | brillante | glänzend |
| | brillar | scheinen |
| | bueno/a | gut |
| | ¡buenas noches! | gute Nacht! |
| | ¡buenas tardes! | guten Abend! |
| | ¡buenos días! | guten Tag! |
| | bufanda (f.) | Schal |
| | burlar(se) | täuschen, sich lustig machen |
| | bus (m.) | Bus |
| | buscar | suchen |
| Cc | caballo (m.) | Pferd |
| | cabeza (f.) | Kopf |
| | cada | jeder, jedes, jede |
| | cadena (f.) | Kette |
| | café (m.) | Café, Kaffee |
| | cafetería (f.) | Cafeteria |
| | cala (f.) | Bucht |
| | calendario (m.) | Kalender |
| | calidad (f.) | Qualität |
| | cálido/a | heiß |
| | callarse | still sein |
| | calle (f.) | Straße |
| | calmar(se) | (sich) beruhigen |
| | calor (m.) | Hitze |
| | cama (f.) | Bett |
| | cámara digital (f.) | Digitalkamera |
| | camarero (m.), camarera (f.) | Kellner, Kellnerin |
| | cambiar | sich ändern |
| | caminar | wandern |
| | camino (m.) | Weg |
| | camisa (f.) | Hemd |
| | camiseta (f.) | T-Shirt |
| | campeonato europeo (m.) | Europameisterschaft |
| | camping (m.) | Campingplatz |
| | Canarias (f.) | Kanaren |
| | canción (f.) | Lied |
| | canguro (m.) | Känguru, Babysitter |

| | |
|---|---|
| cansado/a | müde |
| cantante (m./f.) | Sänger, Sängerin |
| cantar | singen |
| cante (m.) | Gesang |
| cantidad (f.) | Menge |
| caos (m.) | Chaos |
| capa (f.) | Cape |
| capital (f.) | Hauptstadt |
| capítulo (m.) | Kapitel |
| cara (f.) | Gesicht |
| carbono (m.) | Karbon |
| caribeño/a | karibisch |
| carné de identidad (m.) | Personalausweis |
| carne (f.) | Fleisch |
| caro/a | teuer |
| carta (f.) | Brief |
| cartero (m.) | Postbote, Briefträger |
| cartón (m.) | Karton, Pappe |
| casa (f.) | Haus |
| casarse | heiraten |
| casi | fast |
| castellano (m.) | Spanisch |
| castillo (m.) | Burg |
| catalán/a | katalanisch |
| catarata (f.) | Wasserfall |
| catástrofe (f.) | Katastrophe |
| catedral (f.) | Kathedrale |
| católico/a | katholisch |
| catorce | vierzehn |
| CD (m.) | CD |
| celebrar | feiern |
| cenar | zu Abend essen |
| cenicienta (f.) | Aschenputtel |
| central | zentral |
| centro (m.) | Zentrum |
| Centroamérica (f.) | Zentralamerika, Mittelamerika |
| cerca | nahe |
| cerrar (e>ie) | schließen |
| cerveza (f.) | Bier |

| | |
|---|---|
| chaleco (m.) | Weste |
| champán (m.) | Champagner |
| champú (m.) | Shampoo |
| chanclas (f.) | Flip-Flops |
| chaqueta (f.) | Jacke |
| charlar | plaudern |
| chatear | chatten |
| chico (m.), chica (f.) | Junge, Mädchen |
| chileno/a | chilenisch |
| chirimoya (f.) | Chirimoya *(tropische Frucht)* |
| chocolate (m.) | Schokolade |
| chorizo (m.) | Chorizo *(spanische Wurst)* |
| churros (m.) | *spanisches Gebäck* |
| cien | hundert |
| cinco | fünf |
| cincuenta | fünfzig |
| cine (m.) | Kino |
| ciudad (f.) | Stadt |
| ciudadano (m.), ciudadana (f.) | Bürger, Bürgerin |
| clandestino/a | illegal |
| clase (f.) | Klasse, Unterricht |
| cliente (m.) | Kunde |
| coche (m.) | Auto |
| cocina (f.) | Küche |
| cocinar | kochen |
| cocodrilo (m.) | Krokodil |
| coger | nehmen |
| colega (m./f.) | Kollege, Kollegin |
| colegio (m.) | Schule |
| Colombia (f.) | Kolumbien |
| colonia (f.) | Kolonie |
| color (m.) | Farbe |
| comenzar (e>ie) | beginnen |
| comer | essen |
| comida (f.) | Essen |
| como | wie |
| ¿cómo? | wie? |
| compartir | teilen |
| completamente | völlig, vollkommen |

| | |
|---|---|
| completo/a | völlig, komplett |
| complicación (f.) | Komplikation |
| complicado/a | kompliziert |
| comportarse | sich benehmen |
| comprar | kaufen |
| comprender | verstehen, begreifen |
| Comunidad Autónoma (f.) | Autonome Gemeinschaft *(in etwa: Bundesland)* |
| Comunidad (f.) | Gemeinschaft |
| comunista | kommunistisch |
| con | mit |
| conciencia (f.) | Gewissen, Bewusstsein |
| concierto (m.) | Konzert |
| condena (f.) | Verurteilung |
| conducir (conduzco) | fahren |
| confortable | gemütlich |
| conjugación (f.) | Konjugation |
| conmigo | mit mir |
| conocer (conozco) | kennen |
| conocido/a | bekannt |
| conquista (f.) | Eroberung |
| conquistador (m.) | Eroberer |
| conseguir (e>i) | erreichen, erlangen |
| consejo (m.) | Ratschlag |
| conservar | bewahren |
| considerar | betrachten, ansehen |
| constitución (f.) | Verfassung |
| constituir | darstellen |
| construcción (f.) | Bau |
| construir | bauen |
| consumir | konsumieren, verbrauchen |
| contactar | kontaktieren, sich wenden an |
| contador del taxi (m.) | Taxameter |
| contar (o>ue) | erzählen |
| contento/a | zufrieden |
| contigo | mit dir |
| continente (m.) | Kontinent |
| contra | gegen |
| contrato (m.) | Vertrag |

| | |
|---|---|
| convencer | überzeugen |
| corazón (m.) | Herz |
| corbata (f.) | Krawatte |
| correcto/a | richtig |
| corregir (e>i) | korrigieren |
| correr | laufen |
| corrida (f.) (de toros) | Stierkampf |
| cortar | schneiden |
| corto/a | kurz |
| cosa (f.) | Sache |
| costar (o>ue) | kosten |
| costumbre (f.) | Brauch |
| cotilleo (m.) | Tratsch |
| creer | glauben |
| criollo/a | kreolisch |
| crisis (f.) | Krise |
| Cristo | Christus |
| crucigrama (m.) | Kreuzworträtsel |
| cuadro (m.) | Gemälde |
| cuál/es | welcher, welches, welche |
| ¿cuándo? | wann? |
| cuando | wenn, als |
| ¿cuánto? | wie viel? |
| cuarenta | vierzig |
| cuarto (m.) | (Stadt-)Viertel, Zimmer |
| cuarto de baño (m.) | Badezimmer |
| cuarto/a | vierter, viertes, vierte |
| cuatro | vier |
| Cuba (f.) | Kuba |
| cuenta (f.) | Rechnung |
| cuento (m.) | Märchen, Geschichte |
| cuestionario (m.) | Fragebogen |
| cuidado (m.) | Vorsicht |
| culpa (f.) | Schuld |
| cultura (f.) | Kultur |
| cumpleaños (m.) | Geburtstag |
| cumplir | erfüllen |
| cumplir x años | x Jahre alt werden |
| curso (m.) | Kurs |

| | | |
|---|---|---|
| **Dd** | dar (doy) | geben |
| | darse cuenta de | etwas bemerken |
| | darse prisa | sich beeilen |
| | de | von, aus |
| | de acuerdo | in Ordnung |
| | ¿de dónde? | woher? |
| | de memoria | auswendig |
| | de mi parte | von mir, meinerseits |
| | de nuevo | wieder, von Neuem |
| | de repente | plötzlich |
| | de vez en cuando | ab und an, manchmal |
| | debajo de | unter |
| | deberes (m. pl.) | Hausaufgaben, Aufgaben |
| | décimo/a | zehnter, zehntes, zehnte |
| | decir (digo) (e>i) | sagen |
| | dejar | lassen |
| | delante de | vor |
| | demasiado | zu viel |
| | dentista (m./f.) | Zahnarzt, Zahnärztin |
| | dentro de | innerhalb |
| | deporte (m.) | Sport |
| | deportista | sportlich |
| | deprimido | deprimiert |
| | deprisa (adv.) | schnell |
| | desafortunadamente | leider |
| | desaparecer (desaparezco) | verschwinden |
| | desayunar | frühstücken |
| | desayuno (m.) | Frühstück |
| | descansar | ausruhen |
| | descanso (m.) | Pause |
| | descendiente (m.) | Nachfahre |
| | descubrimiento (m.) | Entdeckung |
| | descubrir | entdecken |
| | desde | aus, von, seit |
| | ¿desde cuándo? | seit wann? |
| | desde hace | seit |
| | desierto (m.) | Wüste |
| | despedirse (e>i) | sich verabschieden |
| | despertador (m.) | Wecker |

| | |
|---|---|
| despertarse (e>ie) | aufwachen |
| después | danach, nachher |
| destino (m.) | Schicksal |
| detergente (m.) | Waschmittel |
| detrás de | hinter |
| devolver (o>ue) | zurückgeben |
| día (m.) | Tag |
| Día de la Constitución (m.) | Tag der (spanischen) Verfassung |
| Día de la Hispanidad (m.) | *spanischer Nationalfeiertag* |
| Día de los Reyes Magos (m.) | Dreikönigstag |
| Día del Trabajo (m.) | Tag der Arbeit |
| día festivo (m.) | Feiertag |
| dicho (m.) | Sprichwort |
| diciembre (m.) | Dezember |
| dictador (m.) | Diktator |
| diecinueve | neunzehn |
| dieciocho | achtzehn |
| dieciséis | sechzehn |
| diecisiete | siebzehn |
| diez | zehn |
| diferente | unterschiedlich |
| difícil | schwer, schwierig |
| dinero (m.) | Geld |
| dirección (f.) | Richtung, Adresse |
| directamente | direkt |
| director (m.), directora (f.) | Direktor, Direktorin |
| director de cine (m.) | Regisseur |
| disco (m.) | CD |
| discoteca (f.) | Diskothek |
| discutir | diskutieren, streiten |
| disfrutar | genießen |
| divertido/a | vergnüglich, unterhaltsam |
| divertirse (e>ie) | Spaß haben |
| dividido/a | geteilt |
| doce | zwölf |
| doler (o>ue) | schmerzen |
| domingo (m.) | Sonntag |
| dominio (m.) | Herrschaft |
| donde | wo |

| | | |
|---|---|---|
| | ¿dónde? | wo? |
| | dormir (o>ue) | schlafen |
| | dos | zwei |
| | dragón (m.) | Drache |
| | ducharse | sich duschen |
| | durante | während |
| | durar | dauern |
| | duro/a | hart |
| **Ee** | Ebro | Ebro *(Fluss in Spanien)* |
| | edificio (m.) | Gebäude |
| | Egipto (m.) | Ägypten |
| | ejemplo (m.) | Beispiel |
| | ejercicio (m.) | Übung |
| | el (art.) | der |
| | él (pron.) | er |
| | elegante | elegant |
| | elegir (e>i) | wählen |
| | elemento (m.) | Element |
| | ella | sie (f. Sing.) |
| | ellas | sie (f. Pl.) |
| | ellos | sie (m. Pl.) |
| | e-mail (m.) | E-Mail |
| | empezar (e>ie) | beginnen |
| | empleado (m.), empleada (f.) | Angestellter, Angestellte |
| | empresa (f.) | Firma |
| | en | in, auf |
| | en general | im Allgemeinen |
| | encender (e>ie) | anzünden, entzünden |
| | encima de | über |
| | encontrar (o>ue) | finden |
| | encontrarse (o>ue) (en) | sich befinden (in) |
| | enderezar | erreichen, erlangen |
| | enero (m.) | Januar |
| | enfermedad (f.) | Krankheit |
| | enfermo/a | krank |
| | enorme | riesig, groß |
| | enseñar | beibringen, lehren |
| | entender (e>ie) | verstehen |

| | |
|---|---|
| enterarse de | erfahren von |
| entonces | dann, also |
| entrada (f.) | Eingang |
| entrar | eintreten, hineingehen |
| entre | zwischen |
| entre otros | unter anderem |
| entrenar | trainieren |
| época (f.) | Epoche |
| equipo (m.) | Mannschaft |
| error (m.) | Fehler |
| escalar | klettern |
| esclavitud (f.) | Sklaverei |
| esclavo (m.), esclava (f.) | Sklave, Sklavin |
| esconder(se) | (sich) verstecken |
| escribir | schreiben |
| escritorio (m.) | Schreibtisch |
| escuchar | hören |
| escuela (f.) | Schule |
| escultor (m.), escultora (f.) | Bildhauer, Bildhauerin |
| escultura (f.) | Skulptur |
| ese, esa, eso | dieser, dieses, diese, dies dort |
| espalda (f.) | Rücken |
| España (f.) | Spanien |
| español | spanisch |
| especial | speziell |
| esperar | warten, hoffen |
| esposa (f.) | Ehefrau |
| esquiar | Skifahren |
| esquina (f.) | Ecke |
| estación (f.) | Jahreszeit |
| estación de trenes (f.) | Bahnhof |
| estado (m.) | Zustand, Staat |
| Estados Unidos (m. pl.) | Vereinigte Staaten |
| estantería (f.) | Regal |
| estar | sein, sich befinden |
| estar de mal humor | schlechter Laune sein |
| estar de mala leche | sauer sein |
| estar situado/a | gelegen sein, liegen |
| este, esta, esto | dieser, dieses, diese, dies hier |

| | |
|---|---|
| estilo (m.) | Stil |
| estrella (f.) | Stern |
| estrés (m.) | Stress |
| estudiante (m./f.) | Student, Studentin |
| estudiar | studieren, lernen |
| estúpido/a | blöd |
| etapa (f.) | Etappe |
| europeo/a | europäisch |
| examen (m.) | Prüfung |
| excursión (f.) | Ausflug |
| existir | existieren |
| éxito (m.) | Erfolg |
| exitoso/a | erfolgreich |
| experiencia (f.) | Erfahrung |
| experta (m./f.) | Experte, Expertin |
| explicar | erklären |
| explorador (m.) | Erforscher |
| explorar | erforschen |
| explosión (f.) | Explosion |
| exposición (f.) | Referat |
| extinguir | auslöschen |
| extraordinario/a | außergewöhnlich |

## Ff

| | |
|---|---|
| fácil | leicht, einfach |
| falda (f.) | Rock |
| falso/a | falsch |
| faltar | fehlen |
| familia (f.) | Familie |
| famoso/a | berühmt |
| fantástico/a | fantastisch, super |
| farmacia (f.) | Apotheke |
| favorito/a | Lieblings- |
| febrero (m.) | Februar |
| fecha (f.) | Datum |
| feliz | glücklich |
| fideuà (f.) | *valencianische Paella* |
| fiesta (f.) | Feier, Fest |
| fiesta de la cerveza (f.) | Oktoberfest |
| fin de semana (m.) | Wochenende |

| | |
|---|---|
| finalmente | schließlich |
| flamenco (m.) | Flamenco |
| flor (f.) | Blume |
| fluidez (f.) | Flüssigkeit |
| forma (f.) | Form |
| foto(grafía) (f.) | Foto(grafie) |
| francamente | ehrlich gesagt |
| francés/a | französisch |
| Francia (f.) | Frankreich |
| franquista | frankistisch |
| frasco (m.) | Flasche |
| frase (f.) | Satz |
| fresa (f.) | Erdbeere |
| fresco/a | frisch |
| frío/a | kalt |
| frío (m.) | Kälte |
| fruta (f.) | Frucht |
| fuego (m.) | Feuer |
| fuerte | stark |
| fumar | rauchen |
| funcionar | funktionieren |
| fundador (m.), fundadora (f.) | Gründer, Gründerin |
| fundar | gründen |
| furioso/a | wütend |
| fútbol (m.) | Fußball |
| futbolista (m./f.) | Fußballspieler, Fußballspielerin |
| futuro (m.) | Zukunft |

## Gg

| | |
|---|---|
| gafas (f. pl.) | Brille |
| Galicia (f.) | Galizien |
| gamín (m.), gamina (f.) (LAm) | Straßenkind |
| ganador (m.), ganadora (f.) | Gewinner, Gewinnerin |
| ganar | verdienen |
| garganta (f.) | Hals |
| gastar | ausgeben |
| gato (m.) | Katze |
| gazpacho (m.) | Gazpacho |
| gente (f.) | Leute |
| gitano/a | Zigeuner- |

| | |
|---|---|
| golf (m.) | Golf |
| golpe de Estado (m.) | Putsch |
| gracias | danke |
| gramática (f.) | Grammatik |
| granada (f.) | Granatapfel |
| grande | groß |
| grave | schwer |
| Grecia (f.) | Griechenland |
| gripe (f.) | Grippe |
| gris | grau |
| grupo (m.) | Gruppe, Band |
| guapo/a | hübsch |
| guardería (f.) | Kinderkrippe |
| Guayana francesa (f.) | Französisch-Guyana |
| guerra (f.) | Krieg |
| guía turística (m.) | Reiseführer |
| guitarra (f.) | Gitarre |
| gustar | gefallen |

**Hh**

| | |
|---|---|
| haber | haben/sein *(Hilfsverb)* |
| habitación (f.) | Zimmer |
| habitante (m./f.) | Einwohner, Einwohnerin |
| hablar | sprechen |
| hacer (hago) | machen, tun |
| hace buen/mal tiempo | es ist gutes/schlechtes Wetter |
| hace calor | es ist heiß |
| hace frío | es ist kalt |
| hace poco | vor Kurzem |
| hace viento | es ist windig |
| hacer (hago) deporte | Sport machen, Sport treiben |
| hacer (hago) las compras | Einkäufe machen |
| Haití (f.) | Haiti |
| hallazgo (m.) | Fund |
| hamaca (f.) | Hängematte |
| hambre (f.) | Hunger |
| Hamburgo | Hamburg |
| hasta | bis |
| hasta luego | bis bald |
| hasta mañana | bis morgen |

| | | |
|---|---|---|
| | hay | es gibt |
| | heladería (f.) | Eisdiele |
| | helado (m.) | Eis |
| | hermano (m.), hermana (f.) | Bruder, Schwester |
| | hermoso/a | schön |
| | héroe (m.), heroína (f.) | Held, Heldin |
| | hidalgo (m.) | Ritter |
| | hierbas (f.) | Gras |
| | hijo (m.) | Sohn, Kind |
| | historia (f.) | Geschichte |
| | histórico/a | historisch |
| | hombre (m.) | Mann, Mensch |
| | hospitalario/a | gastfreundlich |
| | hotel (m.) | Hotel |
| | hoy | heute |
| Ii | idea (f.) | Idee |
| | idioma (m.) | Sprache |
| | importante | wichtig |
| | importar | wichtig sein, viel bedeuten |
| | imposible | unmöglich |
| | impresionante | beeindruckend |
| | inca | Inka- |
| | incluso | sogar |
| | incorrecto/a | falsch |
| | increíble | unglaublich |
| | independencia (f.) | Unabhängigkeit |
| | India (f.) | Indien |
| | indígena | eingeboren, Indio- |
| | información (f.) | Information |
| | ingeniero (m.), ingeniera (f.) | Ingenieur, Ingenieurin |
| | inglés/a | englisch |
| | inhalar | inhalieren |
| | inmediato/a | unmittelbar |
| | inmigrante (m./f.) | Einwanderer, Einwanderin |
| | inolvidable | unvergesslich |
| | instituto (m.) | Grundschule, Institut |
| | instrumento (m.) | Instrument |
| | inteligente | intelligent, klug |

| | | |
|---|---|---|
| | intentar | versuchen |
| | interesante | interessant |
| | interesar | interessieren |
| | internacional | international |
| | Internet (m.) | Internet |
| | invasión (f.) | Invasion, Einfall |
| | invierno (m.) | Winter |
| | invitar | einladen |
| | ir(se) | gehen |
| | ir a hacer algo | etwas tun werden |
| | Irlanda (f.) | Irland |
| | irlandés/a | irisch |
| | isla (f.) | Insel |
| | Israel (m.) | Israel |
| | israelí | israelisch |
| | Italia (f.) | Italien |
| | italiano/a | italienisch |
| Jj | jamón (m.) | Schinken |
| | Japón (m.) | Japan |
| | japonés/a | japanisch |
| | jardín (m.) | Garten |
| | jardín botánico (m.) | botanischer Garten |
| | jefe (m.), jefa (f.) | Chef, Chefin |
| | jerez (m.) | Sherry |
| | joven (m./f.) | Jugendlicher, Jugendliche |
| | judío/a | jüdisch |
| | jueves (m.) | Donnerstag |
| | jugador (m.), jugadora (f.) | Spieler, Spielerin |
| | jugar (u>ue) | spielen |
| | jugar (u>ue) al escondite | Verstecken spielen |
| | julio (m.) | Juli |
| | junio (m.) | Juni |
| | junto | gemeinsam, miteinander |
| Kk | kilo (m.) | Kilo(gramm) |
| | kilómetro (m.) | Kilometer |

Ll

| | |
|---|---|
| la (art.) | die |
| la (pron.) | sie |
| lado (m.) | Seite |
| ladrón (m.) | Dieb |
| lago (m.) | See |
| lápiz (m.) | Bleistift |
| largo/a | groß, lang |
| las (art.) | die |
| las (pron.) | sie |
| lata (f.) | Dose |
| Latinoamérica (f.) | Lateinamerika |
| lavar(se) | (sich) waschen |
| le | ihm, ihr |
| leche (f.) | Milch |
| leer | lesen |
| lejos | fern, weit weg |
| lengua (f.) | Sprache, Zunge |
| les | ihnen |
| levantarse | aufstehen |
| ley (f.) | Gesetz |
| libertad (f.) | Freiheit |
| libro (m.) | Buch |
| limón (m.) | Zitrone |
| limonada (f.) | Limonade |
| limpiar | putzen |
| lindo/a | hübsch |
| listo/a | schlau |
| litro (m.) | Liter |
| lo | ihn |
| localidad (f.) | Ort |
| loco/a | verrückt |
| Londres | London |
| los (art.) | die |
| los (pron.) | sie |
| lotería (f.) | Lotto |
| luchar | kämpfen |
| luego | bald, dann |

| | | |
|---|---|---|
| | lugar (m.) | Ort |
| | lunes (m.) | Montag |
| | luz (f.) | Licht |
| **LLll** | llama (f.) | Lama |
| | llamada (f.) | Anruf |
| | llamarse | heißen, sich nennen |
| | llanura (f.) | Ebene |
| | llave (f.) | Schlüssel |
| | llegar | ankommen |
| | llevar | nehmen, mitnehmen |
| | llorón/a | weinerlich |
| | llover (o>ue) | regnen |
| | lluvia (f.) | Regen |
| **Mm** | macedonia (f.) | Obstsalat |
| | madre (f.) | Mutter |
| | madrugada (f.) | Morgendämmerung |
| | magnífico/a | herrlich |
| | maíz (m.) | Mais |
| | malo/a | schlecht |
| | mamá (f.) | Mama |
| | mañana | morgen |
| | mano (f.) | Hand |
| | manzana (f.) | Apfel |
| | mapa (m.) | Plan, Karte |
| | maquillarse | sich schminken |
| | mar (m.) | Meer |
| | maravilloso/a | herrlich, wunderschön |
| | marca (f.) | Marke |
| | marchoso/a | spaßig, stimmungsvoll |
| | marido (m.) | Ehemann |
| | marisco (m.) | Meeresfrüchte |
| | marroquí | marokkanisch |
| | martes (m.) | Mittwoch |
| | marzo (m.) | März |
| | más | mehr |
| | más o menos | mehr oder weniger |
| | matar | töten |

| | |
|---|---|
| mate (m.) | Mate-Tee |
| matemáticas (f. pl.) | Mathematik |
| materia prima (f.) | Rohstoff |
| material (m.) | Material |
| máximo/a | Maximal- |
| maya | Maya |
| mayo (m.) | Mai |
| mayor | größer |
| me | mich, mir |
| medianoche (f.) | Mitternacht |
| medicina (f.) | Medizin |
| médico (m.) | Arzt |
| medio/a | halb |
| media hora (f.) | eine halbe Stunde |
| medio litro (m.) | ein halber Liter |
| mediodía (m.) | Mittag |
| medir (e>i) | messen |
| mejor | besser |
| melodía (f.) | Melodie |
| memoria (f.) | Gedächtnis, Erinnerung |
| menos | weniger |
| mercado (m.) | Markt |
| mes (m.) | Monat |
| mesa (f.) | Tisch |
| Mesoamérica (f.) | Mittelamerika |
| metro (m.) | Meter |
| México (m.) | Mexiko |
| mezclar(se) | (sich) vermischen |
| mi (adj.) | mein |
| mí (pron.) | mir, mich |
| mientras | während |
| miércoles (m.) | Mittwoch |
| mil | tausend |
| millón | Million |
| mina (f.) | Mine |
| mineral | mineralisch, Mineral- |
| mínimo/a | Minimal- |
| mirar | sehen, schauen |
| misa (f.) | Messe |

| | | |
|---|---|---|
| | mismo/a (adj.) | derselbe, dasselbe, dieselbe |
| | mixto/a | gemischt |
| | mochila (f.) | Rucksack |
| | moda (f.) | Mode |
| | modelo (m.) | Modell |
| | moderno/a | modern |
| | molino (m.) | (Wind-)Mühle |
| | momento (m.) | Moment |
| | montaña (f.) | Berg |
| | montar | hinaufgehen |
| | montar a caballo | reiten |
| | monte (m.) | Berg |
| | montón (m.) | jede Menge, viele |
| | monumento (m.) | Denkmal |
| | morir(se) (o>ue) | sterben |
| | mostrar (o>ue) | zeigen |
| | moto (f.) | Mofa |
| | mover (o>ue) | bewegen |
| | móvil (m.) | Handy |
| | mucho (adv.) | viel, sehr |
| | mucho/a (adj.) | viel, viele |
| | muerto/a | tot |
| | muerto/a de sueño | todmüde |
| | mujer (f.) | Frau |
| | mundo (m.) | Welt |
| | muñeca (f.) | Puppe |
| | muro (m.) | Mauer |
| | museo (m.) | Museum |
| | música (f.) | Musik |
| | musicante (m./f.) | Musikant, Musikantin |
| | musulmán/a | muslimisch |
| | muy | sehr |
| **Nn** | nacer (nazco) | geboren werden |
| | nadar | schwimmen |
| | naranja (f.) | Orange |
| | naranja (adj.) | orange |
| | naranjada (f.) | Orangenlimonade |
| | nariz (f.) | Nase |

| | |
|---|---|
| navegar | segeln |
| Navidad (f.) | Weihnachten |
| necesitar | brauchen |
| neerlandés/a | niederländisch |
| negro/a | schwarz |
| nervioso/a | nervös |
| nevar (e>ie) | schneien |
| nieto (m.), nieta (f.) | Enkel, Enkelin |
| nieve (f.) | Schnee |
| ninguno/a | keiner, keines, keine |
| niño (m.), niña (f.) | Kind |
| no | nicht, nein |
| no tener ni cinco (tengo) (e>ie) | pleite sein |
| noche (f.) | Nacht |
| Nochebuena (f.) | Heilige Nacht |
| normal | normal |
| noroeste (m.) | Nordwesten |
| norte (m.) | Norden |
| nos | uns |
| nosotros/as | wir |
| nota (f.) | Note |
| novela (f.) | Roman |
| noveno/a | neunter, neuntes, neunte |
| noventa | neunzig |
| noviembre (m.) | November |
| novio (m.), novia (f.) | Freund, Freundin<br>Verlobter, Verlobte |
| nuestro/a | unser |
| Nueva York | New York |
| nueve | neun |
| Nuevo Mundo (m.) | die Neue Welt |
| nuevo/a | neu |
| número (m.) | Nummer |
| número cardinal (m.) | Kardinalzahl |
| número ordinal (m.) | Ordinalzahl |
| nunca | nie |

| | | |
|---|---|---|
| **Oo** | objeto (m.) | Objekt |
| | observar | beobachten |
| | obtener (obtengo) (e>ie) | erhalten |
| | ocasión (f.) | Gelegenheit |
| | ochenta | achtzig |
| | ocho | acht |
| | octavo/a | achter, achtes, achte |
| | octubre (m.) | Oktober |
| | ocupación (f.) | Besetzung |
| | ocuparse de | sich kümmern um |
| | oeste (m.) | Westen |
| | oficial | offiziell |
| | oficina (f.) | Büro |
| | ofrecer (ofrezco) | anbieten |
| | oír | hören |
| | olvidar | vergessen |
| | once | elf |
| | ordenado/a | ordentlich |
| | ordenador (m.) | Computer |
| | organizar | organisieren |
| | origen (f.) | Ursprung |
| | oro (m.) | Gold |
| | os | euch |
| | osito de peluche (m.) | Teddy |
| | otoño (m.) | Herbst |
| | otro/a | anderer, anderes, andere |
| **Pp** | paciencia (f.) | Geduld |
| | Pacífico (m.) | Pazifik |
| | pacífico | pazifisch, Pazifik- |
| | padre (m.) | Vater |
| | padres (m. pl.) | Eltern |
| | paella (f.) | Paella |
| | pagar | zahlen |
| | País Vasco (m.) | Baskenland |
| | país (m.) | Land |
| | paisaje (m.) | Landschaft |
| | pájaro (m.) | Vogel |
| | palabra (f.) | Wort |

| | |
|---|---|
| palmera (f.) | Palme |
| paloma (f.) | Taube |
| pan (m.) | Brot |
| panadería (f.) | Bäckerei |
| pantalones (m. pl.) | Hose |
| papa (f.) (LAm) | Kartoffel |
| papaya (f.) | Papaya *(tropische Frucht)* |
| papel (m.) | Papier |
| paquete (m.) | Päckchen, Packung |
| para | für, um zu |
| ¿para qué? | wozu? |
| parada (f.) | Haltestelle |
| paraguas (m.) | Regenschirm |
| parecer (parezco) | scheinen |
| parque (m.) | Park |
| parque nacional (m.) | Nationalpark |
| parte (f.) | Teil |
| participar | teilnehmen |
| partir | aufbrechen, losfahren, losgehen |
| pasado/a | vergangen |
| pasado (m.) | Vergangenheit |
| pasaporte (m.) | Reisepass |
| pasar | verbringen |
| pasear | spazieren gehen |
| paseo (m.) | Spaziergang |
| pasillo (m.) | Gang, Flur |
| pasión (f.) | Leidenschaft |
| pasta dentífrica (f.) | Zahnpasta |
| pastel (m.) | Kuchen |
| Patagonia (f.) | Patagonien |
| patata (f.) | Kartoffel |
| patio (m.) | Innenhof |
| patria (f.) | Heimat |
| payaso (m.) | Clown |
| paz (f.) | Frieden |
| pedazo (m.) | Stück |
| pedir (e>i) | bestellen, bitten |
| pegamento (m.) | Klebstoff |
| película (f.) | Film |

| | |
|---|---|
| película de amor (f.) | Liebesfilm |
| pelo (m.) | Haar |
| pelota vasca (f.) | baskisches Pelota-Spiel |
| pena (f.) | Trauer, Strafe |
| península (f.) | Halbinsel |
| Península Ibérica (f.) | Iberische Halbinsel |
| pensar (e>ie) | denken |
| pequeño/a | klein |
| perder (e>ie) | verlieren |
| perezoso/a | faul |
| perfecto/a | perfekt |
| perfume (m.) | Parfüm |
| periódico (m.) | Zeitung |
| periodista (m./f.) | Journalist, Journalistin |
| permitir | erlauben |
| pero | aber |
| perro (m.) | Hund |
| perseguir (e>i) | verfolgen |
| Perú (m.) | Peru |
| pesar | wiegen |
| piano (m.) | Klavier |
| pico (m.) | Berg, Gipfel, Schnabel |
| pie (m.) | Fuß |
| piedra (f.) | Stein |
| pijama (m.) | Pyjama, Schlafanzug |
| pintar | malen, streichen |
| pintor (m.) | Maler |
| pirámide (f.) | Pyramide |
| Pirineos (m.) | Pyrenäen |
| piscina (f.) | Schwimmbad |
| piso (m.) | Wohnung, Stockwerk |
| pizza (f.) | Pizza |
| plan (m.) | Vorhaben, Plan |
| planear | planen |
| plano (m.) | Plan, Karte |
| plata (f.) | Silber, Geld (LAm) |
| plátano (m.) | Banane |
| plato (m.) | Teller |
| playa (f.) | Strand |

| | |
|---|---|
| plaza (f.) | Platz |
| plaza de toros (f.) | Stierkampfarena |
| pobre | arm |
| pobreza (f.) | Armut |
| poco/a | wenig |
| poder (o>ue) | können |
| poner (pongo) | setzen, stellen, legen |
| popular | beliebt |
| por | durch, für, wegen |
| por ejemplo | zum Beispiel |
| por eso | deshalb |
| por favor | bitte |
| por fin | schließlich |
| por la mañana | morgens |
| por lo general | im Allgemeinen |
| por lo menos | mindestens |
| porque | weil |
| ¿por qué? | warum? |
| por supuesto | natürlich |
| por todas partes | überall |
| portugués/a | portugiesisch |
| posible | möglich |
| positivo/a | positiv |
| postre (m.) | Nachtisch |
| practicar | üben |
| práctico/a | praktisch |
| precio (m.) | Preis |
| preferiblemente | bevorzugt, am liebsten |
| preferir (e>ie) | vorziehen |
| pregunta (f.) | Frage |
| preguntar | fragen |
| premio (m.) | Preis *(Ehrung)* |
| preparar | vorbereiten |
| presidente (m.) | Präsident |
| prestar | leihen |
| primavera (f.) | Frühling |
| primero/a | erster, erstes, erste |
| primo (m.), prima (f.) | Cousin, Cousine |
| probable (adj.) | wahrscheinlich, voraussichtlich |

| | |
|---|---|
| probablemente (adv.) | wahrscheinlich |
| probar (o>ue) | probieren, versuchen |
| problema (m.) | Problem |
| procesión (f.) | Umzug, Prozession |
| producto (m.) | Produkt |
| profesor (m.) | Lehrer |
| programa (m.) | Programm |
| pronóstico (m.) | Wettervorhersage |
| proteger | schützen |
| próximo/a | nächster, nächstes, nächste |
| proyecto (m.) | Projekt |
| pueblo (m.) | Volk, Dorf |
| puerta (f.) | Tür |
| puertorriqueño (m.), puertorriqueña (f.) | Puerto Ricaner, Puerto Ricanerin |
| pues | also |
| punta (f.) | Spitze |
| puntualidad (f.) | Pünktlichkeit |
| puntualmente | pünktlich |

## Qq

| | |
|---|---|
| que | dass |
| que (pron. relativo) | der, die, das |
| ¿qué? | was? welcher? welches? welche? |
| qué lástima | wie schade |
| qué pena | wie schade |
| ¿qué tal? | wie geht's? |
| quedar con | sich verabreden mit |
| quedarse | bleiben |
| querer (e>ie) | mögen, wollen, lieben |
| querido/a | lieber, liebes, liebe |
| queso (m.) | Käse |
| ¿quién? | wer? |
| quince | fünfzehn |
| quinceañero/a | Fünfzehnjähriger, Fünfzehnjährige |
| quinientos/as | fünfhundert |
| quinto/a | fünfter, fünftes, fünfte |
| quiosco (m.) | Kiosk |
| quizás | vielleicht |

**Rr**

| | |
|---|---|
| radio (f.) | Radio |
| rampa (f.) | Bühne |
| rápido/a (adj.) | schnell |
| rápido (adv.) | schnell |
| raro/a | seltsam |
| rato (m.) | Weile |
| ratón (m.) | Maus |
| raza (f.) | Rasse |
| razón (f.) | Grund, Recht, Verstand |
| Real | königlich |
| real | real, wirklich |
| rebaño (m.) | Herde |
| recepción (f.) | Rezeption, Empfang |
| recibir | erhalten |
| recompensa (f.) | Belohnung |
| reconquista (f.) | Rückeroberung |
| recordar (o>ue) | (sich) erinnern |
| red (f.) | Netz, Internet |
| refugio (m.) | Schutzhütte, Berghütte |
| regalar | schenken |
| regalo (m.) | Geschenk |
| región (f.) | Region |
| regional | regional |
| regresar | zurückgehen, zurückkommen |
| reír(se) (e>i) | lachen |
| relación (f.) | Verbindung, Beziehung |
| reloj (m.) | Uhr |
| reñir (e>i) | schimpfen |
| repetir (e>i) | wiederholen |
| reservar | reservieren |
| resfriarse | sich erkälten |
| respetar | respektieren |
| responsable | verantwortlich |
| restaurante (m.) | Lokal, Restaurant |
| resto (m.) | Rest |
| revista (f.) | Zeitschrift |
| revolución (f.) | Revolution |
| rey (m.) | König |
| rezar | beten |

| | | |
|---|---|---|
| | rico/a | lecker, reich |
| | rincón (m.) | Ecke |
| | río (m.) | Fluss |
| | riqueza (f.) | Reichtum |
| | robar | rauben, stehlen |
| | rojo/a | rot |
| | romano/a | römisch |
| | romántico/a | romantisch |
| | romper | zerbrechen |
| | rosa | rosa |
| | roto/a | kaputt |
| | rubio/a | blond |
| | ruido (m.) | Lärm |
| | Rusia (f.) | Russland |
| | ruso/a | russisch |
| **Ss** | sábado (m.) | Samstag |
| | saber (sé) | wissen |
| | sacar | herausnehmen, nehmen |
| | sacrificio (m.) | Opfer |
| | sala de dormir (f.) | Schlafzimmer |
| | salado/a | versalzen |
| | salir (salgo) | ausgehen |
| | salón (m.) | Wohnzimmer |
| | salsa (f.) | Soße, Salsa-Tanz |
| | saludar | grüßen |
| | saludo (m.) | Gruß |
| | salvar | retten |
| | sandalias (f. pl.) | Sandalen |
| | sandía (f.) | Wassermelone |
| | se | sich |
| | seco/a | trocken |
| | secretario (m.), secretaria (f.) | Sekretär, Sekretärin |
| | seguir (e>i) | folgen, weitermachen |
| | segundo/a | zweiter, zweites, zweite |
| | seguro/a | sicher |
| | seguro que | sicherlich |
| | seis | sechs |
| | selección (f.) | Auswahl |

| | |
|---|---|
| selección de fútbol (f.) | Fußball-Nationalmannschaft |
| selectividad (f.) | *in etwa:* Abitur |
| semana (f.) | Woche |
| Semana Santa (f.) | Heilige Woche, Osterwoche |
| señor (m.), señora (f.) | Herr, Frau |
| señorita (f.) | Fräulein |
| sentarse (e>ie) | sich setzen |
| sentimental | sentimental, rührselig |
| sentir (e>ie) | bedauern |
| sentirse (e>ie) | sich fühlen |
| septiembre (m.) | September |
| séptimo/a | siebter, siebtes, siebte |
| ser | sein |
| serie (f.) | Serie |
| serio/a | ernst |
| servir (e>i) | servieren, bedienen, dienen |
| sesenta | sechzig |
| setenta | siebzig |
| sexto/a | sechster, sechstes, sechste |
| sí | ja |
| si | wenn, falls |
| siempre | immer |
| siete | sieben |
| siglo (m.) | Jahrhundert |
| silla (f.) | Stuhl |
| sillón (m.) | Sessel |
| símbolo (m.) | Symbol |
| simpático/a | sympathisch |
| sin embargo | aber, jedoch |
| sin | ohne |
| sino que | sondern |
| sobre | über |
| socialista | sozialistisch |
| sofá (m.) | Sofa |
| sol (m.) | Sonne |
| solamente | nur |
| solo/a (adj.) | alleine |
| sólo (adv.) | nur, bloß |
| solución (f.) | Lösung |

| | |
|---|---|
| sombra (f.) | Schatten |
| sombrío/a | düster |
| sonar (o>ue) | klingen, läuten |
| soñar (o>ue) | träumen |
| sonreír (e>i) | lächeln |
| sospechoso/a | verdächtig |
| su | sein, ihr |
| subir | hinaufgehen, einsteigen |
| sucio/a | schmutzig |
| suerte (f.) | Glück |
| suéter (m.) | Pullover |
| sufrir | leiden |
| supermercado (m.) | Supermarkt |
| sur (m.) | Süden |
| surfear | surfen |

## Tt

| | |
|---|---|
| tableta (f.) | Tafel |
| talento (m.) | Talent |
| también | auch |
| tampoco | auch nicht |
| tan | so |
| tango (m.) | Tango |
| tapa (f.) | Tapa |
| tarde (f.) | Nachmittag, Abend |
| tarde (adv.) | spät |
| tarjeta (f.) | Karte, Postkarte |
| tasa (f.) | Tasse |
| te | dich, dir |
| te toca a ti | du bist dran |
| teatro (m.) | Theater |
| tele(visión) (f.) | Fernsehen |
| telefonear | telefonieren |
| teléfono (m.) | Telefon |
| telenovela (f.) | Telenovela, Serie |
| tema (m.) | Thema |
| temperatura (f.) | Temperatur |
| temporada (f.) | Jahreszeit |
| temprano | früh |
| tener (tengo) (e>ie) | haben |

| | |
|---|---|
| tener buena estrella | vom Glück begünstigt sein |
| tener cuidado | vorsichtig sein |
| tener en la punta de la lengua | auf der Zunge liegen |
| tener la cabeza dura | starrköpfig sein |
| tener razón | Recht haben |
| tener un corazón de piedra | ein Herz aus Stein haben |
| tener un pico de oro | beredt sein |
| tenis (m.) | Tennis |
| tercero/a | dritter, drittes, dritte |
| terminar | beenden |
| terraza (f.) | Terrasse |
| territorio (m.) | Gebiet |
| terrorista | terroristisch |
| tesoro (m.) | Schatz |
| texto (m.) | Text |
| ti | dich |
| tico (m.), tica (f.) (col.) | Costa Ricaner, Costa Ricanerin |
| tiempo (m.) | Wetter |
| tienda (f.) | Geschäft |
| tierra (f.) | Erde, Welt |
| tímido/a | schüchtern |
| tío (m.), tía (f.) | Onkel, Tante |
| típico/a | typisch |
| tocar | berühren, spielen (Instrument) |
| todavía | noch |
| todo el, toda la | der ganze, das ganze, die ganze |
| todo el mundo | alle, alle Welt |
| todo | alles |
| tomar | nehmen, trinken |
| tomate (m.) | Tomate |
| tonelada (f.) | Tonne |
| tonto/a | blöd |
| toro (m.) | Stier |
| torre (f.) | Turm |
| tortilla (f.) | Tortilla, Omelette |
| tortuga marina (f.) | Meeresschildkröte |
| tostada (f.) | Toast |
| trabajador/a | fleißig |
| trabajar | arbeiten |

| | | |
|---|---|---|
| | trabajo (m.) | Arbeit |
| | tradición (f.) | Tradition |
| | traducción (f.) | Übersetzung |
| | traducir (traduzco) | übersetzen |
| | traductor (m.), traductora (f.) | Übersetzer, Übersetzerin |
| | traer (traigo) | bringen |
| | tráfico (m.) | Verkehr |
| | traidor (m.) | Verräter |
| | traje de baño (m.) | Badeanzug |
| | tranquilo/a | ruhig |
| | tranvía (m.) | Straßenbahn |
| | tratar | behandeln |
| | trece | dreizehn |
| | treinta | dreißig |
| | tren (m.) | Zug |
| | tres | drei |
| | tributo (m.) | Tribut |
| | triste | traurig |
| | triunfar | triumphieren |
| | tú | du |
| | tubo (m.) | Tube |
| | tumba (f.) | Grab |
| | turista (m./f.) | Tourist, Touristin |
| | turrón (m.) | Mandelkonfekt |
| **Uu** | último/a | letzter, letztes, letzte |
| | uniforme (m.) | Uniform |
| | Unión Europea (f.) | Europäische Union |
| | universidad (f.) | Universität |
| | uno/a | eins, eine, einer |
| | unos/as | einige |
| | usado/a | gebraucht, benutzt |
| | usar | nutzen, benutzen |
| | usted | Sie |
| | ustedes | Sie (Pl.) |
| | útil | nützlich |
| | uvas (f. pl.) | Weintrauben |

## Vv

| | |
|---|---|
| vacaciones (f. pl.) | Ferien |
| vacío/a | leer |
| vale | in Ordnung |
| valioso/a | wertvoll |
| valle (m.) | Tal |
| valor (m.) | Wert |
| vals (m.) | Walzer |
| vasco/a | baskisch |
| vaso (m.) | Glas |
| veinte | zwanzig |
| vender | verkaufen |
| venir (vengo) (e>ie) | kommen |
| ventana (f.) | Fenster |
| ver | sehen |
| verano (m.) | Sommer |
| verdad (f.) | Wahrheit |
| verde | grün |
| vestido (m.) | Kleid |
| vestirse (e>i) | sich anziehen |
| vez (f.) | Mal |
| viajar | reisen |
| viaje (m.) | Reise |
| vida (f.) | Leben |
| viejo/a | alt |
| viento (m.) | Wind |
| viernes (m.) | Freitag |
| Viernes Santo (m.) | Karfreitag |
| Vietnam | Vietnam |
| vietnamita | vietnamesisch |
| villancicos (m. pl.) | Weihnachtslieder |
| vino (m.) | Wein |
| visita (f.) | Besuch |
| visita guiada (f.) | geführte Besichtigung |
| visitante (m./f.) | Besucher, Besucherin |
| vista (f.) | Ausblick |
| vivir | leben |
| volcán (m.) | Vulkan |
| voleibol (m.) | Volleyball |
| volver (o>ue) | zurückkehren, -fahren |

| | | |
|---|---|---|
| | vosotros/as | ihr (2. Pers. Pl.) |
| | votar | stimmen, abstimmen |
| | voz (f.) | Stimme |
| | vuelo (m.) | Flug |
| | vuestro/a | euer |
| **Yy** | y | und |
| | ya | schon, bereits |
| | yo | ich |
| **Zz** | zapato (m.) | Schuh |
| | zorro (m.) | Fuchs |
| | zumo (m.) | Saft |

# 29 Bildnachweis

S. 2: **Mauer mit Schildern** © Daniel76/Dreamstime.com
S. 4: **Familienporträt** © Monkey Business Images/Dreamstime.com
S. 6: **alter Herr** © Ivan Hafizov/Dreamstime.com; **Ledersessel** © Glo5/Dreamstime.com; **Oldtimer** © Mlan61 / Dreamstime.com; **Mädchen** © Radovan Smokon/Dreamstime.com; **Profil** © Ciprian Florin Dumitrescu/Dreamstime.com; **Wanduhr** © Les Cunliffe/Dreamstime.com
S. 8: **Memozettel** © Christoph Weis/Dreamstime.com
S. 11: **Mädchen** © Vladislav Lebedinskiy/Dreamstime.com
S. 12: **Frau** © Yianoos1 /Dreamstime.com
S. 13: **Mädchen** © Andrey Kiselev/Dreamstime.com
S. 15: **Mädchen** © Lukajani/Dreamstime.com; **Junge** © Andres Rodriguez/Dreamstime.com
S. 16: **Asiatinnen** © Suhendri Utet/Dreamstime.com, **Pärchen** © Mtr/ Dreamstime.com
S. 17: **Wettersymbole** © Artcp5/Dreamstime.com
S. 18: **Don Quijote und Sancho Panza** © Álvaro Germán Vilela /Dreamstime.com
S. 20: **Frida-Kahlo Museum**, Museo Frida Kahlo.jpg, Wikimedia Commons, Creative Commons Attribution ShareAlike 3.0, Foto: Nachtwächter
S. 21: **Schüler mit Büchern** © Gelpi/Dreamstime.com
S. 27: **Strand**, Playa de poniente.jpg, Wikimedia Commons, Creative Commons Attribution ShareAlike 3.0, Foto: rsg; **Rathaus**, Gijon Town Hall.jpg, Wikimedia Commons, Creative Commons Attribution ShareAlike 3.0, Foto: DougManson
S. 30: **Plaza Real**, Plaza real barcelona sept. 2007.jpg, Wikimedia Commons, Creative Commons Attribution ShareAlike 2.0 France License, Foto: Fabien1309
S. 32: **Irland-Karte** © Martine Oger/Dreamstime.com
S. 33: **Kleeblatt** © Eclecticelegance/Dreamstime.com
S. 34: **Papier** © Natalia Barsukova/Dreamstime.com
S. 36: **Bänke von Gaudí** © Kerstin Aust/Dreamstime.com
S. 37: **Rahmen** © losw – fotolia.com; **Holzhaus** © Zubarciuc/Dreamstime.com; **Haus** © Loopall/Dreamstime.com
S. 39: **Schatzkarte** © Nicky Linzey/Dreamstime.com; **Isla del Coco**, Isla del Coco-chatham beach.jpg, Wikimedia Commons, Creative Commons Attribution 2.0 License, Foto: J RAWLS
S. 40: **Gepäck** © Frank Boston/Dreamstime.com
S. 44: **Iguazu-Wasserfälle**, 44 - Iguazu - Décembre 2007.jpg, Wikimedia Commons, Creative Commons Attribution 3.0 Unported License, Foto: Martin St.-Amant
S. 48: **Strichzeichnungen** © Maigi/Dreamstime.com
S. 49: **Russland, Japan, Israel, Irland, Frankreich, Vietnam** © Jiri Moucka/Dreamstime.com
S. 50: **Notenzeile** © Franz Metelec – fotolia.com
S. 57: **Karte Balearen**, Baleares-rotulado.png, Wikimedia Commons, Creative Commons Attribution ShareAlike 3.0, von: Hansen
S. 58: **Fragezeichen** © Hernantraval/Dreamstime.com
S. 61: **Junge** © Photoeuphoria/Dreamstime.com; **Mädchen** © Luminis/ Dreamstime.com
S. 62: **Blumen** © Dan Ionut Popescu/Dreamstime.com
S. 65: **Lago Negro**, Beciberri.jpg, Wikimedia Commons, Creative Commons Attribution ShareAlike 3.0, Foto: Meldor
S. 67: **Puzzleteil** © Pinzio/Dreamstime.com
S. 72: **Rucksack** © Galyna Andrushko/Dreamstime.com; **Wanderung** © Victoo/ Dreamstime.com
S. 73: **Handy** © Anikasalsera/Dreamstime.com
S. 75: **Mädchen** © Martinmark/Dreamstime.com; **Esel** © Eric Isselée/Dreamstime.com; **Stern** © Jenson – fotolia.com; **Geldbeutel** © Yudesign/Dreamstime.com; **Tukan** © Alberto Pérez Veiga/Dreamstime.com; **Herz aus Stein** © Erzetic/Dreamstime.com
S. 76: **Mädchen** © Zoom-zoom/Dreamstime.com
S. 77: **Mädchen** © Joellen Armstron – fotolia.com
S. 78: **Heredia**, Heredia Costa Rica.jpg, Wikimedia Commons, Creative Commons Attribution ShareAlike 3.0, Foto: Donarreiskoffer; **Strand** © Brandon Smith/Dreamstime.com; **Cerro Chirripó**, Cerro Chirripó.jpg, Wikimedia Commons, Creative Commons Attribution ShareAlike 3.0, Foto: Peter Andersen; **Vulkan** © Luis Seco/Dreamstime.com; **Umriss Costa Rica** © Jiri Moucka/Dreamstime.com
S. 80: **Stadtplan** © Elena Uspenskaya/Dreamstime.com
S. 82: **Apfel**, Malus-Boskoop organic.jpg, Wikimedia Commons, Creative Commons Attribution ShareAlike 3.0, Foto: Jonas; **Weintrauben** © Maamretat/Dreamstime.com; **Chirimoya** © Rafael Laguillo/Dreamstime.com; **Erdbeere**, FraiseFruitPhoto.jpg, Wikimedia Commons, Creative Commons Attribution ShareAlike 3.0, Foto: FoeNyx; **Wassermelone** © Philip Lange/Dreamstime.com; **Banane** © Davide Guglielmo – www.sxc.hu; **Granatapfel** © Le Do/ Dreamstime.com; **Zitrone** © Peter Müller – www.sxc.hu; **Papaya** © Anna Khomulo/Dreamstime.com; **Obstsalat** © Katariina Järvinen/Dreamstime.com
S. 84: **Palme** © Hpphoto/Dreamstime.com
S. 86: **Zettel** © Jurgita Janovskiene/Dreamstime.com
S. 87: **Flugzeug mit Banner** © Goran Stojanovic/Dreamstime.com
S. 88: **Polaroid** © Jov43/Dreamstime.com; **Jungen** © Katrina Brown/ Dreamstime.com; **Ehepaar** © Gerardo Moreno/ Dreamstime.com; **Haus** © Alexandre Fagundes de Fagundes/Dreamstime.com; **Mädchen** © Eddyizm/Dreamstime.com
S. 89: **Party** © Sylwia Nowik/Dreamstime.com
S. 90: **Nadel** © Melanie Kintz/Dreamstime.com; **Sofa** © Cristina Fumi – fotolia.com; **Straße**, Calle de Buenavista Madrid.jpg, Wikimedia Commons, Creative Commons Attribution ShareAlike 3.0, Foto: Andreas Praefcke; **Katze** © S. Simon – www.sxc.hu
S. 91: **Oceanogràfic, Valencia**, Valencia-L'oceanogràfic.jpg, Wikimedia Commons, Creative Commons Attribution ShareAlike 3.0, Foto: Rauenstein

S. 93: **schwarz-weiße Box** © Annette Linnea Rasmussen/Dreamstime.com
S. 95: **Junge mit Wecker** © Henrischmit/Dreamstime.com
S. 96: **Papier** © Natalia Barsukova/Dreamstime.com; **Potosí**, Potosi Décembre 2007.jpg, Wikimedia Commons, Creative Commons Attribution 3.0 Unported License, Foto: Martin St.-Amant; **Minen Potosí**, Potosi Mines (71625784).jpg, Wikimedia Commons, Creative Commons Attribution 2.0 License, Foto: Jenny Mealing
S. 98: **Buch** © Zoom-zoom/Dreamstime.com; **Jakobsmuschel** © Liane Matrisch/ Dreamstime.com; **Jakobsweg** © Sibylle Yates/Dreamstime.com
S. 99: **Karte Kanaren**, Canarias-rotulado.png, Creative Commons Attribution ShareAlike 3.0, von: Hansen
S. 100: **Gazpacho**, Tomato gazpacho.jpg, Wikimedia Commons, Creative Commons Attribution ShareAlike 2.0, Foto: Alpha
S. 102: **Guanaco** © Davthy/Dreamstime.com; **Pyramide**, El Castillo Stitch 2008 Edit 1.jpg, Wikimedia Commons, Creative Commons Attribution ShareAlike 3.0, Foto: Eric Baetscher; **Strand**, Santamariabeach.jpg, Wikimedia Commons, Creative Commons Attribution ShareAlike 3.0, Foto: Yazle
S. 104: **Herz** © Dreamzdesigner/Dreamstime.com; **Amor** © KAR – fotolia.com
S. 105: **Picknick** © Jan Kranendonk/Dreamstime.com
S. 110: **Alhambra** © Ed Francissen/Dreamstime.com
S. 111: **Tajo-Schlucht** © Mariongib/Dreamstime.com; **Plaza de España**, Espagne Séville Place d'Espagne.jpg, Wikimedia Commons, Creative Commons Attribution 3.0 Unported, Foto: Gregory Zeier
S. 116: **Mädchen in Disko** © Dmitriy Shironosov/Dreamstime.com; **Mädchen mit Buch** © Svetlana Khvorostova/ Dreamstime.com; **Junge mit Kopfhörern** © Francesco Ridolfi /Dreamstime.com; **Baby** © Marcin Okupniak/Dreamstime.com; **Paar vor Fernseher** © Jacek Chabraszewski/Dreamstime.com
S. 117: **Junge** © Wolfgang Amri/Dreamstime.com
S. 121: **Straßenkind** © Nikhil Gangavane/Dreamstime.com
S. 122: **Katze** © Darrenw/Dreamstime.com
S. 126: **Notenzeile** © Dreamzdesigner/Dreamstime.com; **Noten** © Wmj82/Dreamstime.com
S. 128: **Puente Romano**, Guadalquivir Mezquita.jpg, Wikimedia Commons, Creative Commons Attribution ShareAlike 3.0, Foto: Morinpat
S. 129: **Luftballons** © Abimages/Dreamstime.com
S. 130: **Fragezeichen** © Zentilia/Dreamstime.com
S. 134: **Guggenheim Museum**, Guggenheim-bilbao-jan05, Wikimedia Commons, Creative Commons Attribution ShareAlike 3.0, Foto: Michael Reeve
S. 135: **Flussseite Guggenheim Museum**, Pasarela Arrupe panorámica (cuadrado museo).jpg, Wikimedia Commons, Creative Commons Attribution 3.0 Unported, Foto: Fernandopascullo; **Eingang Guggenheim Museum**, Guggenheim Bilbao 2008 3.jpg, Wikimedia Commons, Creative Commons Attribution ShareAlike 3.0, Foto: Andreas Praefcke
S. 138: **Matador** © Absolute_photos/Dreamstime.com; **Rio de Janeiro** © Mypix/Dreamstime.com; **Skifahrer** © Wolfgang Amri/Dreamstime.com
S. 139: **Quinceañera-Feier** © Andres Rodriguez/Dreamstime.com
S. 142: **Junge** © Monkey Business Images/Dreamstime.com
S. 143: **Junge und Mädchen** © Valua Vitaly/Dreamstime.com
S. 144: **Lupe** © Andres Rodriguez/Dreamstime.com
S. 147: **Semana Santa** © Michael Corrigan/Dreamstime.com; **Fußballspieler** © Pavel Losevsky/Dreamstime.com
S. 148: **Schild** © Dannyphoto80/Dreamstime.com
S. 149: **Paar** © Vanda Grigorovic/Dreamstime.com
S. 150: **Schild** © Ivan Bliznetsov/Dreamstime.com
S. 151: **Vogel** © John Powell/Dreamstime.com; **Vulkan** © Dannyphoto80/ Dreamstime.com; **Skater** © Fernando Soares/ Dreamstime.com; **Maus** © Lantapix/Dreamstime.com
S. 152: **Zettel** © Antondesign/Dreamstime.com
S. 153: **Notizblock** © Rldcstock/Dreamstime.com
S. 155: **Jeans** © Picstudio/Dreamstime.com; **Schal** © Ivan Liubenko/Dreamstime.com; **Ballerinas** © Sergey Peterman/ Dreamstime.com
S. 156: **Rock** © Evaletova/Dreamstime.com; **Kette** © Ninocavalier/Dreamstime.com ; **Jacke** © Oleksandr Kalina/ Dreamstime.com; **Krawatte** © Ingvald Kaldhussater/Dreamstime.com; **Hemd** © Raja Rc/Dreamstime.com
S. 160: **Schiff** © Makhnach/Dreamstime.com
S. 164: **Blume** © Levente Varga/Dreamstime.com
S. 165: **Sonnenblumenfeld** © le-parfait – fotolia.com; **Baum** © Rene Pribil/ Dreamstime.com; **Winter** © Torsten Wenzler/ Dreamstime.com
S. 166: **Tischkalender** © Sufi70/Dreamstime.com
S. 167: **Belchite**, Spanien, Belchite - Vista general01.jpg, Wikimedia Commons, Creative Commons Attribution ShareAlike 3.0, Foto: ecelan
S. 170: **Filmstreifen** © Suljo/Dreamstime.com; **Kathedrale**, Almudena Nave-Cruz.jpg, Wikimedia Commons, Creative Commons Attribution ShareAlike 3.0, Foto: Håkan Svensson; **Fluss**, Río Manzanares en Madrid 01.jpg, Wikimedia Commons, Creative Commons Attribution ShareAlike 2.0, Foto: Manuel M. Vicente; **Häuser**, Plaza CastillaMadrid.jpg, Wikimedia Commons, Creative Commons Attribution ShareAlike 2.0, Foto: Osvaldo Gago

Public Domain (Quelle: Wikimedia Commons): **Cervantes**, Miguel de Cervantes2.jpg (S. 85), **Stadtplan**, Ciutat vella xerea.jpg (S. 91), **Torres de Quart**, Torres de Quart.jpg (S. 91), **deutsche Flagge**, Flag of Germany.svg (S. 133), **spanische Flagge**, Flag of Spain.svg (S. 133), **Karte Lateinamerika**, Map - Romance Latin America.png (S. 137), **Cuenca**, cuenca - panoramica4.jpg (S. 145), **Cervantes-Monument**, Monumento a Cervantes 2008.3.jpg (S. 170)

© Petrik/Schillhuber: **Echse** (S. 35), **Casa Batlló** (S. 36), **Kathedrale** (S. 36), **Küste** (S. 52), **katalanische Flagge** (S. 52), **Es Pontas** (S. 52), **Terrassenanbau** (S. 52), **Kathedrale** (S. 52), **Olivenbaum,** (S. 52)

© Redaktion Stark Verlag: alle anderen Bilder

Notizen

Notizen

# Ihre Meinung ist uns wichtig!

Ihre Anregungen sind uns immer willkommen. Bitte informieren Sie uns mit diesem Schein über Ihre Verbesserungsvorschläge!

| Titel-Nr. | Seite | Vorschlag |
|---|---|---|
| | | |
| | | |
| | | |
| | | |
| | | |
| | | |
| | | |
| | | |
| | | |

Lernen • Wissen • Zukunft
**STARK**

Bitte hier abtrennen

**Zutreffendes bitte ankreuzen!**

**Die Absenderin/der Absender ist:**

- ☐ Lehrer/in in den Klassenstufen: ______
- ☐ Fachbetreuer/in
  Fächer: ______
- ☐ Seminarlehrer/in
  Fächer: ______
- ☐ Regierungsfachberater/in
  Fächer: ______
- ☐ Oberstufenbetreuer/in
- ☐ Schulleiter/in
- ☐ Referendar/in, Termin 2. Staats-
  examen: ______
- ☐ Leiter/in Lehrerbibliothek
- ☐ Leiter/in Schülerbibliothek
- ☐ Sekretariat
- ☐ Eltern
- ☐ Schüler/in, Klasse: ______
- ☐ Sonstiges: ______

**Unterrichtsfächer:** (Bei Lehrkräften!)

______

STARK Verlag
Postfach 1852
85318 Freising

21-V1M
Bitte ausfüllen und im frankierten Umschlag an uns einsenden. Für Fensterkuverts geeignet.

Kennen Sie Ihre Kundennummer?
Bitte hier eintragen.

**Absender** (Bitte in Druckbuchstaben!)

Name/Vorname

Straße/Nr.

PLZ/Ort/Ortsteil

Telefon privat

Geburtsjahr

E-Mail

**Schule/Schulstempel** (Bitte immer angeben!)

Bitte hier abtrennen

# Sicher durch alle Klassen!

Lernerfolg durch selbstständiges Üben zu Hause! Die von Fachlehrern entwickelten Trainingsbände enthalten alle nötigen Fakten und viele Übungen mit schülergerechten Lösungen.

## Mathematik – Training

| | |
|---|---|
| Mathematik 5. Klasse | Best.-Nr. 90005 |
| Mathematik 5. Klasse – Baden-Württemberg | Best.-Nr. 80005 |
| Klassenarbeiten Mathematik 5. Klasse | Best.-Nr. 500301 |
| Klassenarbeiten Mathematik 5. Kl. – Bayern | Best.-Nr. 900301 |
| Mathematik 6. Klasse | Best.-Nr. 900062 |
| Bruchzahlen und Dezimalbrüche | Best.-Nr. 900061 |
| Klassenarbeiten Mathematik 6. Klasse | Best.-Nr. 900302 |
| Algebra und Stochastik 7. Klasse | Best.-Nr. 50007 |
| Algebra 7. Klasse – Bayern | Best.-Nr. 900111 |
| Geometrie 7. Klasse | Best.-Nr. 900211 |
| Klassenarbeiten Mathematik 7. Klasse | Best.-Nr. 900311 |
| Algebra, Geometrie und Stochastik 8. Klasse | Best.-Nr. 900121 |
| Lineare Gleichungssysteme | Best.-Nr. 900122 |
| Klassenarbeiten Mathematik 8. Klasse | Best.-Nr. 900321 |
| Algebra und Stochastik 9. Klasse | Best.-Nr. 900138 |
| Geometrie 9. Klasse | Best.-Nr. 900221 |
| Klassenarbeiten Mathematik 9. Klasse | Best.-Nr. 500331 |
| Klassenarbeiten Mathematik 9. Kl. – Bayern | Best.-Nr. 900331 |
| Algebra und Stochastik 10. Klasse | Best.-Nr. 900148 |
| Geometrie 10. Klasse | Best.-Nr. 900248 |
| Klassenarbeiten Mathematik 10. Klasse | Best.-Nr. 900341 |
| Potenzen und Potenzfunktionen | Best.-Nr. 900141 |
| Wiederholung Algebra | Best.-Nr. 90009 |
| Wiederholung Geometrie | Best.-Nr. 90010 |
| Kompakt-Wissen Algebra | Best.-Nr. 90016 |
| Kompakt-Wissen Geometrie | Best.-Nr. 90026 |
| Kompakt-Wissen Grundwissen Algebra · Stochastik · Geometrie – Bayern | Best.-Nr. 900168 |

## Mathematik – Zentrale Prüfungen

| | |
|---|---|
| VERA 8 – Mathematik Version C: Gymnasium | Best.-Nr. 955082 |
| Bayerischer Mathematik-Test (BMT) Gymnasium 8. Klasse – Bayern | Best.-Nr. 950081 |
| Bayerischer Mathematik-Test (BMT) Gymnasium 10. Klasse – Bayern | Best.-Nr. 950001 |
| Vergleichsarbeiten Mathematik 7. Klasse Gymnasium Baden-Württemberg | Best.-Nr. 850061 |
| Vergleichsarbeiten Mathematik 9. Klasse Gymnasium – Baden-Württemberg | Best.-Nr. 850081 |
| Vergleichsarbeiten Mathematik 11. Klasse Gymnasium – Baden-Württemberg | Best.-Nr. 850011 |
| Zentrale Klausur Mathematik Nordrhein-Westfalen | Best.-Nr. 550003 |
| Mittlerer Schulabschluss Mathematik Berlin · Brandenburg | Best.-Nr. 1115001 |
| Training MSA Mathematik Berlin · Brandenburg | Best.-Nr. 111500 |
| Zentrale Prüfung Mathematik 10. Klasse Gymnasium – Brandenburg | Best.-Nr. 1250001 |
| Besondere Leistungsfeststellung Mathematik 10. Klasse Gymnasium – Sachsen | Best.-Nr. 1450001 |
| Besondere Leistungsfeststellung Mathematik 10. Klasse Gymnasium – Thüringen | Best.-Nr. 1650001 |

## Physik

| | |
|---|---|
| Physik – Mittelstufe 1 | Best.-Nr. 90301 |
| Physik – Mittelstufe 2 | Best.-Nr. 90302 |
| Physik Übertritt in die Oberstufe | Best.-Nr. 80301 |

## Deutsch – Training

| | |
|---|---|
| Klassenarbeiten 5. Klasse | Best.-Nr. 104051 |
| Klassenarbeiten 6. Klasse | Best.-Nr. 104061 |
| Leseverstehen 5./6. Klasse | Best.-Nr. 90410 |
| Rechtschreibung und Diktat 5./6. Klasse mit CD | Best.-Nr. 90408 |
| Grammatik und Stil 5./6. Klasse | Best.-Nr. 90406 |
| Aufsatz 5./6. Klasse | Best.-Nr. 90401 |
| Klassenarbeiten 7. Klasse | Best.-Nr. 104071 |
| Klassenarbeiten 8. Klasse | Best.-Nr. 104081 |
| Leseverstehen 7./8. Klasse | Best.-Nr. 90411 |
| Grammatik und Stil 7./8. Klasse | Best.-Nr. 90407 |
| Aufsatz 7./8. Klasse | Best.-Nr. 90403 |
| Aufsatz 9./10. Klasse | Best.-Nr. 90404 |
| Deutsche Rechtschreibung 5.–10. Klasse | Best.-Nr. 934411 |
| Übertritt in die Oberstufe | Best.-Nr. 90409 |
| Kompakt-Wissen Rechtschreibung | Best.-Nr. 944065 |
| Kompakt-Wissen Deutsch Aufsatz Unter-/Mittelstufe | Best.-Nr. 904401 |

## Deutsch – Zentrale Prüfungen

| | |
|---|---|
| VERA 8 – Deutsch Version C: Gymnasium mit MP3-CD | Best.-Nr. 955482 |
| Jahrgangsstufentest Deutsch 6. Klasse Gymnasium – Bayern | Best.-Nr. 954061 |
| Jahrgangsstufentest Deutsch 8. Klasse Gymnasium – Bayern | Best.-Nr. 954081 |
| Zentrale Klausur Deutsch – Nordrhein-Westfalen | Best.-Nr. 554003 |
| Mittlerer Schulabschluss Deutsch – Berlin | Best.-Nr. 1115401 |
| Training MSA Deutsch – Berlin | Best.-Nr. 111540 |
| Besondere Leistungsfeststellung Deutsch 10. Klasse Gymnasium – Sachsen | Best.-Nr. 1454001 |
| Besondere Leistungsfeststellung Deutsch 10. Klasse Gymnasium – Thüringen | Best.-Nr. 1654001 |

*(Bitte blättern Sie um)*